¿Los chicos no lo intentan?

Matt Pinkett y Mark Roberts

¿Los chicos no lo intentan?

Repensar la masculinidad en la educación

Traducción
Manu Berástegui

ALBA

ALBA **EDUCACIÓN Y SALUD**

TÍTULO ORIGINAL: *Boys Don't Try? Rethinking Masculinity in Schools*

Baixada de Sant Miquel, 1 08002 Barcelona
www.albaeditorial.es

DISEÑO: James Cotliarenco

PRIMERA EDICIÓN: junio de 2024
ISBN: 978-84-1178-078-0
DEPÓSITO LEGAL: B. 9415-2024

IMPRESIÓN: Liberdúplex, s.l.u.
Ctra. BV 2241, Km 7,4 Polígono Torrentfondo 08791 Sant Llorenç d'Hortons (Barcelona)

IMPRESO EN ESPAÑA

Índice

Para Joe, Angus y Ned, tres chicos que intentan hacer las cosas lo mejor que pueden. Y para Harriet, sin la que este libro no existiría.

M. R.

Para Lily: eres una encantadora tormenta. Y para Donna, cuyo amor me hace fuerte cuando estoy débil.

M. P.

Prólogo

Este es un libro valiente. Enfrentarse al panorama del bajo rendimiento de los chicos en la educación es valiente. Es valiente porque este es un campo bien documentado, es valiente porque el bajo rendimiento endémico parece algo imposible de tratar y es valiente porque los autores proponen algunas respuestas.

Este libro plantea algunos debates realmente importantes para el sector educativo. El rendimiento de los chicos es preocupante desde hace mucho tiempo y se ha dedicado una considerable investigación y reflexión a intentar descubrir por qué. En este interesante trabajo, Matt Pinkett y Mark Roberts desmenuzan una serie de razones por las que muchas de las estrategias desarrolladas para implicar, engatusar y atraer a los chicos al estudio no han funcionado.

El ritmo y la energía intelectual de este libro provienen en gran medida de los relatos de las experiencias escolares que han tenido los autores, como alumnos y como profesionales. Basándose en ellas, se enfrentan a algunos monstruos del mundo educativo y a algunos de los temas más delicados en relación a la actitud de los profesores con el género. Y, en manos de Pinkett y Roberts, dos profesores ingleses de escuela secundaria, resulta un éxito. Este libro no deja piedra sin remover ni tabú sin tocar. Compartiendo sus historias personales, combinadas con una profunda investigación, analizan las difíciles y confusas razones del bajo rendimiento de los chicos y ensamblan argumentos que son al mismo tiempo académicos por su erudición y elegantes por su simplicidad.

Al recordar algunas de mis experiencias con chicos como profesional y como progenitora, pienso que ojalá hubiera tenido acceso a algunas de las perspectivas que ofrece este libro cuando era una joven profesora y orientadora, porque me habrían provisto de un lenguaje para enfrentarme a lo que yo consideraba en lo más profundo que era un error y que solo podía expresar de manera muy torpe. Hay unos puntos de vista fascinantes, por ejemplo, sobre las burlas juveniles respecto a las madres de los chicos, algo que me parecía más provocativo que otros muchos insultos crueles cuando yo era encargada de curso. Por otra parte, hay algunas observaciones muy importantes, por ejemplo, sobre la fina línea que separa los borrosos límites entre la broma y la intimidación, la diversión y el abuso, el humor y el acoso. Y eso es solo para los profesores. Hay ciertos pasajes duros para todos nosotros.

Pinkett y Roberts destacan en particular algunos de los conceptos erróneos sobre la implicación de los chicos. Como profesores de Lengua, observan estos asuntos a través de la lente de lo que ha funcionado, lo que parece haber funcionado y lo que no ha funcionado en absoluto en la práctica. Este análisis se extrae de sus propias experiencias como estudiantes, por lo que su mirada profesional está canalizada a través de sus recuerdos adolescentes. Señalan, por ejemplo, el desacierto de intentar que el material de estudio trate temas de interés y preferencias de los chicos. Sus sugerencias desmontan nítidamente las gratificaciones inmediatas y las victorias rápidas y defienden con buenos argumentos que el reto de los privilegios, el amor por la asignatura y el debate sincero son un legado profundo y duradero. No hay ni rastro de pseudoactividad.

Encontramos incisivas observaciones acerca del sesgo sistémico sobre los hijos de hogares con bajos ingresos: en Matemáticas, por ejemplo, «es más probable que se juzgue a los alumnos con pocos recursos por debajo de la media que a los alumnos con recursos superiores». Y esto a pesar de que los alumnos de pocos recursos y los de ingresos altos hayan obtenido notas equivalentes en los exámenes. Estos comentarios no buscan un culpable, sino arrojar luz sobre las creencias culturales ampliamente aceptadas de lo que son capaces los menores en general, y los chicos en particular. Y la narrativa se completa ofreciendo sugerencias, algunas de las cuales son contraintuitivas. Por ejemplo, Pinkett asegura que el enfoque actual para estimular el éxito de los alumnos en desventaja centra demasiado la atención en lo que hacen estos alumnos, en vez de en cómo les enseñan los profesores.

Y el comentario sobre los llamados «padres de difícil acceso» vale su peso en oro. En él muestran lo que es posible con imaginación y humanidad. El libro está cargado de observaciones, repleto de investigaciones de largo alcance, tales como el descubrimiento de que los chicos tienen un lenguaje muy limitado para describir emociones.

Si hay un solo tema que recorre el libro, es el desafío: una llamada a plantar cara a nuestras perspectivas como profesionales, a desenterrar nuestras convicciones ocultas sobre los chicos, a revisar nuestro lenguaje; un desafío a los adultos responsables para que reestructuren la óptica actual con la que la mayoría valora el bajo rendimiento; un desafío para abrirse a hablar de emociones; y, en último lugar, un desafío para asegurarse de que todos los menores, cualquiera que sea su género, tengan un programa escolar que puedan aprovechar para convertirse en seres humanos completos.

Mary Myatt
19 de noviembre de 2018

Agradecimientos

Queremos dar las gracias a todos los profesores, académicos y expertos que nos han dedicado su tiempo y han hecho el esfuerzo para ayudarnos a repensar la masculinidad en los colegios. Sin su tiempo, pasión, paciencia y apoyo este libro no existiría.

A lo largo de todo el proceso de escritura hemos tenido la suerte de trabajar con un equipo profesional de Routledge, entregado y diligente. También queremos darles las gracias a los lectores anónimos que nos dieron mucho que pensar en los estadios iniciales de desarrollo del libro.

Estamos muy agradecidos a los colaboradores del capítulo 10; sus magníficos artículos nos proporcionaron puntos de vista que nosotros no habríamos podido aportar.

Estamos especialmente agradecidos por sus valiosísimas opiniones, comentarios e ideas a todos los que leyeron las diversas versiones del manuscrito, especialmente a Tom Sherrington, Jill Berry, Shaun Allison, Vivienne Porrit, Vic Goddard, Alex Quigley, Ben Newmark, Sarah Ledger y Helen Carter. Un agradecimiento enorme a la incomparable Mary Myatt por su inagotable sabiduría y apoyo, y por el excelente prólogo de este libro.

Además de a todos con los que contacta en Twitter, a Matt Pinkett le gustaría dar las gracias a todos esos profesores que son fuente inagotable de apoyo en la «vida real», en particular a Maria, Ed, Bubz y Alastair. Nunca olvidaré lo que habéis hecho por mí.

Introducción

Sí que lo intentan, por supuesto.

Bueno, algunos lo intentan. A pesar de la tendencia general a un rendimiento de los chicos relativamente bajo en comparación con el de las chicas, hay muchos que se esfuerzan enormemente en el colegio y obtienen muy buenos resultados.

Sin embargo, hay que decir que por cada chico que se esfuerza por triunfar, hay otro que intenta fracasar. Estos chicos se esfuerzan por evitar completar sus tareas. A veces, se esfuerzan mucho para impresionar a sus compañeros y se olvidan de hacerlo para impresionar a sus profesores. Ocasionalmente, dedican su esfuerzo a herir y humillar a los demás; y se esfuerzan por rebajar y denigrar a las chicas y a sus profesoras. O se esfuerzan por ocultar cómo se sienten tras una máscara de bravuconería. Como ilustra este libro, cuando los chicos se comportan así, en realidad se están esforzando por estar a la altura de una idea anticuada, si bien ampliamente extendida, de lo que significa ser «un hombre de verdad».

Historia de dos blogs

La génesis de este libro empezó con un par de blogs. En enero de 2016, Matt Pinkett colgó una publicación en su blog titulado *Equilibrio para los chicos,* asegurando que

> los profesores de todo el país están tan centrados en abordar, combatir y deshacer los deplorables errores infligidos a las mujeres en la socie-

dad, los medios y la literatura durante siglos, que sin darse cuenta están alienando a los chicos.

Unos meses más tarde, Mark Roberts publicó un blog titulado *La implicación de los chicos en clase* que contenía sabios comentarios como:

- A los chicos les encanta competir (grupo contra grupo, en concursos con los deberes, etcétera).
- ¿Hay un macho alfa en el grupo? Gánatelo y probablemente los demás le seguirán.
- A veces el horario de clases está en tu contra. Intenta negociar compensaciones para el trabajo más arduo. Por ejemplo: el grupo P5, los viernes 45 minutos de concentración en el tema = 15 minutos de clase más relajada.

Ahora nos estremecemos al leerlo.

Un blog consideraba oportuno echar la culpa a las feministas por el bajo rendimiento académico de los chicos; el otro derrochaba superchería estereotipada y defendía las bajas expectativas para ellos.

Poco a poco, hemos tenido que replantearnos algunas de nuestras ideas sobre la masculinidad. Especialmente aquellas que expresamos de manera tan torpe en nuestros respectivos blogs. Lo cierto es que, tal como sabemos ahora después de dos años de discusiones, replanteamientos y reajustes, la relativa falta de éxito académico de los alumnos de género masculino no tiene nada que ver con el feminismo o con la falta de trucos para atraer su atención, sino con una amplia gama de complejos factores que contribuyen a ello. Este libro va a examinar esos factores con todos los matices que el tema requiere. Y a lo largo de él, os invitaremos a que os planteéis de nuevo la masculinidad en las escuelas, como hicimos nosotros.

El problema de los chicos

Los chicos rinden poco en todos los temas clave de la educación primaria y secundaria en comparación con las chicas. Tienen más posibilidades de dejar los estudios. Tienen menos probabilidades de ir a la universidad; tienen menos probabilidades de entrar a trabajar como aprendices; los menores de 25 años tienen menos probabilidades de encontrar un trabajo remunerado.[1] Y cuando estos chicos se convierten en hombres jóvenes, tiene tres veces más probabilidades de ser víctimas de suicidio que las mujeres. Además, pertenecen al sexo que constituye el 93 % de la población penitenciaria.[2]

Son unas estadísticas inquietantes, sobre todo si tenemos en cuenta que no existen diferencias significativas de capacidad cognitiva entre hombres y mujeres. Y, aun así, como descubriremos a lo largo del libro, los profesores tienden a ver a las chicas como obedientes y trabajadoras, mientras que a los chicos los ven alborotadores y faltos de interés en su educación.

La falacia del compromiso de los chicos

Están proliferando los cursos para profesores dirigidos a elevar el rendimiento de los chicos, basados en la falacia de que hay técnicas específicas que se pueden emplear para implicarlos, reforzando ideas sobre las diferencias de género y jugando con los temores del «problema de los chicos». Este libro mostrará que son tan capaces de alcanzar el éxito académico como las chicas, al tiempo que destaca las áreas clave de atención y apoyo que deben ser reconocidas en las escuelas con el fin de combatir los efectos secundarios de una forma de masculinidad que los desconcierta.

¿Y las chicas?

Vamos renqueando –demasiado lento, pero vamos al fin y al cabo– hacía la igualdad femenina en áreas como la educación, las carreras y el derecho a ir por la vida sin sufrir acoso y abuso sexual. Algunos cuestionarán con razón la necesidad de abordar la «crisis» de los chicos cuando, de hecho, son las mujeres las que tienen mayor probabilidad (a pesar de las sombrías estadísticas mencionadas anteriormente) de sufrir analfabetismo, pobreza y abuso sexual.

Sin embargo, estamos convencidos de que al tratar los graves problemas con los que se enfrentan los chicos en la educación, los profesores pueden adentrarse y tratar los graves problemas con los que se enfrentan las chicas, tanto en el colegio como fuera, en lo que los adultos insisten en llamar el «peligroso mundo exterior». Deberíamos evitar las narrativas fútiles y sin sentido de chicos contra chicas y reconocer que, cuando los chicos tienen problemas en su educación, también produce un efecto directo y adverso en las chicas. *¿Los chicos no lo intentan?* tiene la esperanza de ofrecer consejos útiles que ayuden a los chicos, pero también a las chicas.

Masculinidad tierna

Entonces, ¿qué queremos para nuestros chicos? ¿Queremos que hablen de sus sentimientos, incluso si estos sentimientos son de ira y frustración? ¿Queremos que sean caballerosos, aunque la caballerosidad esté ligada a la idea de que las mujeres son damiselas en apuros? ¿Queremos que sean vulnerables, a pesar de que la vulnerabilidad pueda exponerles al dolor? Estas son preguntas complicadas, pero hay una respuesta sencilla a la pregunta «¿Qué queremos para nuestros chicos?».

La respuesta es: una masculinidad tierna.

En una entrada de su blog titulada *En defensa de la masculinidad tierna, la manera no tóxica de ser un hombre,* Terra Loire explica que la masculinidad tierna es un «antídoto necesario para los retratos masculinos que ofrecen nuestros medios de comunicación» como machos duros con la misma profundidad emocional que el vacío que flota en el espacio exterior. Loire sugiere que, si se le hacen las siguientes preguntas a un hombre y este puede contestar afirmativamente, él personifica la masculinidad tierna:

- ¿Se implica en todas sus relaciones, no solo en las de tipo romántico?
- ¿Expresa sus emociones de manera sana?
- ¿Se siente cómodo con el concepto de la conciencia de sí mismo?
- ¿Está comprometido con el crecimiento personal?
- ¿Es consciente de los límites y los respeta?
- ¿No le asusta la intimidad masculina? Por ejemplo, ¿es capaz de expresar afecto por los amigos del sexo masculino sin hacer un chiste gay?[3]

El objetivo final de este libro es educar chicos que lleguen a ser hombres de los que podamos decir «sí» en respuesta a estas preguntas.

¿Y qué hay de la masculinidad tóxica?

La expresión «masculinidad tóxica» se ha hecho muy popular últimamente. Cuando la escuchamos por primera vez nos pareció una expresión oportuna para describir una tendencia dominante en la masculinidad que define el hecho de ser hombre identificándolo con la rigidez, la frialdad emocional, la agresividad, la heterosexualidad depredadora y la homofobia irreductible. La metáfora parecía particularmente indicada, ya que resumía cómo las ideas tradicionales sobre la masculinidad tienen consecuencias destructivas para los chicos. Nos gustaba la manera en que la palabra «tóxica» subrayaba los efectos perniciosos de estas creencias, envenenando gradualmente a la víctima sin que se diera cuenta, hasta que era demasiado tarde.

Pero hemos cambiado de opinión.

Ahora creemos que el término, lo mismo que el concepto, hace más daño que bien. Los hombres ya tienen bastante con sus platos –esos que no dejan de dar vueltas en el aire en un esfuerzo por cumplir las exigencias de ser un hombre «de verdad»– sin que se les vea como una especie de enfermedad que contamina a los que entran en contacto con ellos.

Masculinidad no tierna

Entonces, ¿qué término podemos utilizar en su lugar para referirnos a los aspectos negativos de la masculinidad? Vamos a eliminar la atractiva pero ofensiva metáfora de la masculinidad tóxica para ponerle una etiqueta diferente a esta condición. Utilicemos un término que se refiera a los problemas que tiene que afrontar el hombre moderno sin arrojar aún más oprobio sobre sus hombros: masculinidad no tierna.

Es preferible a masculinidad tóxica porque su mismo significado nos dirige hacia una alternativa más deseable: la masculinidad tierna que todos desearíamos para todos nuestros alumnos masculinos. No sugiere que la masculinidad es una infección; lo último que queremos es que los chicos se vean a sí mismos como gérmenes nocivos carentes de valores positivos. Nos encantaría que todos los lectores de este libro llegaran a utilizar la expresión «masculinidad no tierna», en vez de masculinidad tóxica, para reducir el estigma que supone el ser varón en determinados círculos, sin retraerse de la naturaleza desagradable de ciertas conductas y actitudes masculinas.

Historias, investigación y soluciones

Cada capítulo de *¿Los chicos no lo intentan?* presenta una estructura de tres partes fácil de seguir: la historia, la investigación y las soluciones.

Cuando hablamos por primera vez sobre la idea de escribir un libro sobre los chicos y el colegio, sabíamos que tendríamos que incluir nuestras propias experiencias en la educación, como alumnos y como profesores. También nos dimos cuenta de que nuestras vidas fuera del ámbito escolar ofrecían enriquecedores puntos de vista sobre la condición masculina. Es fácil recurrir a las pruebas anecdóticas, con sus limitaciones subjetivas, pero creemos que ayudan a situar los debates que se susciten, centrados en la evidencia científica. No nos justificamos por contar historias sobre las experiencias en la educación de los chicos. Las anécdotas que usamos tal vez solo aporten visiones personales, pero sin ellas, creemos que las soluciones a los problemas que nos planteamos serían más difíciles de identificar.

Al mismo tiempo, reconocemos que las narrativas sobre masculinidad y educación solo pueden funcionar como plataforma de lanzamiento para nuevas investigaciones de los complejos asuntos que tratamos. Al recurrir a investigaciones de alta calidad, proporcionamos unos cimientos sólidos que pueden ayudar al equipo de dirección y a los profesores a alejarse de las populares preconcepciones basadas en el «sentido común» pero altamente dañinas para solucionar «el problema de los chicos» en nuestras escuelas. Estas iniciativas «intuitivas» para implicar a los chicos se equivocan de planteamiento y empeoran las cosas. Nuestro argumento se basa en un conjunto de pruebas que abordan temas como la ansiedad y el éxito, el comportamiento y el matonismo o el trabajo escolar y la autoestima.

Resumen del contenido de este libro

En el capítulo 1 descubriremos por qué algunos de los mitos más comunes sobre la enseñanza masculina no son solo un error, sino indudablemente dañinos. Veremos los problemas que causa el uso de las técnicas específicas para «implicar» a los chicos, que suponen, erróneamente, que son en algún sentido diferentes a sus semejantes femeninas.

La experiencia de los alumnos en desventaja en el sistema educativo que se aborda en el capítulo 2 nos ayudará a entender por qué los chicos en desventaja obtienen tan malos resultados comparados con sus iguales más privilegiados. Descubriremos que las decisiones que se toman en las escuelas –tales como los grupos en los que se enseña a los alumnos– empeoran en vez de aliviar las brechas de desventajas.

En el capítulo 3 conoceremos los efectos de la presión de los compañeros en los chicos y cómo la influencia de los pares puede ser especialmente profunda y destructiva. Este capítulo estudiará las formas en que los colegios y los profesores pueden intentar tratar el problema de la enseñanza de los chicos, que prefieren lograr aceptación que alcanzar buenos resultados académicos.

El capítulo 4 se centra en la salud mental, poniendo especial atención en el suicidio, la ira y la autolesión. En este capítulo ofreceremos consejos prácticos y útiles para animar a los chicos a hablar de sus sentimientos y sobre qué se puede hacer cuando se resisten a hacerlo. Veremos la necesidad de un enfoque proactivo con el fin de asegurar su bienestar mental en el colegio.

Leer el capítulo 5 nos proporcionará una nueva percepción de cómo las expectativas que el profesor deposita en los chicos y las chicas tienen un efecto significativo en sus actitudes, su visión de sí mismos y los resultados que obtienen. Además, adquiriremos una mayor comprensión de cómo influyen negativamente los estereotipos de género en la forma de enfrentarnos a los comportamientos de los chicos en clase.

Abriendo la caja de las actitudes, a menudo perturbadoras, que tienen respecto al sexo y las mujeres, el capítulo 6 explora el impacto de la pornografía en los chicos jóvenes. También veremos cómo la educación sexual y de género son factores importantes para derrumbar los cimientos de la misoginia.

El capítulo 7 nos llevará al interior del aula para abordar la manera en que los recursos que utilizamos en las clases dan forma a nuestras ideas sobre los roles de género. Esta sección también ofrece respuestas a dos preguntas claves que se plantean a menudo en los debates sobre los chicos y su bajo rendimiento: ¿necesitan los chicos que les enseñen profesores hombres? Y ¿lograrían mejores resultados los chicos en entornos unisexuales?

A partir del capítulo 8 adquiriremos una idea más matizada de por qué los varones son más propensos a cometer actos de violencia poniendo como telón de fondo el debate «esencialismo contra socialización». Veremos lo que puede salir mal cuando el colegio no gestiona bien los incidentes de agresión y se da una explicación detallada de los programas de intervención para la prevención de la violencia que pueden reducir el despliegue de la agresión física en los centros escolares.

La primera parte del capítulo 9 se centra en la naturaleza, a menudo perniciosa, de las relaciones de los chicos con los otros chicos, ofreciendo una comprensión detallada de las líneas difusas que separan la broma del matonismo. También trata el espinoso problema que aparece cuando las «bromas» entre el personal docente se va de las manos. La segunda mitad del capítulo echa un vistazo a cómo se pueden establecer relaciones positivas con los chicos en las clases y ofrece consejos prácticos para asegurarse una presencia cálida, calmada y persistente.

En el capítulo 10 presentamos otras voces del mundo de la educación que ofrecen una perspectiva de áreas que van más allá de nuestra experiencia. Historias de chicos y adolescentes compartidas por personas cuya experiencia en la masculinidad escolar supera a la nuestra, que nos permitirán trazar una visión más amplia de todo el abanico de puntos de vista y reacciones a la masculinidad en las escuelas.

Y ¿qué hay del comportamiento?

Tal vez sorprenda ver que no hay un capítulo titulado «comportamiento». Seguramente estaréis pensando: «Pero si es el área en la que los profesores tienen que luchar más con los chicos». De hecho, el comportamiento es la espina dorsal que recorre todo el libro. Todos los capítulos ofrecen información sobre cómo se pueden evitar comportamientos problemáticos, con abundantes consejos para ayudar a enfrentarse a conductas poco deseables si se tercia.

El objetivo del libro

Este libro está pensado para profesores y equipos directivos de centros de enseñanza. Ambos sabemos lo que es enseñar durante una jornada de cinco horas lectivas a las que se suman unas duras vigilancias en los recreos y unas todavía más duras sesiones de desarrollo profesional continuo después de clase.

1. El mito de la implicación
Mark Roberts

La historia

Los recibes en la puerta. Adelante, chicos. Sentaos. Sacad los bolis.

Hoy vamos a hacer algo diferente, les dices. Sabes que últimamente han estado escribiendo UN MONTÓN. Sabes que están cansados de tanto escribir. Puedes decirles que ya han hecho suficientes análisis de texto del libro que han estado leyendo. El libro que han estado leyendo que es perfecto para ellos porque es adecuado para chicos. Porque está lleno de acción y contiene cosas que a ellos les interesan, como pandillas, pistolas y pibitas.

Les divides en grupos. Les das una enorme cartulina A3 y un rotulador más gordo que una salchicha alemana. «Vamos a hacer una competición.» Cada grupo recibe un extracto del libro. Quieres que hagan el mejor análisis de texto de la historia.

La Copa del Mundo de Escritura

Formas ocho grupos: perfecto para cuartos de final. Al acabar la primera ronda, haces de árbitro. Pones a los mejores cuatro en las semifinales y a los cuatro perdedores en *playoffs*. Reduces los cuatro a dos. La clase observa expectante mientras les repartes un par de pasajes de pesadilla para la Gran Final. Uno de los grupos de chicos hace un verdadero esfuerzo. Componen un análisis de texto que es preciso, sensible, merecedor de cualquier premio. Mientras los ganadores levantan su caja gigante de M&M's, imaginas que te entrevistan por la victoria del grupo:

Entrevistador: Los chicos lo han hecho muy bien, Mark. ¿Cómo te sientes por haber utilizado su naturaleza competitiva para espolearles hasta semejante logro olímpico?

Profe: Estoy entusiasmado, Alan. Me han dado el 110 %. Me siento literalmente en las nubes. Probablemente este sea el momento en que me he sentido más orgulloso en mi carrera como entrenador. Perdón, quería decir profesor…

Cómo enseñar a los chicos (primera parte)

Enseñar a chicos es muy sencillo.

Esto es lo que me dijeron cuando era profesor en prácticas. Había que seguir unas estrategias bien conocidas. Implementar recomendaciones comprobadas. Medios demostrados de garantizar la implicación en todas y cada una de las lecciones. Estas estrategias eran lógicas. De sentido común. Y, oye, vaya si funcionaban.

Hacia el final de mi año de prácticas tuve una entrevista de trabajo en la escuela que sería mi segundo destino. Un instituto público de barrio para chicos en Mánchester que estaba localizado en un área muy deprimida. La gran mayoría de los alumnos hablaban inglés como segunda lengua. Por encima de la mitad de la escuela recibía becas de comedor. Aquel centro era un reto.

Como se puede imaginar, la mayor parte de las preguntas trataban de implicación y comportamiento. Para ser sincero, las encontré relativamente fáciles de contestar: lo único que tenía que hacer era repetir como una cotorra los consejos que me habían dado en la universidad y explicar cómo había adaptado esas estrategias a mi práctica cotidiana. Conseguí el trabajo. Aquella escuela era perfecta para mí. Yo entendía a los chicos porque había crecido en una casa con tres hermanos. En aquel entonces, yo mismo era un chico. Desde el momento en que me incliné sobre el escritorio para estrechar la mano de los entrevistadores, sabía que las cosas iban a ir bien.

Y lo fueron. Puse en práctica mis estrategias pensadas para los chicos y probé aquellos consejos bien verificados. Mis clases eran famosas. La Copa del Mundo de Escritura solo fue un ejemplo de las múltiples lecciones para chicos de implicación garantizada que puse en práctica.

Mis lecciones más memorables

Como profesor novato, si un investigador interesado en qué enfoques funcionan mejor a la hora de enseñar a chicos me hubiera pedido que le contara mi mejor clase, probablemente me habría decidido por la Copa del Mundo de Escritura.

O puede que aquella en la que me disfracé de reportero de informativo y empecé la clase «en personaje». Con un micrófono en la mano, haciendo gala de mi mejor acento norteamericano, describí la escena de devastación de la caída de las Torres Gemelas. Esta lección, provocada por una inspección educativa que había rebajado mi anterior calificación de «excelente» a «buena», pretendía demostrar el «factor sorpresa» y el «brío» que el inspector echaba de menos en mi práctica. Era una clase de poesía –del libro *Out of the Blue* de Simon Armitage, para ser exacto– y estaba concebida para situar el contexto, pero también para cubrir el expediente de lo «creativo e innovador» que aparecía sorprendentemente en la descripción de contenidos de clase calificada como «excelente».

O puede que hubiera mencionado la clase en la que nos pusimos cascos de papel y nos lanzamos bolas de papel arrugado unos a otros para hacernos una idea de las condiciones de la guerra en las trincheras. O aquella en la que los chicos me lanzaban bolas de papel a mí con preguntas que querían que respondiera.

Y si el mismo investigador hubiera pedido a mis alumnos que recordaran la más memorable de las clases que les he dado, probablemente dirían una de estas.

Ideas ganadoras para implicar a los chicos

Lo más gracioso es que la pregunta sobre la clase más memorable se la hicieron a profesores y alumnos Michael Reichert y Richard Hawley, ambos doctores en Filosofía –autores de *Llegar a los chicos, enseñar a los chicos*[1]– en un intento de reunir «la base de datos más concreta y útil sobre el éxito de los chicos en el colegio». Su investigación incluía un sondeo con cerca de mil profesores de dieciocho escuelas de chicos de países entre los que estaban el Reino Unido, los Estados Unidos, Australia y Sudáfrica. Pidieron a los profesores que describieran una clase que «consideraran especialmente efectiva para los chicos». En este muestreo de educadores, los autores encontraron ciertos temas recurrentes. Según los profesores, las clases que más gustaban a los chicos incluían las siguientes particularidades:

1. La oportunidad de levantarse de sus asientos y moverse por la clase.
2. La competición.
3. Estudiantes enseñándose entre ellos.
4. El uso de la tecnología.
5. Juegos, juegos de rol o debates.
6. Temas que son relevantes en sus vidas.
7. Acontecimientos sorprendentes o algún otro tipo de novedad.

Los chicos a los que se les pidió que recordaran una clase particularmente memorable coincidieron con sus profesores. Sí. Dijeron, ese es el tipo de enseñanza que nos gusta.

Entonces, ¿a qué apuntaban estas opciones en realidad? A algo parecido a esto:

- Poner en escena luchas de espadas durante un módulo de *Romeo y Julieta.*

- Poner en escena el proceso de la división celular.
- Diseccionar calamares en clase de Biología. Luego usar la tinta para dibujar cosas. Luego rebozar y freír los calamares. Ciencia, arte y cocina en una sola lección.

Estas clases, lo mismo que mis celebradas propuestas, parecen ideales para chicos. Parecen divertidas. Parecen atractivas. Y sin duda son innovadoras.

Cómo enseñar a los chicos (segunda parte)

En 2014 decidí hacer algo radical. En pos de un nuevo reto, me busqué un trabajo en una escuela mixta. Este caprichoso acto significaba que ahora tendría que enseñar también a *chicas*. También suponía mudarme a Devon. La nueva escuela estaba situada en una próspera área de clase media, pero tenía una afluencia significativa de los pueblos de la zona que seguían el patrón de privación rural. Los resultados en Lengua estaban por debajo de lo que deberían, considerando los datos de ingreso. Los chicos, en particular, daban un mal rendimiento generalizado.

No albergaban la fantasía de que la razón principal por la que me habían dado el trabajo era mi reputación como «el tipo de los chicos», la repuesta –no, la panacea– a las pesadillas que alimentaban los chicos. El primer año pondría orden en las clases de Lengua. Al año siguiente esparciría mis polvos mágicos por encima del resto del colegio. Y lo más curioso es que eso fue lo que empezó a pasar. Los resultados de los chicos empezaron a mejorar. Y sorprendentemente, también los de las chicas. Yo lo atribuí al mimetismo de las chicas. Era evidente que se habían dejado llevar por la actitud de los chicos.

Cuando se acercaba el final del primer curso en Devon, escribí un blog –el primero que escribía en mi vida– sobre cómo mejorar los resultados gracias a la implicación de los chicos. Y para cerrar el círculo, también me pidieron que diera más charlas sobre... sí, lo han adivinado, la implicación de los chicos. Las cosas iban como tenían que ir. Mis estrategias seguían dando sus frutos.

Poco tiempo después de escribir aquel primer blog, tuve una epifanía en la ducha. Mis epifanías siempre ocurren en la ducha. Un pensamiento me asaltó de repente. En realidad, no fue de repente; llevaba dando vueltas por mi cabeza desde hacía varios meses, incluso cuando escribía el blog de la implicación de los chicos.

La cuestión es que me di cuenta de que mis argumentos sobre cómo enseñar a los chicos no eran más que basura.

Bueno, no todos. Pero sí un buen puñado de ellos. En especial las estrategias de implicación de los chicos que eran el fundamento de mi práctica educativa.

Entonces, ¿qué eran aquellas estrategias? Y ¿por qué eran basura? Antes de compartir aquí lo que funciona de verdad, vamos a empezar por analizar los tres mitos de la implicación de los chicos más aceptados, que no solo son erróneos, sino que realmente contribuyen a un pobre resultado académico.

La investigación

Mito de implicación I: a los chicos les gusta la competición

La lógica en la que se respalda esta estrategia de apoyo a los chicos es muy sencilla: a los chicos les gusta la competición, luego crear actividades competitivas les hará estar más motivados para aprender. Es de cajón, ¿verdad? Ofrece unos cuantos premios, da puntos de recompensa o simplemente el clásico y anticuado derecho a fanfarronear, y el más reacio de los chicos se apuntará. Después de todo, está en juego el orgullo masculino. Durante muchos años, esto fue fundamental en mi conquista de la implicación máxima.

Mis mejores lecciones, incluida la legendaria Copa del Mundo de Escritura, contenía elementos de competitividad. A mis ojos, la implicación resultante era prueba de que a los chicos les movía la tradicional lucha por la victoria.

El razonamiento en que se basa esta idea es lógica, rotunda y catastróficamente erróneo. En vez de animar a los chicos a hacer un mayor esfuerzo y lograr mejores resultados, esta táctica motivacional en muchos casos tiene el efecto contrario, en particular para los chicos que más necesitan un chute de confianza.

Martin Covington[2] ha argumentado que en las culturas occidentales la «habilidad» es una «mercancía» que tiene un valor reconocido y como tal conlleva un estatus superior. En el colegio, sostiene Covington, la habilidad académica prima sobre todas las demás. El especial énfasis que se pone en la habilidad «intelectual» tiene un impacto profundo en el valor que reconoce el individuo en sí mismo. En otras palabras, lo que sentimos respecto a nuestra propia habilidad académica y los juicios de los demás sobre ella afectan directamente a nuestra autoestima. Para Covington no hay nada como una colección de buenas notas para elevar nuestro nivel de autovaloración. Y a la inversa, nada como una colección de suspensos desafiándonos desde la hoja de calificaciones para acabar con él.

Esto parece bastante obvio: el éxito llama al éxito. Por supuesto que los alumnos se sienten mejor cuando obtienen buenas notas. Por supuesto que se sienten fatal cuando son malas. Pero los argumentos de Covington se ponen verdaderamente interesantes cuando aplica este conocimiento evidente al telón de fondo competitivo de nuestro sistema educativo. En la mayoría de los países, los exámenes se plantean de una manera que es inherentemente competitiva. Al contrario que en un examen de conducir, por ejemplo, en el que si uno cumple un nivel requerido aprueba, muchos sistemas de evaluación sumativa se organizan y administran para asegurar que solo ciertos porcentajes puedan alcanzar la deseada calificación de «aprobado». Muchos miles tendrán «éxito», muchos miles no lo tendrán. Algunas personas creen que esto es bueno, otras consideran que la curva gráfica es injusta.

Independientemente de la opinión que se tenga de lo bueno y lo malo de la naturaleza jerárquica de los resultados en educación, hay consecuencias claras en la autovaloración percibida por los alumnos como individuos. Si no me creen, el próximo día de lectura de notas intenten decirle al lloroso Alumno X, que ha obtenido un insuficiente, que su calificación vale lo mismo que la de su compañero el Alumno Y, que ha sacado un notable. Se puede hablar de los diferentes puntos de inicio y del gran progreso que ha hecho el Alumno X a lo largo del curso, pero esos argumentos racionales no sirven de consuelo. El Alumno X seguirá sintiendo que es un perdedor en comparación con el Alumno Y.

El fracaso como estrategia de protección

Como descubriremos en el capítulo 3, los estudiantes chicos son más proclives a trabajar menos como parte de su deseo de encajar en su grupo de pares. Pero también, según Covington, se retraen del trabajo académico como estrategia de «autoprotección». Esta es una paradoja que reconocerán muchos profesores experimentados: solo asegurándose el fracaso –mediante una falta de esfuerzo palpable y pública– pueden evitar una forma de fracaso más perniciosa. No esforzándose todo lo que pueden, los alumnos previenen el daño a la percepción que tienen de sí mismos. Para la frágil mentalidad del chico adolescente, esforzarse mucho y fracasar es lo peor de los dos mundos. De hecho, otros estudios[3] sugieren que los chicos son más propensos que las chicas a autosabotear sus resultados académicos en un intento de proteger su sentido de la autoestima.

Entonces, ¿cuál es el vínculo entre la protección de la autovaloración y usar la competitividad como herramienta de implicación? Bueno, en primer lugar, el mismo sistema educativo es intrínsecamente competitivo. Los alumnos masculinos en particular tienden a ponerse obstáculos a sí mismos cuando se ven frente a la realidad competitiva del «aprobado o suspenso» de los exámenes. Entonces, ¿por qué íbamos a querer incrementar el contenido competitivo introduciendo la competición en las aulas? Como señala Carolyn Jackson[4], la estrategia de una competitividad creciente en las clases como intento de implicar a los chicos en la enseñanza «probablemente exacerbe la adopción de estrategias defensivas por parte de muchos chicos». Volvamos a mi Copa del Mundo de Escritura. Como profesor, centraba mi orgullosa satisfacción en las sonrisas de los ganadores y en el impresionante trabajo que yo había animado a que hicieran. En lo que no me centraba, y ahora pienso en ello con arrepentimiento, era en el sentimiento de desánimo escrupulosamente oculto entre la multitud de derrotados. Los finalistas podían encontrar consuelo en la proximidad del éxito que dejaba sus egos relativamente indemnes, pero los eliminados en la primera vuelta sufrían una grave merma de su autoestima.

Consecuencias no intencionadas

Lo que se puede ver como unos jueguecitos divertidos puede, en la repetición diaria, corroer poco a poco la delicada confianza de esos alumnos con los niveles más bajos de autovaloración. Pero ¿por qué es tan dañino para los chicos en particular lo que parece ser un rato de juego inocente? Los estudios sugieren[5] que la mayoría de los chicos son muy competitivos, que los resultados de la competición les importan más que a las chicas, que a los chicos les importa más derrotar a sus pares. Ah, y según Covington, también les preocupa más estar en el club de las «altas habilidades». El resultado de esta tóxica combinación es que los chicos se rinden en un despliegue textual de comportamiento autodestructivo: «Si no lo he intentado, en realidad no he fracasado». Naturalmente, el peor de los escenarios posibles para esta frágil psiquis sería haberlo intentado de verdad –haberse remangado y dado el intangible 110 %– y fracasar a pesar de todo. Eso sería una verdadera derrota que, para seguir con el tópico, dejaría al chico hecho polvo.

Porque, después de todo, los chicos pueden entregarse a la competición con mucho menos riesgo para sus egos. Pueden pelear. Pueden acumular novias. Pueden alzarse con la victoria en el campo de deportes. De hecho, en la arena deportiva, la mayoría puede estar segura de que, aunque pierda ante un compañero masculino, solo hay una pequeña posibilidad de que pierda ante una chica. Y este temor –este temor estúpido, patético, neandertal, misógino y autodestructivo– es muy real para los chicos que quieren formar parte de la élite dominante y descaradamente masculina. Con esta mentalidad perversa, pero abrumadoramente frecuente, perder ante una chica significa mucho más que perder. Significa asumir un proceso de emasculación, de pérdida de la identidad masculina.

Para estos chicos, el terreno académico y las aulas ofrecen específicamente el mayor peligro para la percepción de su autovaloración y su sentido de pertenencia. No es de extrañar que muchos opten por acogerse al refugio del numerito del atontado, acumulando castigos y portándose mal. Las mayores víctimas de esta alteración son, por supuesto, las chicas[6]. Y los chicos «femeninos» que rompen las reglas de la masculinidad estudiando mucho y compitiendo con ellas en términos de igualdad y justicia. Los chicos a los que aterra el fracaso no solo dificultan su propio progreso, sino que también hacen un intento inútil de arrastrar la competición con ellos.

Llevar la competición a las aulas puede parecer algo de sentido común para enganchar a los chicos a los estudios. Eliminando las apariencias de este bienintencionado punto de vista encontramos una solución que causa muchos más problemas de los que resuelve.

Mito de implicación 2: que las lecciones sean relevantes para los intereses de los chicos

Quiero que imaginemos un entorno en el que muchos chicos se sientan incómodos. Donde no puedan ser ellos mismos. Donde se sientan obligados a estar a la altura de una idea preconcebida de los comportamientos propios de su género. El trabajo que se espera que hagan –y que lo hagan bien si quieren que su autovaloración permanezca intacta– es considerado por sus iguales como «femenino». Para muchos chicos, así es *vuestra* clase.

Ahora, pensad en una clase que afronta esta indiferencia por el colegio intentando que la enseñanza sea *relevante* para la vida de los chicos. Eligiendo temas de estudio que sean «amables para los chicos». Trazando un programa de estudios basado, tanto como sea posible, en cosas que a los chicos les gusta hacer. Entonces es probable que los chicos dejen de lado su aparente aversión por el trabajo académico y se sientan impelidos a dar lo mejor de ellos mismos.

En mi antigua escuela de Mánchester dediqué unos cuantos años de mi vida a esta cruzada. Mi misión era simple: coger las cosas que les interesaban a los «chavales» –juegos y mugre, fútbol y peleas– e incluir en mis lecciones todo lo que pudiera de ellas. Reseñas del último videojuego de tiroteos; entrevistas con el rapero de turno; reportajes de la Premier League; fragmentos de una biografía de Muhammad Ali; reportajes de investigación sobre crímenes urbanos con armas. Mientras estuvieran razonablemente bien escritos y contuvieran un juego de palabras o una pregunta retórica ocasional, eran aptos para la fotocopiadora. Otros textos se elegían también por su afinidad con los chicos. Poesía bélica, escenas de pelea de Shakespeare, libros con artilugios y explosiones. Siempre que era posible, escogíamos novelas contemporáneas más que textos «inaccesibles». Hola *gangsta rap,* hasta luego *Grandes esperanzas.*

Este planteamiento presenta muchos problemas:

A. Los chicos acaban aburriéndose, incluso de las cosas que normalmente les interesan

En el magnífico *¿Por qué a los estudiantes no les gusta el colegio?*[7] el científico cognitivista Daniel T. Willingham da un ejemplo de por qué la búsqueda de la relevancia es un inmenso error:

> no creo que el contenido despierte el interés. Todos hemos asistido a una conferencia o visto un programa de televisión (tal vez contra nuestra voluntad) sobre un tema que creíamos que no nos interesaba y hemos acabado quedándonos fascinados; y es fácil aburrirse incluso cuando habitualmente nos gusta el tema... El contenido de un problema [...] puede ser suficiente para despertar nuestro interés, pero no para mantenerlo.

La novedad de una lectura en clase sobre un partido del Arsenal contra el Chelsea picaba el interés de mis alumnos. Pero en cuanto la cruda realidad se hacía patente –que iba a hacer que analizaran el lenguaje de todas formas–, su entusiasmo empezaba a desvanecerse. Estaban encantados de discutir los puntos claves –el penalti que no lo era, el trallazo desde fuera del área que sí–, pero en cuanto empecé a dar la matraca con el uso manido de algunas palabras y la definición de «prodigalidad», se dieron cuenta de que les estaba dando una clase de inglés normal y corriente.

B. Los chicos recuerdan la parte «relevante» pero se olvidan de la que deben estudiar en realidad

La lógica que hay detrás de este método de enseñanza es muy clara: haz un contenido relevante para los alumnos ofreciéndoles experiencias de primera mano. El problema, como señala Willingham, es que la actividad divertida y atractiva puede dejar a los alumnos pensando mucho más en la experiencia que en el conocimiento. Recordemos la lección de ciencias que hemos mencionado anteriormente en este capítulo. ¿Y si los alumnos recuerdan el proceso de pintarrajear con la tinta en un papel o el sabor de los calamares fritos más que lo que es importante: la anatomía del cefalópodo?

Una vez presencié una clase de Matemáticas de prueba en la que el profesor enganchaba a los alumnos apelando a sus estómagos. Usando la fórmula $A = 2\pi r^2$ tenían que calcular si resultaba más económico comprar una pizza familiar de 40 centímetros de diámetro o dos pequeñas de 25. Ciertamente, este candidato supo estimular los sentidos, recurriendo a un vistoso menú de comida para llevar. Los chicos resolvieron el problema, sonó el timbre y salieron en tropel a comer, salivando. A la mañana siguiente les pregunté si les había gustado la lección. Totalmente, me dijeron. ¿Podían explicarme cómo habían resuelto el problema? Solo pudo hacerlo uno de ellos. Lo que recordaban eran los ingredientes. Pepperoni. Carne picante. Incluso la maldita hawaiana. Para Willingham, «la memoria es el residuo del pensamiento». Lo que más pensamos es lo que mejor recordamos.

C. No a todos los chicos les gusta lo mismo

Insuflar relevancia al programa de estudios tal vez atrape la atención de algunos chicos, pero es poco probable que todos se sientan satisfechos. Imaginemos a un grupo de chicos que quedan delante de un cine el sábado por la tarde para decidir qué película van a ver. Estos chicos resultan ser conformistas de género que demuestran su masculinidad a través de la bravuconería y las bromas. Como es natural, *no van a ir a ver una peli de chicas.* Aun así, hay diferencias de opinión acerca de lo que van a ver. Tres son fans de los motores y quieren ver la última entrega de *Fast & Furious;* a dos les apetece una comedia disparatada; un par más votan por una de asesinatos ultraviolenta. Al final, van por separado.

En nuestras clases, aunque cueste creerlo, hay algunos chicos a los que no les gustan los videojuegos. Algunos que detestan el deporte. Algunos que preferirían que les sacaran un ojo con una navaja oxidada antes que leer una revista de rap. Como ha observado Becky Francis[8], los chicos no forman una masa uniforme y homogénea. En realidad, son capaces de ser tan diferentes unos de otros como de las chicas. Además, a menos que uno enseñe en un centro escolar para chicos o en un grupo de chicos solos, habrá otras criaturas en la clase. Se llaman chicas. Y pueden acabar muriéndose de aburrimiento de nuestros intentos de llegar a los chicos, mientras se ignoran sus intereses individuales.

D. Dar por sentado que a todos los chicos les gusta lo mismo refuerza los estereotipos

Adaptar los recursos a los chicos no solo no es práctico, sino que además fomenta estereotipos dañinos sobre el «auténtico» comportamiento masculino. Este enfoque esencialista perpetúa la creencia de que al chico «real» le gustan cosas de «macho», como el fútbol, la agresividad y los toqueteos heterosexuales. Martin Mills y Amanda Keddie ilustran los efectos perniciosos de esta actitud con una anécdota sobre un «experto» australiano en la implicación de chicos que, en un esfuerzo por conseguir que más chicos leyeran, puso en marcha una revista *online* llena de fotos de «mujeres jóvenes escasamente vestidas tumbadas encima de coches»[9]. Como explican Mills y Keddie:

> Este tipo de material de lectura solo sirve para reforzar definiciones mezquinas de lo que significa ser un chico [y], paradójicamente, para reforzar entre algunos esos atributos que son los que han provocado que se distancien del proceso de aprendizaje.

Evidentemente, este es un ejemplo extremo. Pero echemos un vistazo a la biblioteca de nuestro centro y reflexionemos sobre qué clase de mensajes están mandando a los alumnos masculinos los libros de la sección de chicos (que puede que no esté etiquetada como tal, pero habitualmente hay una). Si hace generalizaciones sobre los gustos de los chicos, probablemente esté colaborando a la paradoja que destacan Mills y Keddie: lo mismo que convierte a los chicos en enemigos de la escuela (las ideas preconcebidas sobre cómo deben comportarse los chicos) se utiliza como lo que les hará interesarse más en el trabajo escolar.

E. Evita que algunos chicos generen capital cultural

Mills y Keddie plantean a todos los docentes una pregunta sencilla pero importante: «¿Queremos [...] alentar a los chicos, que pasan la mayor parte de su tiempo libre jugando al fútbol a que luego solo lean sobre fútbol?». Recurriendo a los intereses de los alumnos y haciendo un programa de estudios «relevante» solo para sus vidas, estamos limitando su acceso a ideas nuevas, además de aceptar ideas tópicas sobre lo que van a disfrutar y lo que serán capaces de gestionar académicamente.

La idea de **capital cultural** la creó el sociólogo francés Pierre Bourdieu. En su libro de 1979 *La distinción. Criterio y bases sociales del gusto* sostenía que acumulamos un capital cultural a través del acceso a ciertos conocimientos, comportamientos y habilidades a los que la sociedad da un valor alto.

Este conocimiento, asegura Bourdieu, define cómo ven los demás nuestra «competencia cultural» y determina nuestro estatus social. Por ejemplo, una persona puede impresionar en una entrevista de trabajo haciendo gala de sus conocimientos del ciclo del Wagner *El anillo del nibelungo*, o puede ganarse el respeto por mencionar que ha leído los seis volúmenes de la *Historia de la decadencia y caída del Imperio romano* de Edward Gibbon. Para Bourdieu, las instituciones sociales, para bien o para mal, valoran cierto tipo de conocimiento, comportamiento y habilidades más que otras. ¿Quedaría igualmente impresionado el mismo entrevistador por un conocimiento enciclopédico de la discografía de Abba o por una íntima comprensión de las obras de Dan Brown? Nos guste o no, los alumnos de entornos en situación de desventaja generalmente experimentan menos exposición a ideas que les faciliten la posibilidad de acumular capital cultural. En estos casos, el colegio tiene la responsabilidad de asegurar que los alumnos tienen la oportunidad de acumular capital cultural para evitar que pierdan ante sus semejantes con más ventajas.

Cuando estaba en secundaria me pusieron en el grupo de Lengua de los torpes por motivos de conducta. La profesora era una mujer estricta, expolicía, que sabría manejar mi conducta infantil y problemática. El resultado: no estudié ni una palabra de Shakespeare en el colegio. Ni una sola línea sobre las frases más grandes que se hayan escrito en inglés. En su lugar, trabajamos con textos que se consideraban adecuados a nuestra «habilidad». Textos relevantes para nuestras vidas. Recuerdo haber estudiado *Un cernícalo para un rapaz* de Barry Hines. La novela es una obra de realismo social hermosa y devastadora sobre un chaval que vive en un duro pueblo minero de Yorkshire, asiste a un colegio lleno de profesores que pueden ser insensibles y es consciente de que, lejos de la mina, la sociedad ofrece pocas esperanzas a chicos de la clase obrera como él. La disfruté y me alegro de haberla leído, pero si lo pienso ahora, ¿qué hizo este libro para expandir mis horizontes? ¿Qué aprendí yo –un chaval de clase obrera nacido en un duro pueblo minero que iba a un colegio lleno de profesores a menudo sádicos– de esta experiencia? Sí, fue agradable descubrir que se escribían libros sobre chicos como yo –y es importante que los alumnos en situación de desventaja experimenten esta sensación en algún momento de su paso por el colegio– pero, en última instancia, estrechó mi campo de visión. Comparemos esto con mi primer encuentro, unos cuantos años más tarde en la universidad, con *El rey Lear:*

> Mientras tanto, expresaremos nuestro propósito más oscuro.
> Dadme ese mapa. Sabed que hemos dividido
> en tres nuestro reino; y es nuestra final intención
> liberar todas las preocupaciones y asuntos de nuestra edad,
> transfiriéndoselas a fuerzas más jóvenes, mientras
> nos dirigimos, libres de cargas, hacia la muerte.

Al principio, no tenía ni idea de lo que significaban estas palabras y cadencias extrañas. Hay pasajes de Shakespeare que todavía me parecen difíciles. Pero la complejidad es parte de su atractivo. Y la gratificación, y el beneficio en capital cultural, de estudiar a Shakespeare es inmensa. Así que, la próxima vez que alguien crea que los chicos de su clase no van a ser capaces de entender una determinada fórmula molecular, de enfrentarse al complejo ecosistema global o de defenderse hablando con el profesor en un idioma extranjero durante la mayor parte de la clase, puede que haya llegado el momento de pensárselo otra vez. Un punto muy importante que suele pasarse por alto es que el impacto negativo de la búsqueda de un temario relevante y adaptado a los intereses de los chicos no solo crea más desventaja para muchos chicos de clase trabajadora; también tiene un efecto adverso en las chicas de la misma clase que pueden haber tenido menos oportunidades de alimentar su capital cultural. La estrategia de implicación a través de la relevancia tampoco le hace ningún favor a las chicas.

F. Fomenta las bajas expectativas de los chicos

Como veremos en el capítulo 5, las bajas expectativas de los chicos contribuyen a sus pobres resultados educativos. Los planes de estudios pensados para favorecer a los chicos a menudo ofrecen una falta de expectativas de lo que estos son capaces de lograr; *los alumnos en desventaja necesitan más retos, no menos.* Alguien decidió que mi grupo de Lengua no podría enfrentarse con Shakespeare. Cuando el autor se convirtió en un tema obligatorio del programa de secundaria, otros profesores también decidieron que Shakespeare era demasiado difícil para los alumnos con «bajas habilidades». En su lugar, a estos grupos de segunda se les atiborraba con una dieta de adaptaciones al cómic de Shakespeare o versiones bastardas del lenguaje del bardo en lengua moderna. Dando a los chicos trabajos que solo reflexionan sobre sus vidas les estamos diciendo «tú eres un chico, solo puedes arreglártelas con esto, esto es todo lo que necesitas saber». Un plan de estudio aguachinado garantiza que los chicos desconecten una vez que el subidón de azúcar de la relevancia ha pasado.

G. Promueve la masculinidad antiescolar dominante

A los chicos les encantan las armas, ¿verdad? Por eso es natural que, cuando estudian a Shakespeare, prefieran dejarse llevar por un pasaje de lucha con espadas que sentarse a analizar el lenguaje. ¿Qué mensaje envía este tipo de generalización a los chicos que preferirían leer el texto que entrechocar armaduras y escudos? *Romeo y Julieta* ofrece la oportunidad de hablarles a los chicos –especialmente a aquellos que han aprendido a evitar mostrar más emociones que la ira– de los sentimientos del muchacho enamorado del título. ¿Por qué cree Romeo que enamorarse de Julieta le ha despojado de su dignidad masculina («Oh, dulce Julieta, vuestra belleza me ha vuelto afeminado»)? Al centrar la atención en las escenas de lucha, estamos pidiendo a los chicos que se centren en un aspecto obvio y tradicionalmente masculino de la obra. Al hacerlo se reduce el acceso de los chicos a emociones más grandes y profundas.

A un nivel más profundo, los planteamientos *boy-friendly* también corren el riesgo de empujar a los profesores (con o contra su voluntad) a promover formas tradicionales de masculinidad en un intento de congraciarse aún más con los chicos reticentes o distantes. Jeffrey Smith[10] explica así que los profesores de la escuela secundaria problemática en la que realizó su investigación adoptaban:

> estrategias de supervivencia basadas en una especie de masculinidad «muscular» de clase obrera [...]. El objetivo claro era «ganarse» a los chicos reacios enfatizando la semejanza y minimizando las diferencias en las prácticas de clase, situándose ellos mismos como «uno de ellos».

Comportarse en plan colegas para intentar poner de nuestro lado a los alumnos difíciles es una estrategia tan antigua como desacertada. Sin embargo, lo que hace tan interesantes las entrevistas de Smith es el hecho de que algunos profesores –uno de los cuales admite que «haría cualquier cosa para atrapar su atención»– no solo buscan popularidad, están dispuestos a adoptar una versión hipertrofiada de la masculinidad con tal de ganar credibilidad con los chicos «duros».

En otros tiempos he enseñado «El combate», el relato de Norman Mailer de *El rugido de la jungla,* el famoso combate de Muhammad Ali y George Foreman. Con la perspectiva de ahora, puedo ver que lo hacía por varias razones. Primero, estaba jugando la carta de la relevancia, dando por sentado que los chicos iban a disfrutar leyendo sobre boxeo, un tema del que pasaban mucho tiempo discutiendo los más bocazas. Segundo, está muy bien escrito. Con su lenguaje lírico y su trasfondo geopolítico, al menos ofrecía la posibilidad de un acopio de capital cultural. Tercero, y si soy sincero, esta era la razón principal, me daba la oportunidad de desplegar mi «auténtica» masculinidad. Como joven profesional que impartía una asignatura típicamente femenina (el único hombre en el departamento, nada menos), poner paz en las peleas del patio de recreo, los pasillos y las aulas me ganó el respeto entre los llamados machos alfa. Especialmente el día que conseguí evitar que un chico –que yo no sabía que era luchador *aficionado* de lucha en jaula– agrediera a una profesora. Pero esos laureles tuvieron su precio; involuntariamente, yo perpetuaba las actitudes estereotipadas que tanto me frustraban durante las clases. Mi propia experiencia en la escuela había sido hípermasculina. Con el tiempo había escapado de este entorno, pero, siendo un joven que amaba la poesía, había retrocedido a mi función primitiva, en vez de enfrentarme directamente con el machismo declarado.

Smith es comprensivo con los profesores de escuelas problemáticas que adoptan esta personalidad (o exageran sus características «naturales») con la intención de implicar a los chicos. Los chicos ven con admiración a una profesora que tenga un estilo directo y asertivo, que se siente orgullosa de parecer más dura que los chicos, alguien con quien no se pueda jugar. Sin embargo, Smith acaba etiquetando a estos docentes como «cómplices culturales», profesores que crean involuntariamente un deterioro. Una atmósfera darwiniana en la que los más duros se implican brevemente, pero no aguantan a largo plazo.

Mito de implicación 3: los chicos tienen diferentes estilos de aprendizaje

Cuando empecé a enseñar, me dieron un cuadrante con los horarios de clases. Una de las casillas me desconcertó. Estaba encabezada como VAK. «¿Qué diablos es VAK?», le pregunté a mi mentora. «Visual, auditivo y kinésico», me contestó. Ah, aquello me sonaba. Recordé que se había mencionado durante mi curso de capacitación. En una de las clases nos explicaron que todos tenemos un tipo de enseñanza preferido, dependiendo de según qué sentido (vista, oído o tacto/movimiento) y que deberíamos adaptar las clases para asegurarnos de que atendían a estas preferencias. Parecía algo dudoso, pero, indudablemente, alguien había investigado mucho en el tema, así que me puse diligentemente a rellenar las casillas y a planificar actividades que se ajustaran a las preferencias de mis alumnos. La V no tenía ningún problema: iba a saturar la sección de «diapositivas y clips de PowerPoint» y a eliminarlos según procediera. La A también era fácil: bastaba con escribir «lectura en voz alta», lo que solía hacer en la mayoría de las clases. Pero la K era más complicada. Dediqué mucho tiempo a encajar en mis clases actividades para que los alumnos kinestésicos se expresaran, normalmente pegando notas adhesivas en la pizarra. Como profesor de Lengua, no conseguía ver la conexión entre dar a los alumnos oportunidades para la exploración táctil y el análisis de la poesía, pero hice obedientemente lo que me habían enseñado. Llevé un saco de patatas y animé a los alumnos a escarbar en el barro como preparación para la clase sobre *Cavando patatas,* el poema de Seamus Heaney. A los chicos les desconcertaban estos extraños interludios, pero disfrutaban con la oportunidad de estirar las piernas o de picarse con los colegas.

Solo un pequeño problema

Mis razones para hacer esto tenían tres aspectos. Primero, mis observadores esperaban verlos en cada una de las lecciones. Segundo, todos los demás lo hacían. Y tercero, y más importante, los chicos eran mucho más kinésicos que las chicas. Si uno busca en Google algo como «los chicos suelen preferir la enseñanza kinésica», le dirigirán a cosas como:

- Tocar para aprender: los chicos aprenden mejor cuando las clases incluyen actividades manuales.[11]
- A muchos chicos les cuesta estar sentados y quietos para escuchar lo que les cuentan los profesores, ya que su proceso de aprendizaje está motivado por el movimiento.[12]
- Tendréis muchos alumnos kinésicos en vuestras aulas... y muchos de ellos serán chicos. Y ¿sabéis una cosa? Los chicos son los estudiantes más reticentes. Los alumnos kinésicos necesitan usar su cuerpo y moverse para que les ayude a aprender.[13]

Pues muy bien. Solo había un pequeño problema. La teoría de los estilos de aprendizaje es una tontería. Como apunta Daniel Willingham[14]:

> Se han realizado docenas de estudios sobre estas líneas generales, incluidos algunos que usan materiales más parecidos a los que se usan en las clases y, en general, la teoría no se sostiene. Ofrecer la modalidad «preferida» de un estudiante no le aporta ninguna mejora en el aprendizaje.

Willingham probablemente sea el más reconocido defensor del desmontaje del VAK, pero hubo otros que no tardaron en declarar sus preocupaciones ante este concepto, ya desde 2005 (justo antes de que empezara mis estudios como docente). En un informe del Ministerio de Educación que estudiaba las tendencias en centros donde los chicos arrojaban buenos resultados, Younger y otros autores señalaban que:

> Hemos encontrado pocas pruebas que respalden, por ejemplo, la idea de que el estilo dominante de aprendizaje de los chicos sea diferente al de las chicas, y que haya más chicos [que chicas] que prefieran el aprendizaje kinésico.[15]

De hecho, cuando ahondaron más profundamente en los datos, encontraron que:

> Al contrario de lo que se asegura en cierta literatura, las puntuaciones medias sugerían que, si acaso, había una mayor tendencia kinésica entre las chicas que entre los chicos.[16]

Desacreditados, pero siguen creyendo en ellos

A pesar de todo, más de una década después, la percepción de que los chicos necesitan experimentar movimientos y tacto para aprender eficazmente persiste y no muestra señales de irse retirando sigilosamente hacia el rincón del descrédito. Expertos mundiales en el campo de la ciencia cognitiva, la educación y la psicología escribían recientemente a *The Guardian,* advirtiendo de los peligros de este mito ampliamente desacreditado, pero igualmente extendido:

> Una investigación de 2012 llevada a cabo entre los profesores del Reino Unido y los Países Bajos demostró que un 80 % creían que los individuos aprenden mejor cuando reciben información en su estilo favorito. En 2013 un estudio de Wellcome Trust encontró que un 76 % de los profesores habían utilizado estos estilos de aprendizaje en sus enseñanzas.[17]

Los ejemplos de VAK (y otros neuromitos, como la pirámide de aprendizaje) que se enseñan a los profesores en prácticas durante sus cursos de capacitación se comparten regularmente en Twitter, recogidos frecuentemente por Tom Bennett de ResearchEd. La página del certificado de docencia de formación del profesorado de la Universidad de Bath sigue teniendo un módulo de estilos de aprendizaje[18], lo mismo que la página School Direct de la Universidad Newman de Birmingham[19]. Los colegios tienen también su parte de culpa. No hace mucho asistí a una sesión de Desarrollo Profesional Continuo en el que repartieron un folleto que recomendaba el VAK. Yo me quejé y los retiraron, pero el daño se sigue haciendo en nuestras escuelas. Los chicos siguen paseando y tocando sin ningún motivo.

Las soluciones

Consejo para directivos escolares

No existen los apaños rápidos. Creer que hacer clases entretenidas o adaptarlas a los intereses del alumno incrementará la concentración y mejorará los resultados es una falacia ampliamente aceptada. Una falacia que no está solamente unida a las estrategias para cerrar la brecha de género. Muchos directivos escolares siguen esperando ver que ocurren ciertas cosas durante las clases a las que asisten, como paseos educativos y cosas por el estilo. Al obsesionarse con conceptos nebulosos como implicación, progreso y ritmo durante los comentarios de las clases observadas, los líderes envían a menudo mensajes peligrosos a los profesores.

El profesor Rob Coe de la Universidad de Durham defiende que la implicación –que los estudiantes parezcan interesados y motivados– es un pobre sustituto del aprendizaje. Lo mismo que unos estudiantes muy ocupados y que hacen un montón de trabajo. Esto, sostiene Coe, se debe a que el aprendizaje es invisible. No es suficiente que un observador diga que esos chicos están interesados en su trabajo y llevando a cabo sus tareas; por tanto, tienen que estar aprendiendo cosas que recordarán a medio y largo plazo. En su informe de investigación de una buena enseñanza, Coe y otros autores[20] señalan la ineficacia de «hacer que los alumnos estén siempre activos, en vez de escuchando pasivamente».

Entonces, ¿en qué deberían fijarse los observadores cuando intentan valorar si los chicos están recibiendo una enseñanza efectiva? *Principios de Instrucción* de Rosenshine[21], un resumen de cuatro décadas de investigación que vincula las estrategias de los profesores con los resultados de los alumnos, es un buen punto desde el que empezar. Los comportamientos clave incluyen:

- Empezar la clase con un breve repaso de lo aprendido anteriormente.
- Proporcionar modelos y ejemplos, con andamiajes.
- Incluir oportunidades para prácticas educativas guiadas.
- Comprobar la comprensión, usando montones de preguntas.
- Asegurarse de que los estudiantes obtienen un alto nivel de éxito (aproximadamente un 80 %).

Para muchos directivos, esto supone un cambio en sus expectativas de lo que debe ser una buena clase: no esperar que el profesor confíe en un gancho creativo, para empezar; no esperar que el profesor explique conceptos difíciles en solo unos minutos; no esperar que el profesor dedique cierto porcentaje de la hora de clase a trabajo de grupo o a debates dirigidos por los estudiantes; no esperar que el profesor permita a los alumnos moverse por el aula; no esperar que el profesor demuestre que se están haciendo progresos o que los alumnos están activamente «implicados» en el aprendizaje.

Una última cosa: por favor, dejemos de decir a los profesores que aumentar el ritmo o el factor entretenimiento va a mejorar el comportamiento en sus clases. Sí, por supuesto que las actividades prolongadas hasta el hastío, que podrían haberse resuelto en un par de minutos, o las preguntas mal formuladas y las explicaciones incompetentes pueden contribuir a que los estudiantes se aburran y se distraigan. En ese caso, ofrezcamos opiniones sobre la planificación, las preguntas o la instrucción. Pero asegurar a un profesor nuevo que animar sus clases va a meter a los chavales en cintura hace un daño irreparable a su desarrollo.

Consejos para el profesor en activo

Uno podría pensar ahora: «Espera un momento. En este mismo capítulo nos has dicho que tus resultados fueron realmente buenos usando tus estrategias de implicación. Y con chicos que eran frecuentemente estudiantes difíciles, debido a sus circunstancias de desventaja. ¿Cómo era eso posible, si las estrategias que usabas eran basura?».

Después del devastador impacto inicial de reconocer que llevaba años tragándome camelos, me di cuenta de algo que hizo que me sintiera liberado. Incluso jubiloso. La respuesta era evidente. Mis alumnos habían salido bien *a pesar* de esas estrategias. Lo que significaba que mis otros enfoques de la enseñanza debían haber funcionado *de verdad.*

Entonces, ¿qué habría que hacer para enseñar bien a los chicos?

Hay una respuesta sencilla a esta pregunta. Enseñar a los chicos exactamente igual que se enseña a las chicas. Retos fuertes. Altas expectativas. Sin trucos. Sin atajos.

Tomemos el ejemplo de la competición.

Existen numerosas pruebas[22] que demuestran que una de las mejores maneras de hacer que los estudiantes retengan el conocimiento es mediante los exámenes prácticos, tipo test, con respuestas prácticas y otros tipos de pruebas de memoria rápida. Curiosamente, estos exámenes son más efectivos cuando hay «poco en juego». En otras palabras, en un contexto sin presiones, se deja claro a los estudiantes que no se les va a juzgar por su actuación: los profesores no llevan una hoja de notas, no hay sanciones por respuestas equivocadas, ni calificaciones por los resultados. Hay muchas razones por las que los alumnos memorizan más eficazmente la información en estas circunstancias, pero yo aseguraría que la ausencia del elemento competitivo juega un papel importante. Consideremos el impacto de lo siguiente:

- Pedir a los alumnos que puntúen los exámenes de sus compañeros.
- Pedirles que lean en alto su puntuación sobre diez de un examen delante del resto de la clase.
- Comentar su puntuación al tiempo que hacen lo anterior.
- Que el profesor lea en voz alta, o escriba en el encerado las notas de la clase, especialmente en orden jerárquico.
- Destacar los puntos débiles de alumnos concretos.

- Hacer que los alumnos repitan los exámenes por sus malos resultados (en vez de por su falta de esfuerzo).

Por supuesto que los estudiantes tienen que hacer exámenes en los que se lo juegan todo (evaluaciones de final de período, exámenes de prueba, exámenes reales) en algún momento. Este no es un argumento en contra. Sin embargo, introducir un sesgo competitivo, voluntaria o involuntariamente, en actividades que, de otra manera, se centrarían en áreas de mejora individual, es muy probable que desmoralice aún más a aquellos que están más necesitados de una respuesta a su esfuerzo libre de juicios.

La última palabra

Con suerte, este capítulo habrá ayudado a entender que engañar a los chicos para que estudien –mediante tareas competitivas, actividades y experiencias relevantes para sus intereses, y creer que solo van a esforzarse como tú quieres si les permites que brujuleen por toda el aula– solo funciona durante un breve período de tiempo. Si realmente queremos entusiasmar a nuestros alumnos, mostrémosles:

- Todo lo que sabemos de los temas que les estamos enseñando.
- Cuánta diversión obtenemos de leer incansablemente para aprender más de los temas que enseñamos.
- Lo mucho que disfrutamos cuando presentan un trabajo excelente o hacen una aportación impresionante o recuerdan un fragmento de información complejo o dominan una habilidad complicada.

Y eso debería funcionar.

2. Estudiantes en situación de desventaja

Matt Pinkett

La historia

Creo que los chicos son peores estudiantes que las chicas porque son diferentes. No escuchamos. Yo me distraigo con otra gente. Algunas personas pueden distraerte mucho cuando estás intentando hacer algo. Como los chavales traviesos. Algunos de ellos quieren, no sé, como liarte para hacer algo. Además, no me siento cómodo en clase porque hablan de cosas que no sé. Por eso mi conducta empeora porque no me gusta no entender las cosas. Siento que he fracasado. Y me siento herido.

Por culpa de mi educación, sé que es más fácil que me meta en líos. Pero no debería usar eso como excusa y debería esforzarme. Intentarlo.

La lectura no me entra en la cabeza, ¿sabes lo que quiero decir? Voy a casa y no se me pasa por la cabeza ponerme a leer. No me gustaría sentarme y leer un libro porque no soy del tipo de persona que lee.

No sé la diferencia entre universidad y colegio universitario. No sé si iré. No creo que nadie de mi familia haya ido, o sea que sería raro que yo fuera... Pero estaría bien que fuera el primero... Me han dicho que no necesito ir a la universidad para hacer lo que quiero hacer, ser escayolista como mi padre. Pero mi padre siempre dice: «¿Por qué ibas a ser escayolista si puedes tener un trabajo mejor?». Como abogado o algo así. Donde se gana más dinero.

Sé que cada vez estoy más cerca de acabar la educación secundaria obligatoria y ya sé que tengo que tomármelo en serio antes de que sea demasiado tarde. Aunque tenía que habérmelo tomado en serio desde el principio.

Extractos de una entrevista a un chico de 16 años.

La investigación

Nuestro sistema educativo está basado en valores de la clase media. Cada vez que un profesor pide a un niño que escriba sobre cuando estuvieron de vacaciones; cada vez que un profesor hace comentarios despectivos sobre la dieta de comida basura de los alumnos para los que no es comida basura, sino comida que se pueden permitir; cada vez que un profesor se burla del uso que hace un estudiante del lenguaje no estandarizado en clase; cada vez que un profesor dice en clase que tres euros por un cuadernillo de ejercicios es un precio de ganga; cada vez que un profesor da por sentado que los padres que no aparecen en las reuniones de padres son perezosos y apáticos, en vez de considerar la posibilidad de que puede que estén trabajando en un segundo empleo o acostando en la cama a los niños en una casa sin las camas suficientes: la estructura de clase media de nuestro sistema educativo cubre nuestras escuelas como un edredón de pluma de pato, abrigando confortablemente a aquellos estudiantes que han crecido acostumbrados a su tacto, pero asfixiando y oprimiendo a los que no están acostumbrados a él.

En 2022, según el informe PISA, los estudiantes en situación de desventaja tenían cinco veces más probabilidades de presentar un bajo rendimiento en los estándares previstos de lectura, escritura y matemáticas que aquellos que no están en situación de desventaja. También los estudiantes desfavorecidos obtuvieron 86 puntos por debajo de los que no sufren desventajas en Matemáticas, y una diferencia del 7,7 % de rendimiento en lectura[1]. Gran parte del discurso generalizado sobre el tema del mal resultado escolar de la clase trabajadora parece que cuando dice estudiantes de «clase trabajadora» quiere decir estudiantes «*blancos*, de clase trabajadora y *varones*». Probablemente esto haya sido provocado por las estadísticas que muestran que los chicos blancos de clase trabajadora efectivamente obtienen peores resultados que cualquier otro grupo étnico (gráfico 2.1).

Sin embargo, como podemos ver en el siguiente gráfico, son los chicos *y* las chicas de clase trabajadora de una miríada de orígenes étnicos los que dan malos resultados. Por esta razón, en el capítulo que sigue, aunque me refiera específicamente a chicos donde sea necesario, las sugerencias que se presentan aquí pueden y deben utilizarse en un esfuerzo por elevar los logros de todos los estudiantes en desventaja, independientemente de su etnicidad y género.[2]

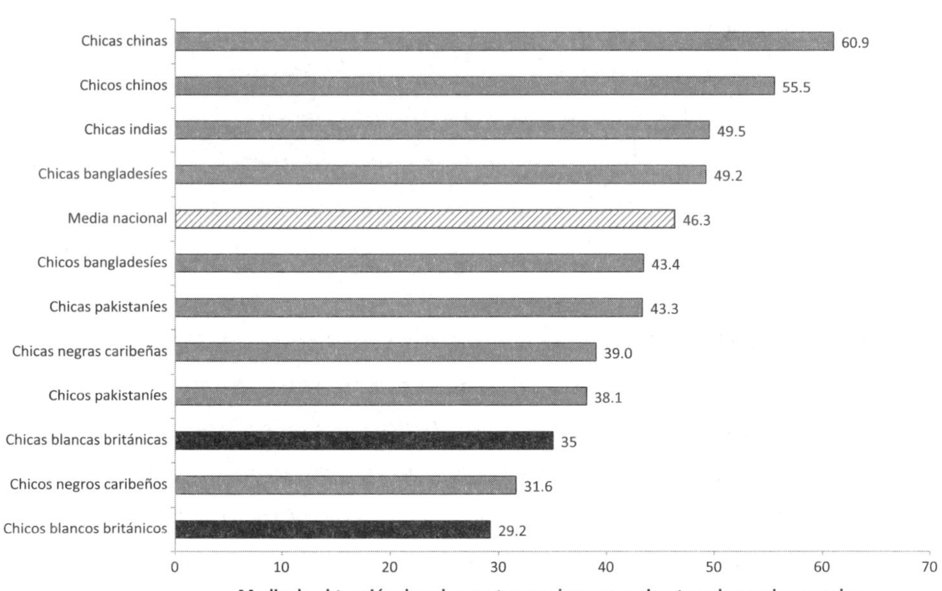

Gráfico 2.1 Media de obtención de ocho puntos en alumnos que optan a becas de comedor de grupos étnicos minoritarios seleccionados por género.

Becas de comedor y ayudas por estudiante

Cuando los profesores, los líderes escolares y los legisladores hablan de niños de «clase obrera», «sin privilegios» o «en desventaja», por lo general se refieren a esos niños que bien tienen una beca de comedor o a los estudiantes cuyos padres reciben una o más de las siguientes ayudas:

- Subsidio por bajos ingresos.
- Ayuda por busca activa de empleo.
- Subsidio de desempleo y apoyo relacionado con los ingresos.
- Subsidio para la inmigración y el asilo.
- Deducción de impuestos por hijos.

En Reino Unido el fondo de ayudas se da a las escuelas en función del número de estudiantes y se concede a todos los estudiantes que se han acogido a las becas de comedor en los últimos seis años. Las escuelas reciben 1.320 libras por los niños de primaria con becas de comedor y 935 por los de secundaria en el mismo caso.[3]

La definición de «en desventaja»

Aunque mucho de lo que se ha escrito sobre las clases sociales, los niños sin privilegios y las familias utiliza la expresión «clase obrera», en este capítulo voy a utilizar la expresión «en desventaja»[4]. Esto se debe a dos razones: la primera, a que, en el ambiente educativo, este es el término más utilizado actualmente para referirse a los niños que reciben ayudas del Gobierno. La segunda, que la definición tradicional de clase trabajadora –utilizada para referirse a las personas que pertenecen a hogares en los que el principal ingreso proviene de un empleo en la industria o el trabajo manual– ya no describe de forma precisa a aquellos que se encuentran en la parte más baja de la escala socioeconómica. Por ejemplo, muchos de mis amigos que trabajan en empleos manuales y, por tanto, podrán ser considerados de clase trabajadora, ganan mucho más que yo, tienen más casas que yo (una) y van de vacaciones al extranjero a menudo. Cuando uso el término «desventaja», me refiero a esas personas que Michael Savage describe en *La clase social en el siglo XXI,* como pertenecientes al «precariado». Los de la clase del precariado son los más pobres de la sociedad. Son «personas que viven y trabajan precariamente, generalmente con una serie de empleos de corta duración, o una significativa ayuda de protección»[5]. Son las personas que viven de un solo ingreso –o de un solo pago de subsidio– hasta que llegue el siguiente y para las que, si estos ingresos no llegan, el resultado es el desastre. La vida del precariado depende de las decisiones de otras personas: que un casero decida subir el alquiler, que el empleador decida darle unas cuantas horas de trabajo, que el profesor decida ver la desventaja del estudiante como una simple etiqueta en el esquema de pupitres de la clase.

Profesores, escuelas y clases

Antes de entrar a discutir las actitudes de los profesores ante el estatus socioeconómico de sus alumnos, es necesario tomar en consideración dónde se sitúan los profesores a sí mismos en la estructura de clases, porque esto nos dice hasta qué punto la idea de clase media domina en la profesión: en una encuesta reciente del Teacher-Tapp[6], el 71 % de los profesores se identificaban como clase media. Esto significa que la mayoría de los profesores tendrá muy poca experiencia formativa y comprensión de lo que significa ser un niño en desventaja a principios del siglo XXI.

No es sorprendente que los profesores ejemplifiquen esos valores de clase media si tenemos en cuenta que ellos mismos son producto de un sistema educativo con una idea inherentemente sesgada de las clases y siempre ha sido así. A pesar de lo que les gustaría hacernos creer a los legisladores, el nuevo panorama educativo de academias y escuelas libres descuida a los alumnos en desventaja tanto como el antiguo sistema tripartito[7] que dejaba a tantos niños en situación de desventaja languideciendo en las escuelas secundarias modernas, sin esperanza de recibir nunca una educación de la misma calidad que la impartida en las *grammar schools* pensadas para las clases medias. Como señala Diane Reay en su excepcional libro *Miseducation,* «las academias son más selectivas que las escuelas generalistas estatales»[8] y «en el sector de las academias, bastantes más centros de secundaria tienen bajos niveles de estudiantes becados que los de niveles medios y altos»[9]. Reay también llama la atención sobre un informe de la Comisión de Academias donde informaba que «se descubrió que las academias estaban burlando la normativa de admisión para seleccionar a alumnos de familias más privilegiadas»[10]. Esto es particularmente preocupante cuando consideramos la rápida expansión de las academias. En 2010 solo había 203 academias en el país. Para 2016 este número había crecido hasta 5.302 y en mayo de 2018 había 7.317 academias en el Reino Unido, siendo un 65 % de los centros de enseñanza secundaria con fondos estatales[11]. Para los alumnos en desventaja, las consecuencias de esta academización son muy significativas. Las academias reciben subvenciones más grandes por alumno que las escuelas generalistas[12], a pesar del hecho de que tienen niveles más bajos de estudiantes con ayudas que las escuelas del Estado. Está claro que hay una redistribución de los fondos que les quita el dinero a los más necesitados y se lo da a los que menos lo necesitan. Podría decirse que más que un efecto Robin Hood, es un efecto sheriff de Nottingham. Otra cosa preocupante es que, incluso en el sector estatal, los centros con menos niños en desventaja tienen mejores subvenciones: en 2015/2016 el

84 % de las autoridades regionales de las áreas menos deprimidas vieron incrementados sus fondos. Esto marca un claro contraste con los Gobiernos locales de las zonas más deprimidas, de los que solo un 13 % recibió un incremento financiero.[13]

Niños no deseados: el lenguaje de los informes de educación

El sesgo de clase no se manifiesta solo en la estructura del sistema escolar; se filtra en el mismo lenguaje que da forma a las políticas y las prácticas educativas. En su investigación[14] del sesgo de clases en la literatura educativa, Karen Grainger comenta la forma en que el lenguaje de los niños en desventaja se ha «tratado como un problema de educación desde que se introdujo la educación masificada en la primera parte del siglo xx»[15]. Uno de los estudios bajo el escrutinio de Grainger es el informe *Getting in Early*[16], publicado por The Smith Institute and The Center for Social Justice. El informe quiere aconsejar a los colegios cómo deberían «aprovechar el tiempo en la escuela primaria infantil e intervenir cuando sea necesario para ayudar a todos los niños a alcanzar su máximo potencial»[17]. El informe, que tiene como objetivo ayudar a los colegios a mejorar las habilidades de comunicación de los estudiantes, ofrece algunas explicaciones interesantes de por qué algunos de ellos carecen de la habilidad de comunicar eficazmente. Como destaca Grainger, el informe dice:

> Los padres en situación de privación [...] pueden sentirse desorientados al tener un hijo que no deseaban, deprimidos por sus circunstancias y social y emocionalmente menoscabados por las drogas o el alcohol.[18]

Por si estas ridículas y bochornosas generalizaciones no fueran suficientes, Grainger señala a continuación que el informe declara: «Paradójicamente, estos progenitores emocionalmente desconectados se cree que son *más* emocionales en lo que concierne a la disciplina»[19]. Y cita el siguiente ejemplo:

> Los padres de entornos más desfavorecidos son particularmente incapaces de ayudar a sus hijos a gestionar sus sentimientos de manera calmada y positiva. Es más probable que usen métodos de disciplina punitivos, inconsistentes y agresivos, basados en los gritos, las bofetadas e incluso en la violencia.[20]

Tal vez sea más fácil darse cuenta de lo tremenda que es esta afirmación si consideramos una versión alternativa:

> Los progenitores de *entornos de clase media* son particularmente incapaces de ayudar a sus hijos a gestionar sus sentimientos de manera calmada y positiva. Es más probable que usen métodos de disciplina punitivos, inconsistentes y agresivos, basados en los gritos, las bofetadas e incluso en la violencia.

Publica eso en la *newsletter* de tu colegio, a ver qué pasa.

Profesores: después de todo, solo son humanos

Tenemos que estar preocupados por la posibilidad más que real de que el modelo deficitario moral y académico de los estudiantes en desventaja que presentan informes como *Getting in Early,* se esté filtrando en las creencias y actitudes de los políticos influyentes, los líderes escolares y los profesores que los leen. Puedo oíros gritar: «¡Por supuesto que ningún adulto encargado de la educación de los niños del futuro podría ser realmente sesgado contra los niños en desventaja!». Tengo malas noticias para vosotros. En 2018, Tammy Campbell, del Instituto de Educación de la UCL, publicó un estudio del impacto que tienen los estereotipos en las valoraciones que hacen los profesores de las habilidades de sus alumnos[21]. El informe examinaba datos de casi 5.000 alumnos y descubrió que, cuando se pedía a los profesores que emitieran juicios sobre los resultados de sus estudiantes en lectura y matemáticas, «los niños de familias con ingresos bajos [...] parecen tener menos probabilidades de que sus profesores les consideren por encima de la media»[22]. También en matemáticas «es más probable que los profesores consideren a los alumnos de familias con bajos ingresos [estudiantes por debajo de la media] que sus compañeros de ingresos más altos». Esto, independientemente de que los estudiantes de altos y los de bajos ingresos hayan sacado notas similares en los exámenes. Campbell quiere enfatizar que esto no debería verse como una condena a los profesores: es sencillamente un caso de «todos los individuos tienen tendencia a adoptar esta función [estereotipar] en mayor o menor grado: no hay razón para que los profesores se libren de ello o no sean proclives»[23]. Reconociendo que los profesores tienen esta tendencia a estereotipar, reconocemos el hecho de que son humanos. Falibles, pero humanos.

En resumen...

- Los estudiantes de entornos en situación de desventaja consiguen peores resultados que los de los entornos sin desventaja en los exámenes de secundaria y de reválida.
- El nuevo panorama de las academias favorece a los centros con menor proporción de alumnos en desventaja.
- Los informes sobre educación pueden situar a los estudiantes en desventaja como académica y moralmente deficientes.
- Muchos profesores perpetúan estereotipos negativos contra estudiantes de entornos en desventaja.

Las soluciones

Consejos para directivos escolares y profesores

Hay montones de lo que llamamos soluciones al problema del fracaso escolar en nuestro sistema educativo y la mayoría son el remedio milagroso que ofrece un beneficio inmediato. Poner los trabajos de los niños en desventaja encima de la pila de trabajos para corregir no va a solucionar el problema; arrinconarles en las clases generales y dejarles para intervenciones de última hora no va a solucionar el problema; comprar unos cuantos libros de repaso más para los chicos en desventaja no va a solucionar el problema. No va a solucionar el problema porque en gran medida estas soluciones fáciles ponen el foco en lo que hacen los niños en desventaja, en vez de ponerlo en lo que hacen los profesores de los niños en desventaja. Tenemos que concentrarnos en *nosotros*. En el resto de este capítulo voy a explorar tres áreas claves en las que pueden centrarse las escuelas y los profesores para intentar acortar la brecha de la desventaja: explicaré por qué agrupar a los alumnos por su habilidad puede tener un impacto negativo sobre los niños en desventaja. Luego explicaré por qué los colegios tienen que promover las relaciones positivas con las familias en desventaja con el fin de asegurar el éxito escolar de los alumnos. Finalmente, defenderé un cambio fundamental en la forma en que los profesores ven a los estudiantes en desventaja y su éxito.

Replantearse el contexto

El año pasado estaba en una fiesta en un jardín cuando una profesora me habló de su alegría cuando, en el curso anterior, un chico obtuvo un 8 en su examen de graduación. Pero, en una fracción de segundo, mi placer cambió a perturbación cuando la profesora remató lo anterior con un: «¡Y estaba en el grupo de los de 6! ¿Te lo puedes creer?». Había una auténtica incredulidad en la profesora al ver que un chico del «grupo de los últimos» había sacado aquellas notas. Después de todo, estaba en el grupo de los últimos y los chicos del grupo de los últimos no sacan notas como las del grupo de «los primeros». Lamentablemente, la profesora no era capaz de percibir nada malo en su implícita falta de fe en lo que este chico podría conseguir con esfuerzo y trabajo. No era una mala persona; sencillamente estaba tan acostumbrada a un sistema educativo en el que los estudiantes son segregados sistemáticamente (y a veces, *no* sistemáticamente) en clases separadas con un criterio de capacidad, determinada por los resultados previos, y en el que los primeros de la clase crecen y mejoran, mientras los últimos languidecen hasta caer en un inevitable fracaso.

En el Reino Unido, los niños suelen dividirse en clases separadas para cada asignatura, basándose en los resultados de exámenes anteriores o, si no existen estos exámenes, en su rendimiento en exámenes *no relacionados* con dichas asignaturas. O sea, que se puede poner a un estudiante en la clase superior de Geografía tras sacar la nota más alta en un examen de Geografía básica hecho al principio del curso. Pero, del mismo modo, se puede poner a un estudiante en el grupo superior de Geografía basándose en el hecho de que es excelente en lectura, redacción y Matemáticas, aunque no sea capaz de distinguir un glaciar de un polo de limón.

Según el análisis de datos de una encuesta reciente de TeacherTapp:

> En el primer nivel de educación infantil, cerca del 60 % de las escuelas tienden a agrupar a los alumnos en sus pupitres por su habilidad. En el segundo nivel esto cambia un poco y casi la mitad de los profesores agrupan a los niños por habilidades mixtas, y casi la mitad los sientan con personas similares (o en sus pupitres o mezclándolos con otras clases o cursos).[24]

Bienvenidos al grupo de los últimos

En secundaria, el 96 % de los profesores declaraban que en su centro se recurre a los agrupamientos al menos en una de las asignaturas[25]. Estas cifras tienen que ver con el problema de los malos resultados de los estudiantes en desventaja porque un estudio reciente dirigido por Becky Francis (sin publicar en el momento de escribir este libro) ha revelado que los estudiantes en desventaja suelen estar en los grupos inferiores. Francis ha declarado: «Encontramos un número desproporcionado de chicos de orígenes socioeconómicos bajos en los grupos inferiores»[26]. Otro estudio respalda lo dicho. Dunne y otros autores revelaron que «la clase social es un predictor significativo de la posición en los grupos. Los alumnos de orígenes con un estatus socioeconómico más elevado tienen más posibilidades de ser asignados a grupos más avanzados y menos posibilidades de que se les asigne a grupos bajos»[27]. Otro estudio, dirigido por Susan Hallam y Samantha Parsons, aseguraba que ser chico, nacido en verano, en una familia monoparental con bajos ingresos supone una mayor probabilidad de ser colocado en un grupo bajo del colegio.[28]

Los estudiantes de entornos en desventaja que son destinados al grupo inferior sufren una doble desventaja: está bien documentado que los chavales en los grupos inferiores progresan por lo general más despacio que los de los grupos superiores.[29] Esto puede tener su explicación en dos cosas: primero, una profecía autocumplida de fracaso[30] vinculado al convencimiento de que un grupo de adultos a los que confían su futuro han decidido que no se merecen otra cosa que estar en el grupo inferior. Segundo, los mejores profesores suelen ser asignados a los grupos superiores, dejando a los alumnos del grupo inferior en manos de profesores con menor pericia y menos experiencia. Por lo tanto, los estudiantes que más necesitan a los mejores profesores no los tienen y no se les conceden las condiciones óptimas que necesitan para poder demostrar que se equivocan, a aquellos que les han abandonado.

¿Y por qué lo hacemos?

El entusiasmo por los grupos se fundamenta en tres premisas principales. La siguiente tabla describe estas premisas y explica por qué han fallado:

Premisa	Razonamiento	Fallo
Los grupos facilitan la labor del profesor	Es mucho más fácil cubrir las necesidades individuales de los estudiantes en una clase llena de «chicos de 8» en donde, por lo general, los chavales se enfrentan al mismo tipo de actividades o conceptos, que enseñar en una clase en la que los estudiantes se han visto marcados por notas que van del 1 al 8. Esto requeriría una diferenciación a gran escala e interminables horas encadenado a la fotocopiadora para asegurarse de que todos los chicos tienen hojas de trabajo diseñadas para ajustarse a sus habilidades, marcadamente distintas.	Esta premisa ignora el hecho de que enseñar a los grupos de los desilusionados no es nada fácil. Además, en la mayoría de las escuelas, los alumnos del grupo superior trabajan en diferentes niveles y, por consiguiente, es necesario un cierto grado de diferenciación. En un grupo superior formado por alumnos de los que se puede esperar un 7 con los que aseguran un 9, incluso estos alcanzarán diferentes niveles de los obtenidos anteriormente. Algunos sacarán notas altas durante todos sus estudios, mientras que otros se tendrán que esforzar para alcanzar una buena media.
Los padres esperan que se hagan grupos	Los padres saben que su hijo está recibiendo un servicio educativo hecho a su medida que beneficia sus necesidades individuales. Los padres de los chicos en los grupos superiores sienten que su hijo está en una vía rápida hacia su éxito académico.	Esta es una mala razón para hacer cualquier cosa. Que los padres estén deseando decir que su hijo de quince años está en el grupo superior de Matemáticas o que su hija de seis se sienta en la mesa de los elefantes, no es una motivación suficiente para los planes de estudios.

Premisa	Razonamiento	Fallo
Los grupos permite a los profesores sacar el máximo partido de los estudiantes con altas habilidades	Un profesor que da clase a un grupo superior puede atender a las necesidades de esos estudiantes que tienen una capacidad intelectual mayor ofreciéndoles material más difícil para sacar partido de sus conocimientos de un tema en particular sin la distracción de tener que dedicarse a las necesidades insignificantes de los niños menos capaces.	Debería sacarse el máximo partido de todos los estudiantes, no solo de aquellos que sacaron buenos resultado en un examen a los once años y, acto seguido, se les ha situado en los grupos más altos que los «encaminan» hacia las notas más altas[31].

Los agrupamientos plantean otros problemas que hay que revisar:

A. Los grupos no funcionan para la mayoría de los estudiantes

Para la mayoría de los estudiantes, los grupos en realidad entorpecen el progreso. Como nos dice la Fundación para la Dotación de Fondos de Educación (EEF): «En líneas generales, los grupos y la segregación parece que beneficia a los alumnos de alto rendimiento y perjudican al aprendizaje de los alumnos de rendimiento medio o bajo»[32]. De hecho:

> Los estudiantes de bajo rendimiento a los que se separa y agrupa llevan un retraso de uno o dos meses por año, de media, cuando se les compara con el progreso de estudiantes similares en clases con grupos de habilidades mixtas. Parece verosímil que el arreglo de separación por grupos mine la confianza de los estudiantes de bajo rendimiento y quite fuerza a la idea de que el rendimiento puede mejorarse con el esfuerzo. Los estudios también sugieren que el agrupamiento por capacidad puede tener un efecto negativo a largo

> plazo en las actitudes y la implicación de los alumnos de bajo rendimiento.[33]

Pero ¿qué pasa con los estudiantes de alto rendimiento a los que beneficia el sistema de grupos? Bueno, la EEF estima que los estudiantes de los grupos superiores hacen unos progresos de uno o dos meses extra al año. No sé lo que pensaréis vosotros, pero un avance de uno o dos meses a lo largo de todo un año no parece compensar el daño que ocasiona a todos los demás. Menos cuando hay profesores estupendos, entrenados para ello, capaces de encontrar formas de garantizar que todos los estudiantes avancen, independientemente de las habilidades observadas.

B. Separar a los estudiantes por el rendimiento anterior es problemático

Aunque es el método más popular de organización de grupos, la separación por los logros previos no está libre de problemas. El rendimiento en un examen no es un reflejo fiable de las capacidades de una persona en una asignatura concreta. Por ejemplo, un estudiante con magnífica habilidad para la escritura puede suspender el examen de redacción en la reválida porque esté alterado debido a que su pez de colores ha muerto esa mañana, o porque tenga dolor de cabeza esa mañana, o porque no se sepa las cincuenta respuestas a las cincuenta preguntas de ese examen en particular esa mañana en particular. Como resultado de ese fallo, este niño puede ser asignado a un grupo inferior de la clase de Historia en secundaria cuando, de hecho, tiene un conocimiento inmejorable de batallas, degüellos y pestes bubónicas.

C. Con frecuencia, los grupos asignados los determinan factores injustos

¿Sería justo que se ubicara a un alumno en el grupo inferior simplemente porque solo hay sitio para treinta sillas en el grupo superior? ¿Sería justo que se bajara de grupo a un estudiante porque otro con peor rendimiento tiene un padre en la AMPA con una gran bocaza y una cartera aún mayor? ¿Sería justo que se ponga a un estudiante en un grupo inferior solo porque se ha peleado con tres chicas del grupo superior? No sería justo, por supuesto. Aunque ya he explicado los fallos de la separación por rendimiento previo, los grupos que se forman de esa manera parecen positivamente irreprochables si consideramos cómo se ubica a algunos estudiantes en diferentes grupos de habilidades: el sistema de horarios del centro, las ideas preconcebidas del profesorado, los «problemas sociales» y las influencias de los progenitores son factores que pueden determinar injustamente el grupo en el que se sitúa a un niño.

D. El agrupamiento es moralmente rechazable

Como señala Diane Reay, los estudiantes que se asignan a grupos inferiores experimentan una inmediata sensación de fracaso e inferioridad como resultado de verse colocados allí. Reay proporciona una serie de citas de niños que demuestran que «los grupos inferiores son percibidos claramente como lugares de fracaso y desesperanza educativos» (más detalles de cómo ven los alumnos los grupos en el capítulo 5), pero ninguno es más descorazonador que este de un niño de seis años de una escuela de primaria de Londres:

> Ellos [los Leones] creen que son mejores que nosotros. Creen que lo hacen todo bien y en el segundo grupo, los Tigres, hay gente que cree

> que son mejores y más importantes que nosotros. Y uno de los chicos de las Jirafas se portó mal conmigo y me dijo «piérdete, tortuga lenta» pero mi grupo son los Monos y solo somos los segundos por abajo.[34]

Con solo seis años, este niño ya tiene una fuerte impresión del lugar inferior que le corresponde en la jerarquía de los grupos. El grupo en el que se sitúa a un niño rara vez se olvida. Apuesto a que todos recordamos los grupos en los que estuvimos en la escuela, y si no es así es que probablemente no era el grupo de más abajo. Y aun así, hay directores de estudios que hablan sin parar de la «mentalidad de crecimiento», de Carol Dweck, y de *El poder del todavía* en las asambleas y que luego contemplan con mirada feroz cómo esos estudiantes salen del salón de actos y desfilan hacia los grupos inferiores que destruyen su autoestima.

Y ¿qué podemos hacer con el problema de los grupos?

Becky Francis y su equipo han publicado recientemente una guía de buena práctica en los grupos basándose en su investigación. En una situación ideal, los centros de enseñanza deberían alejarse de los grupos y adoptar un sistema de habilidades mixtas. Los colegios que quieran adoptar este enfoque deberían hacer lo siguiente:

Clases de habilidades mixtas: buenas prácticas[35]

Practicar la diferenciación. Asegurase de que tratan a cada estudiante como individuo con sus propios deseos y necesidades. Las valoraciones tendrían que ser acordes con las necesidades individuales de los estudiantes.

Cambiar regularmente los grupos que se formen en clase. Tener un plano flexible de puestos en la clase y dar a los estudiantes la oportunidad de exponerse a las ideas de un amplio rango de otros alumnos.

Tener altas las expectativas de todos los alumnos de la clase. Abandonar las tareas extras y tener las expectativas altas para todos los estudiantes. Todos los estudiantes deberían aspirar a los mismos resultados, lo que debería ser un reto. Lo único que cambia es el nivel de ayuda que cada individuo necesita para lograrlo.

No confiar demasiado en que los alumnos de alto rendimiento les expliquen a los otros. Estimular a los de bajo rendimiento pidiéndoles que expliquen conceptos difíciles. Todos los estudiantes, sin reparar en el nivel de sus logros anteriores, deberían tener la oportunidad de formular ideas y consolidar sus conocimientos explicándoselos a los demás.

No establecer grupos fijos de «habilidades» en clase. No llevar una lista claramente dedicada a los alumnos de alto rendimiento y otra especialmente para los alumnos de medio y bajo nivel. Los estudiantes conocen perfectamente la diferencia entre los que están en la mesa de los Leones y los que están en la mesa de los Topos.

Naturalmente, habrá quien lea esto ahora y, sencillamente, no pueda conseguir que sus directores muevan un dedo para solucionar el problema de los grupos. ¡Pero no hay que temer! Francis y su equipo también tienen consejos sobre cómo deberían hacerse los grupos, en caso de que sea necesario:

Grupos: buenas prácticas[36]

Hacer los grupos tan específicos de cada asignatura como sea posible. Los grupos de Geografía deberían formarse basándose en los resultados de un examen de Geografía básica, no en los de Lengua o de Matemáticas del curso de ingreso.

Agrupar a los alumnos solo por sus notas. Lo único que debería contar a la hora de ubicarle es sus logros anteriores. Ni grupos de amigos, ni su comportamiento, ni lo que sus padres creen que es más conveniente. Solo sus logros.

Hacer exámenes regularmente y mover a los estudiantes de un grupo a otro. Un estudiante situado en el grupo inferior no debería tener que quedarse allí para siempre. Los profesores tienen que saber que hasta los estudiantes del grupo más bajo son capaces de mejorar y, si lo hacen, tendrían que ser reubicados en el grupo que refleje sus logros más recientes.

Garantizar que todos los estudiantes tengan acceso a un currículo completo. Todos los estudiantes, sean cuales sean sus logros previos, merecen que se les ofrezca un currículo enriquecedor y satisfactorio. Si el grupo superior de una clase determinada está estudiando física cuántica, el grupo inferior tiene que estudiar física cuántica.

Aplicar las altas expectativas a todos los grupos. Cada uno de los estudiantes, sea cual sea su nivel de habilidad, debería aspirar a la nota más alta posible.

No asignar los profesores expertos en la materia a los grupos superiores. Los grupos inferiores están formados por chavales que entienden menos que los de los grupos superiores. Son ellos los que merecen los mejores profesores.

No poner menos deberes a los grupos inferiores. Hay que ponerles más. Ellos los necesitan más.

Reflexionar sobre los padres en situación de desventaja

Muchos profesores que trabajan en zonas muy deprimidas estarán familiarizados con una baja asistencia en las reuniones de padres. Cuando aparecen, los padres en desventaja suelen mostrar una actitud distante: una profesora me dijo lo mal que le había sentado que una madre de un entorno precario se hubiera pasado toda la entrevista del día de padres jugueteando con un cigarrillo sin encender entre los dedos mientras hablaban del fracaso educativo de su primogénito. No puedo evitar pensar que, en vez de desprecio, habrían sido mejor la comprensión y el apoyo. Probablemente aquella mujer estaba aterrada de encontrarse en un ambiente en el que se sentía incómoda. Esto es habitual. Diane Reay escribe que «las familias de clase trabajadora no tienen el mismo nivel de confianza y percepción de sus derechos que la clase media en las interacciones con la escuela»[37]. A continuación, cita a Josie, una madre en situación de precariedad que sufre una angustia considerable al tener que tratar con el colegio de su hijo:

> Cuando he ido a hablar con la profesora de la clase, siempre he tenido la sensación de que se lo tomaba de manera muy personal, como si la estuviera atacando. No la atacaba. Solo estaba haciéndole notar, por si no lo sabía, que en mi opinión no estaba progresando… Creo que se lo tomaba en plan muy personal y que sentía que la estaba atacando cuando, en realidad, era algo tan importante que no podía dejarlo pasar.

El tono defensivo, angustiado y asustado de las palabras de Josie reflejan una inseguridad con la educación que impide que muchos progenitores en situación precaria vayan a las escuelas, por no hablar de exigir de ellas lo que sabe que se merecen sus hijos. Merece la pena recordar esto la próxima vez que oigamos quejarse a un colega decir: «Sabía que no iba a venir», cuando la madre de un estudiante en desventaja falta a otra cita más.

El mito de la escasa ambición de la clase trabajadora

Un trabajo de 2010 titulado *La importancia de enseñar* declaraba que «en demasiadas comunidades hay una cultura profundamente asimilada de bajas expectativas que está fuertemente ligada al desempleo de larga duración»[38]. La idea de que los estudiantes en desventaja y sus familias tienen bajas aspiraciones resulta familiar para muchos de nosotros. Muchos habrán oído decir a un colega, o incluso habrá dicho él mismo: «No va a triunfar porque no tiene interés, ni él ni nadie de su familia». Lo más extraño de la popularidad de este relato es que es completamente falaz. En realidad, a los chavales en situación de precariedad les interesa un montón. Un estudio de Baker y otros autores descubrió que, de hecho, «contrariamente a lo que a menudo se asegura en debates de política pública [...] la inmensa mayoría de los estudiantes, incluyendo aquellos de extracción claramente en situación de desventaja, tienen grandes aspiraciones de alcanzar calificaciones académicas más altas»[39]. De hecho, los estudiantes que provienen de entornos gravemente deprimidos eran más proclives a considerar la universidad como algo importante que sus pares más privilegiados. Sin embargo, lamentablemente y a pesar de ello, eran todavía menos proclives que sus pares más privilegiados a creer que fueran a ir a la universidad finalmente. Esto es porque creen equivocadamente que no tienen la capacidad académica, o porque con razón comprenden la carga financiera, psicológica y social que supone ir a la universidad para un estudiante en situación de desventaja.

Como apunta Sonia Blandford, «hablamos de progenitores solteros, o padres desempleados, o de bajos ingresos, como si eso en sí mismo sugiriera una mala paternidad y no es así; estas situaciones son circunstanciales»[40]. Blanford dice a continuación que el colegio necesita darse cuenta de que «los progenitores son los primeros y más tenaces educadores de sus hijos» y que, ya que muchos padres tienen que enfrentarse a retos, el colegio debería trabajar con ellos en beneficio de sus hijos, y de ellos, en vez de observar y poner una mueca de desprecio de vez en cuando desde las alturas.

¿Qué puede hacer el colegio para implicar más a los padres de niños en desventaja?

Un informe de la Fundación Nacional para la Investigación Educativa (NFER)[41] muestra que una implicación parental mayor tiene un impacto positivo en los resultados académicos de los alumnos en desventaja. Hacen las siguientes sugerencias:

- Adoptar el enfoque de que ninguna familia, por difícil que sea de alcanzar, es inalcanzable.
- Consultar y valorar las opiniones de los padres.
- Ofrecer servicios universales a los padres para reducir la estigmatización.
- Proporcionar mejor acceso a la información sobre las opciones disponibles para las familias en situación de desventaja y ofrecer oportunidades para crear nuevas relaciones en la comunidad.
- Facilitar la consolidación de lo aprendido en las intervenciones a base de actividades de seguimiento.
- Ayudar a los padres a mejorar su propia alfabetización para aumentar la probabilidad de que lean y desarrollen la alfabetización de sus hijos en casa a través de tareas como la lectura.

Abigail Hawkins, bloguera educativa con más de veinte años de experiencia como coordinadora de programas para alumnos con necesidades educativas especiales y discapacidad (NEE), me explicaba cómo trabajaba para mejorar la implicación parental en su escuela de un barrio de gran precariedad:

> Pasé mis tres primeras tardes de padres sin ver ni a un solo progenitor, a pesar de haber mandado invitaciones. Para unos era comprensible, algunos habían tenido escasa formación escolar, mucho habían ido a

colegios públicos [...] en otros casos, habían tenido experiencias negativas con hermanos mayores y tenían la sensación de que el centro «iba a por ellos» o «siempre traía malas noticias».

Un año, que tuve la suerte de tener varias horas libres seguidas los viernes por la mañana, decidí poner en marcha un día de café mañanero. Planeé hacer una hora de «educación» y una hora de charla informal, café y bocadillos de beicon. Aquella primera semana tuve la visita de dieciséis padres en representación de once estudiantes y así nacieron las mañanas de café. Algunas veces solo teníamos a las familias que representaban a mis ocho incombustibles, que venían todas las semanas; otras semanas teníamos representación de veinticinco estudiantes. Puede que no parezca mucho, pero pasar de cero a algo ¡era un éxito!

Cada semana había un tema que intentaba comunicar por adelantado: una semana invitamos a una compañía local a que nos hablara de ayudas a la discapacidad y a esa vinieron muchos padres. Vino también un psicólogo educativo. Hicimos sesiones sobre «Cómo crear una cuenta de correo electrónico», «Qué podemos esperar de las clases de Lengua», «Quién es quién en la escuela» y cantidad de sesiones de diferentes áreas de educación especial, incluyendo gestión de comportamiento y por qué las escuelas utilizan los correctivos y las gratificaciones. La recompensa fue unos padres implicados que empezaron a asistir a las tardes de padres, hablaban de la escuela con una visión positiva y no aparecían a horas intempestivas esperando que les solucionara las cosas.

El café de las mañanas de Abigail tuvo además otros beneficios:

Los padres no solo se comprometieron más con el colegio y, por lo tanto, con sus hijos, sino que también se daban apoyo unos a otros. Una madre tuvo que ingresar en el hospital por una operación y los demás padres se organizaron para llevarla allí y se ocuparon de su hijo

> con un trastorno del espectro autista. Otro tenía problemas para solicitar las ayudas y un par de padres le ayudaron a rellenar los papeles. Otra madre se matriculó en un curso de profesor ayudante en la universidad de la zona gracias a la información y los ánimos que le dieron. Para mí, el mejor fue un padre que tenía que ver al pediatra, pero no conseguía entender lo que le decía. Habitualmente, yo acompaño a los padres en un caso así, pero en esta ocasión no podía. Uno de los otros padres se ofreció voluntario e hizo un trabajo fantástico traduciendo el lenguaje profesional al lenguaje de la calle.

El enfoque de Abigail es un ejemplo perfecto de cómo el colegio puede adoptar relaciones positivas con las familias en situación de desventaja que sean mutuamente beneficiosas. El colegio de Abigail –e innumerables centros educativos por todo el mundo– alcanzan el éxito con planes como estos, porque son conscientes de que, con mucha frecuencia, las familias en situación de desventaja hacen todo lo que pueden con los recursos limitados de que disponen. La perseverancia da resultado, no los prejuicios.

Repensar la universidad

Para muchos colegios y profesores, el objetivo principal es asegurarse de que sus estudiantes obtienen las notas necesarias que les garanticen el acceso a la universidad. Es un objetivo noble y comprensible. Después de todo, los profesores son un producto de la educación universitaria. Es natural que quieran que sus estudiantes logren la misma estabilidad económica, satisfacción laboral y arrebatos de felicidad ocasional que acompañan a tener un empleo de nivel universitario. Sin embargo, como me explicaba Michael Merrick, un profesor que ha escrito largamente sobre el tema de las clases y la educación, para muchos alumnos en desventaja, ir a la universidad no es necesariamente un objetivo deseado:

> Les enseñamos a los chavales de la clase trabajadora que, para continuar con su educación, tienen que dejar de ser de clase trabajadora. Tienen que dejar atrás a sus familias, tienen que cambiar su forma de hablar. Tienen que dejar de leer *The Sun* y hacerse de clase media. Hay muchos niños que, ante esta propuesta, decidirían no aceptarla.

Este es un sentimiento del que se hace eco Diane Reay en *Miseducation:*

> la lucha por el éxito para un joven de la clase obrera consiste en desear algo diferente, algo más de lo que tuvieron sus padres y eso no solo significa que la vida de sus padres está mal, sino que además hay algo intrínsecamente malo en ellos. Hay una sensación de vacío en convertirse en alguien mientras tus padres siguen sin ser nadie. ¿Qué sentido tiene luchar por la igualdad con las personas más privilegiadas si ese proceso establece desigualdades entre tú y la gente que amas y la comunidad en la que has nacido?[42]

Un desmantelamiento total de la identidad no es lo único con lo que tienen que enfrentarse los estudiantes en desventaja: además en España saldrán de la universidad, contando solo con los gastos de matrícula, con 518 a 1.361 euros menos por cada año académico universitario[43] e incluso, aunque sus notas de graduación sean más altas, tendrán un 17 % menos de probabilidades de encontrar un empleo que los graduados de clase media[44]. De repente, la universidad no parece un futuro atractivo para los alumnos en desventaja. Los profesores tenemos que ser conscientes de esto: debemos tener claro que, para algunos, la universidad será una experiencia difícil que puede dejar un impacto negativo duradero.

Mirando por la ventana

Cuestionarse la idea de que la universidad es la única medida de éxito deseable para los alumnos en desventaja no significa creer que estos estudiantes no deseen ir a la universidad. Y tampoco significa que no se les deba dar la oportunidad, y el apoyo, para que lleguen a ella. Pero los profesores y los líderes escolares harían bien en recordar que la transferencia de conocimiento de profesor a alumno es importante, no porque el conocimiento garantice a los estudiantes el acceso a la universidad, sino porque el conocimiento asegura a los estudiantes las habilidades necesarias para formar parte en lo que Ben Newmark, profesor y bloguero, llama la Gran Conversación: la oportunidad de hablar con otros sobre cosas que van más allá de los territorios de la propia experiencia.

Centrándose exclusivamente en el éxito de los exámenes, y más tarde en la asistencia a la universidad que llega como efecto de tal éxito, los colegios se arriesgan a marginar a los alumnos en desventaja para los que la universidad no resulta atractiva. Existe el riesgo de que estos alumnos, que no sienten el deseo de asistir a la universidad, se conviertan en participantes pasivos de su propia educación, ansiosos de aprender, pero mirando hacia dentro desde fuera, mientras los profesores desde la tarima de la clase o el escenario del salón de actos no paran de hablar sobre los beneficios de la educación universitaria a la que todos deberían aspirar. Como explica Newmark, centrarse solo en el éxito del examen es cruel porque:

> produce la sensación de que solo se estudia a Shakespeare o a Hume porque te da un resultado concreto, casi financiero. Nuestras asignaturas son interesantes en sí mismas, por lo que nos enseñan como seres humanos. Fijémonos en *Frankenstein*. *Frankenstein* trata del amor y la pérdida. Trata de cómo huimos de nuestras equivocaciones. Estas son cosas con las que cualquiera se puede identificar, tanto si van a Cam-

bridge o a Oxford, o tienen que acabar, por circunstancias de la vida, empujando carritos en el aparcamiento de un supermercado.

Probablemente el peor momento de mi vida

Mi propia experiencia en la universidad fue horrible. En un blog de 2017 contaba que «en los tres años que pasé allí tuve una crisis nerviosa y engordé de 88 a 108 kilos (en solo ocho semanas)». Uno de los factores detrás de mi experiencia negativa era que no tenía los medios para formar parte de la Gran Conversación:

> Cuando llegué a la universidad no sabía lo que era el socialismo. Y tampoco lo que era el comunismo. O el capitalismo. No sabía lo que era ser de derechas o de izquierdas. No tenía ni idea de quién era George Orwell. No entendía ni una palabra de latín y Homero se me había pasado de largo. Durante los seminarios, permanecía mudo de espanto mientras mis compañeros de estudios y los profesores charlaban entre ellos utilizando palabras que no era capaz de descifrar y alusiones que no podía comprender. Todo el mundo parecía saber lo que todos los demás sabían y yo me quedaba irremediablemente fuera. Mi certificado de estudios y mis sobresalientes no servían de nada.

Como se dice en el capítulo 1, hay ciertas partes del conocimiento que tienen un mayor capital cultural que otras y esas suelen ser las que se reservan a los privilegiados. Un alto capital cultural es Beethoven, no Bieber; Dostoievski, no Dahl; *Troilo y Crésida,* no *Tom y Jerry.* Por un cúmulo de razones económicas, geográficas y sociales (pero sobre todo económicas) es más difícil para la gente joven en desventaja cultivar el amor por los compositores alemanes, los realistas rusos y las tragedias de Shakespeare. Aunque no llegaría tan lejos como para decir que mi experiencia en la universidad fue tan mal porque no había leído *Crimen y castigo* o disfrutado de la quinta sinfonía de Beethoven, no exagero si digo que fue en gran parte horrible debido al simple hecho de que sabía muchas menos cosas que los demás.

Los mayores tesoros de la vida

Los colegios tienen que asegurarse de que todos los estudiantes, sin reparar en su bagaje socioeconómico, tienen acceso a conocimientos con un elevado capital cultural. Ben Newmark lo explicaba de forma brillante en un blog titulado *El sentido de todo esto:*

> un currículum rico en conocimiento, basado en lo mejor que se ha enseñado y dicho (y pintado, compuesto, esculpido, bailado, etcétera) es muy importante. Es el canon que, debidamente contestado, debatido y discutido, tiene las mejores oportunidades de proporcionar a los alumnos las llaves que abren los mayores tesoros de la vida.

Afortunadamente, son muchas las escuelas que ya están adoptando este enfoque: se enseña a los estudiantes retórica aristotélica y mitología clásica en las clases de Lengua y Literatura entre los 11 y los 14 años; en las clases de Lenguas Extranjeras Modernas no solo se les enseña el idioma de un país, sino también su cultura y su geografía; en las clases de Ciencias, no solo aprenden teorías y fórmulas, sino la importancia de los descubrimientos y los científicos famosos que han definido nuestra forma de percibir el mundo.

Para mejorar la experiencia educativa de estos chicos en situación de desventaja, las escuerlas tienen que pasar de estar centradas en la universidad a centrarse en las personas. El único objetivo de la escuela basada en las personas no es producir graduados, sino producir personas curiosas, empáticas y amables con un conocimiento que les permita aprovechar las oportunidades, tanto si se trata de ir a la universidad como trabajar con su padre como albañil, *si* así lo deciden.

Repensar las actitudes

Quiero acabar repasando el estudio de Tammy Campbell mencionado anteriormente. Su investigación mostraba que los profesores estereotipan negativamente contra los chicos y los niños de ingresos bajos. No resulta sorprendente que los profesores recurran a los estereotipos; después de todo, son humanos. Sin embargo, no todos los docentes están dispuestos a admitirlo. Sin duda esto se debe a que, como educadores de niños, se les supone que son la personificación de todos los aspectos respetables de la humanidad que quieren cultivar en los estudiantes que cuidan. Admitir que ellos estereotipan es admitir que son proclives a los mismos prejuicios por los que reprenden a sus alumnos. Y ningún profesor quiere admitir eso.

No es solamente el continuo goteo de estereotipos de género con que nos atiborran los medios, los amigos y los familiares los que han llevado a los profesores a aceptar estereotipos. El mismo hecho de que los profesores sean profesores puede que les haga más propensos a estereotipar. Campbell tiene la teoría de que «la actual concentración de familias de bajos ingresos acogidas a los fondos de ayuda puede significar y contribuir al estereotipo de que los alumnos más pobres son deficientes en habilidad y potencial»[45]. El hecho de que una elevada proporción de profesores se declaren de clase media (recordemos, el 71 %) puede exacerbar más aún este fenómeno.

Cambio de práctica, cambio de actitudes

Brian Earp de la Universidad de Oxford propone una serie de maneras en que los profesores pueden contrarrestar los dañinos efectos de la estereotipación. Se refiere a ellas por separado como las dimensiones personal, instruccional y ambiental[46].

A. La dimensión personal

Con el fin de desmontar los estereotipos, Earp afirma que lo primero que necesitan los profesores es afrontar que los tienen. Esto requiere algunas reflexiones muy sinceras y yo he esbozado la siguiente tarea para facilitar dichas reflexiones: a solas o con un grupo de individuos en los que confiamos, nos hacemos las siguientes preguntas:

- ¿Crees que los estudiantes en desventaja suelen estar más concentrados en los grupos inferiores simplemente porque son menos listos?
- ¿Crees que los padres que no acuden a las reuniones de padres tienen menos interés en la educación de sus hijos que los que sí acuden?
- ¿Crees que los alumnos en desventaja darán peores resultados en sus evaluaciones que los que no están en esa situación?
- ¿Crees que los alumnos en desventaja son más revoltosos que los que no la sufren?
- ¿Crees que tienes las mismas expectativas en los estudiantes en desventaja que en los demás?
- ¿Crees que un chico que llega a la universidad es más triunfador que uno que no va?

Plantearse preguntas respetuosas y sinceras como estas nos pueden ayudar a darnos cuenta de si tenemos estereotipos negativos con respecto a los alumnos de familias con ingresos bajos. Solo una vez que reconozcamos esto se puede empezar el proceso de construir unas ideas más positivas sobre estos estudiantes. Esto se puede lograr de las siguientes maneras:

- **Siendo consciente de las veces que nuestro sesgo inconsciente puede impactar negativamente en los estudiantes y tomando las medidas para protegernos de ello.** Por ejemplo, podemos suponer que los alumnos en desventaja no hacen los deberes porque son descuidados cuando, en realidad, tal vez no dispongan de los recursos necesarios para hacerlos (por cierto, la ayuda de los padres, la confianza y el vocabulario son recursos).
- **Exponerse uno mismo y a los demás a casos que contradigan los estereotipos.** Por ejemplo, si tendemos a suponer que los chicos en desventaja no saben escribir, busquemos una situación en la que un chico en desventaja ha creado una obra literaria maravillosa y compartámosla con los colegas.
- **No exponiéndonos a ninguna información que pueda disparar un sesgo inconsciente.** ¿Es imprescindible que conozcamos (nosotros y el resto de la plantilla) cuáles de nuestros estudiantes reciben ayudas del Estado?
- **Asegurarse de que tenemos unas expectativas sólidas puestas en nuestros estudiantes, sea cual sea su origen socioeconómico.** No dejar de insistir en que se mantengan los altos niveles de conocimiento.

B. La dimensión instruccional

Nuestra forma de enseñar juega un papel importante en la mejora de nuestras actitudes hacia los estudiantes en desventaja. Al cambiar nuestra práctica nos movemos en cierto sentido para cambiar las actitudes. Asegurémonos de que somos críticos con la estructura de clases cuando se presente la oportunidad. Asegurémonos de que no siempre hablamos desde una perspectiva de clase media. No demos por sentado que todo el mundo sabe lo que es viajar al extranjero, tener padres casados o un colchón en el que dormir. Seamos conscientes de los libros que recomendamos, las personas que estudiamos y las perspectivas desde las que los miramos. En Historia, humanicemos a los desposeídos. En Educación Física, no perdamos de vista que tomar parte en deportes extraescolares cuesta tiempo y dinero que muchas familias con pocos recursos sencillamente no tienen y busquemos soluciones que permitan participar a los chicos en desventaja. En Informática, no demos por sentado que el interés en los ordenadores significa tener uno en propiedad.

C. La dimensión del entorno

Debemos prestar mucha atención al entorno. ¿Tenemos los pasillos llenos de carteles que animan a ir a la universidad? ¿Dónde están los carteles sobre las vías para hacerse albañil, o fontanero, o basurero? ¿Reproducen constantemente nuestros libros imágenes de familias nucleares en ambientes exóticos? ¿Dónde está la realidad (la de algunos, la de muchos) de los centros comunitarios estatales, las familias monoparentales y los chándales? ¿Presumen orgullosamente nuestros prospectos del número de estudiantes que han ido a la universidad, olvidándose de los que han tenido éxito como cuidadores, propietarios de tiendas o jardineros?

¿Y qué pasa con nosotros, los profesores? Hay estudios que han descubierto que se está pidiendo a muchos profesores que eliminen sus acentos de «clase trabajadora» en favor de acentos más neutrales y educados de «persona con estudios»[47]. El doctor Baratta de la Universidad de Mánchester ha dirigido una serie estudios centrados en los acentos, en particular de los que tienen los profesores. Ha encontrado múltiples casos de profesores en prácticas a los que se ha pedido que se quiten los acentos para que los alumnos no crean que son estúpidos. Un tema recurrente es creer que los profesores que no pronuncian la ese son incultos. Todo esto a pesar de que, en otro estudio, Baratta descubrió que los estudiantes preferían que los profesores mantuvieran sus acentos regionales como señal de autenticidad. Los profesores, especialmente los de personas en situación de desventaja, deberíamos estar orgullosos de nuestros orígenes. Mantengamos nuestros acentos y mostremos a los niños de clase trabajadora que el acento es parte de lo que somos y que no pronunciar las eses no es sinónimo de ser moral o académicamente deficiente.

La última palabra

La causa principal de retraso en los estudiantes de clase trabajadora son las actitudes. Los trucos no cambian las actitudes. La autorreflexión ponderada y continua sí cambia las actitudes. Los profesores tienen que estar más atentos al problema de las desigualdades inherente a nuestro sistema educativo y también tienen que aceptar el hecho de que, por muy liberales que crean que son, también pueden estar expuestos al mismo tipo de sesgos de clase que destilan los periódicos que leen, los programas de televisión que ven y las instituciones de las que forman parte. Reconocer los sesgos es una parte vital del proceso para erradicarlos.

3. La presión de los pares
Mark Roberts

La historia

Cuando iba al colegio solo había unas cuantas reglas. Estas eran sencillas, claras y de obligado cumplimiento:

- Nunca levantes la mano.
- Intenta no responder a las preguntas correctamente.
- No entregues los deberes.
- Evita mostrar entusiasmo por aprender.

Un estudiante obediente y popular rara vez las incumplía.

¿Las reglas del colegio están bien?

Las reglas descritas arriba no eran las reglas oficiales del centro, por supuesto. De esas apenas puedo recordar unas cuantas. Lo de siempre sobre el calzado negro, no insultar a los profesores y no llevar chapas de Guns N' Roses o de Metallica en la chaqueta. Yo pasaba de estas reglas y me castigaban por hacerlo.

No, nuestras reglas eran informales. Eran normas extraoficiales, no declaradas y profundamente intuitivas. Eran reglas para los chicos… bueno, no para todos los chicos: los duros, los deportistas, lo no victimistas. Algunas chicas decidían no seguir las reglas. Estaba bien. Era aceptable. Pero sobre todo eran para estudiantes masculinos. Al menos eso era lo normal. No cumplir estos edictos implícitos era un gran error que conducía a ataques, el ostracismo y, ocasionalmente, a la violencia de grupo de los pares.

Incluso yo –un hábil borrego, profundamente sintonizado con la cultura de la indiferencia, las interrupciones y el desafío– a veces fallaba. En ocasiones notaba que mi mano derecha se había disparado involuntariamente hacia el cielo durante las preguntas. Antes de darme cuenta de lo que pasaba, y antes de tener tiempo de valorar el efecto negativo en mi reputación, ya estaba soltando una respuesta impulsiva y fatalmente correcta.

En otras ocasiones, sacaba unas notas demasiado buenas en los exámenes y las evaluaciones. En vez de seguir mi estrategia habitual, deliberada y asombrosamente autodestructiva de contestar mal a todas las preguntas, se me ocurría –solo de vez en cuando, la cabeza no me funcionaba bien– contestar a todo bien en un examen de ortografía, un ejercicio de trigonometría o un trabajo de Biología. Esto desconcertaba y enfadaba a mis profesores: una semana sacaba un dos sobre cincuenta en un examen tipo test trimestral de Educación Religiosa (tenía que haber sido un cero, pero sin darme cuenta, marqué las casillas de dos respuestas correctas) y la siguiente estaba entre los primeros del curso en Francés, aunque me pusieran en el grupo inferior por «encontrar el trabajo demasiado difícil».

Una oportunidad en el deporte

A pesar de mis involuntarias incursiones en la excelencia, conseguía evitar convertirme en un marginado social en el colegio. ¿Cómo conseguía esquivar el estatus de paria habitualmente reservado a los frikis, los empollones y los lectores? En una palabra, deporte. Como chico alto, con un físico razonablemente fuerte y atlético, me las arreglé para mantener un puesto permanente en los equipos de fútbol y de rugby de la escuela. Era capitán de equipo de cricket, donde machacaba a los nerviosos bateadores con mis vertiginosos (casi) lanzamientos. Incluso, un año, llegué a ganar el título de lanzamiento de peso en el día del deporte.

Como macho beta consistente y fiable, sabía cómo relacionarme con los especímenes físicamente salvajes que coronaban la jerarquía. Estos bestias competían por el estatus de «polla del año», una extraña expresión de Yorkshire que no se refería al apéndice masculino, sino que reconocía la suprema habilidad luchadora de un incipiente psicópata adolescente.

Evidentemente, mantener el equilibrio entre las dos partes de mi naturaleza –el mercader agrícola amante de los deportes y el voraz devorador de libros sabelotodo– era un ejercicio estresante. Principalmente porque no estaban equilibradas. Mi equilibrio académico/social estaba, como dice el doctor Jekyll (otro personaje obsesionado por la reputación, con un problema de dualidad), «condenado a un espantoso naufragio». La fachada gamberra era una representación teatral agotadora y difícil que fagocitaba mis verdaderos deseos, a saber, un aula tranquila y la oportunidad de participar en una agradable discusión sobre, digamos, la diferencia que hay entre una ciudad y una conurbación.

«Podrías llegar muy lejos»

Pero, sobre todo, el precio a pagar por parecer un memo en aras de la vida fácil de la aceptación y la popularidad, era demasiado alto. Mi salud mental sufría y mi conducta –que nunca fue gran cosa– se volvió definitivamente escandalosa. Expulsiones por peleas, matonismo y alborotos persistentes pusieron una distancia todavía mayor entre mi éxito académico y yo, y aún mayor entre mis padres y yo. Como era de esperar, este comportamiento brutal y violento me ganó un respeto mayor entre la mayoría de mis pares «masculinos».

Cuando volvía al colegio, entre largos períodos de novillos y expulsiones, algunos profesores se abalanzaban sobre mí. Alguno que otro insistía en que volviera a sacar sobresalientes y me decía, en el santuario de su aula vacía, que si corregía mi actitud y comportamiento podría ir a Oxbridge. Yo agradecía su gesto, pero sabía en el fondo que no había ninguna esperanza de que fuera a hacer ninguna de las dos cosas. Les decía a mis colegas que me habían dado un ultimátum por mis desmanes, no consejos profesionales amistosos y bienintencionados. Mis amigos estaban impresionados, pero los profesores sin duda se sintieron decepcionados cuando dejé el colegio a la primera oportunidad de coger un trabajo manual.

¿Fue la mía una experiencia típica?

¿En qué puñetas estaba pensando? ¿Cuánta presión de los pares intervino en ello?

La expresión «presión de los pares» se usa para describir la influencia negativa que los jóvenes pueden ejercer unos sobre otros, lo que significa que la mera presencia de grupos de chicos de edades similares puede cambiar su comportamiento «natural». Un estudio[1], que ofrecía un útil lenguaje accesible para los alumnos, definía la presión de los pares como:

> Cuando la gente de tu edad te anima o urge a hacer algo o dejar de hacer algo, sin importarles si tú personalmente quieres hacerlo o no.

Si, como yo, le has dedicado bastante tiempo a patrullar los pasillos, comedores y patios de recreo del colegio, probablemente pensarás que esto te suena. Los chavales, en particular los más populares y seguros, se influyen mutuamente. Eso es evidente.

Pero ¿hasta qué punto este fenómeno omnipresente es responsable de los resultados académicos? Y ¿por qué la presión de los pares parece afectar al rendimiento educacional de los chicos más que al de las chicas?

La investigación

En su precursor estudio sobre las actitudes hacia el colegio entre un grupo de chicos en desventaja de una ciudad industrial de las Midlands en la década de 1970, Paul Willis[2] describe vívidamente la cultura antiescolar estereotipadamente masculina de «los chavales». Para este reducido pero influyente grupo de chicos adolescentes, el inconformismo era la norma. El manifiesto de los chavales era muy claro: evitar ir a clase, evitar hacer trabajos y evitar sacar unas notas decentes. ¿Empieza a resultaros familiar? Willis arguye que, para estos muchachos, el colegio representaba el aburrimiento, en contraste diametral con el mundo exterior, que ofrecía las delicias hedonistas del alcohol, los cigarrillos y los trabajos temporales (que les proporcionaba el dinero para comprar más alcohol y cigarrillos).

En vez de la satisfacción de aprender, los chicos encontraban la estimulación en interrumpir las clases, los actos repetidos de desafío pueril y las infracciones banales de las normas del colegio, como infracciones del uniforme. Encontraban más distracción en el acoso y la victimización de una pequeña banda de pares masculinos conformistas que valoraban su educación y querían obtener resultados en sus exámenes que les permitieran avanzar hacia una educación superior y carreras de nivel alto. Estos alumnos motivados y de buen comportamiento –apodados «orejones»– eran despreciados por los chavales y ridiculizados de manera rutinaria.

Willis descubrió que el meollo central de la «contracultura de los chavalotes» era un rígido machismo que valoraba rasgos estereotipados masculinos, como el trabajo físico y la heterosexualidad, mientras que denigraba a los atributos pretendidamente femeninos de los «orejones». Al hacer un trabajo que aprovechaba el máximo de sus posibilidades, los orejones no solo aparecían como dóciles mascotas de los profesores, también eran objeto de burla por su incapacidad de mostrar unas cualidades «auténticamente» masculinas. En consecuencia, a los orejones se les tachaba de *cissies,* un término peyorativo derivado de la palabra *sister* [hermanas], que daba a entender que eran una mezcla de «homosexuales cobardes, débiles o afeminados»[3].

Presión de los pares, masculinidad y espíritu antiacadémico

Los comportamientos que describe Willis en su estudio, aunque una década antes de mi tiempo en secundaria, sin duda resuenan con las experiencias de mi anecdotario. Y cualquier profesor que se las haya tenido que ver con los actos desafiantes, «sin importancia» pero intencionadamente disruptivos que describe Willis (arrastrar sillas, los ruiditos de protesta cuando se les pide que escriban un trabajo, las tobas en las orejas a otros compañeros) reconocerá que este comportamiento irritante y autosaboteador suele venir con más frecuencia de los alumnos masculinos. Los críticos de Willis[4] han argumentado, muy razonablemente, que el tamaño del muestreo (12 chicos) es demasiado pequeño para ese tipo de generalizaciones sobre las actitudes masculinas en el colegio. También han cuestionado su focalización en los extremos del espectro de la muestra: los «chavalotes» agresivamente opuestos a la escuela y los «orejones» entregados al estudio, cuando la mayoría de los alumnos que se enmarcan en el sistema de grupos suele estar entre esos dos grupos extremos.

Sin embargo, yo diría que, al prestar atención a los extremos, Willis nos permite ver los efectos potencialmente indeseables que la presión de los pares puede tener en los que se sitúan entre ambos. Una masa intermedia que podría perfectamente acabar andando diariamente sobre una cuerda floja entre la ira de los chavales y los castigos infligidos a los obsequiosos orejones.

Al parecer, los chavales no son poco habituales. Estudios similares también han resaltado los efectos debilitadores de tener que llevar una máscara de conformidad de género mientras se intenta obtener unos resultados académicos decentes.

La importancia del deporte

Más recientemente, Wayne Martino[5] entrevistó a chicos de cuarto de la ESO de un colegio de Perth, Australia, sobre los efectos de la presión de los pares. El centro escolar en cuestión destacaba por su excelencia en los deportes, entre los que el fútbol australiano (un juego de contacto fuerte que comparte más similitudes con el rugby que con el fútbol) tenía un papel prominente en la cultura de este centro. Los alumnos que estaban activamente implicados en el fútbol eran conocidos, al parecer sin ironía, como los «molones» y gozaban de un elevado estatus social debido a su destreza en el deporte. Como los desaventajados «chavales» de Willis, estos «molones» se situaban en oposición a los académicamente exitosos «calamares». Sin embargo, al contrario que en el muestreo proletario de Willis, estos «molones» provenían mayoritariamente de familias de clase media. Mientras que los chavales de las Midlands llevaban sus malas notas como una medalla al orgullo, sus semejantes más privilegiados de las antípodas:

> aunque ruidosos y disruptivos alborotadores en clase [...] no suelen ser un fracaso académico. Muchos son estudiantes brillantes, pero esto debe conseguirse sin esfuerzo aparente y sin signos visibles de un trabajo mental y de un estudio excesivo.

Lo tienen todo a favor

He conocido y tratado por redes sociales a muchos profesores a los que desconcierta el hecho de que haya chicos de clase media y clase media alta que adoptan actitudes antiacadémicas. «Lo tienen todo a su favor –una casa bonita, padres que les apoyan, dinero para guías de estudio, un sitio tranquilo para estudiar– y aun así son vagos y apáticos.» Estos profesores –frustrados y dedicados profesores– no acaban de darse cuenta de que eso es una estrategia de supervivencia. Para los chicos, un método seguro para permanecer como parte de la cultura masculina dominante es compensar cualquier señal de éxito académico con una postura consciente de negación de la labor intelectual.

Mientras que los chicos en desventaja son un grupo clave entre los que obtienen malos resultados, sus pares masculinos de clase media también tienen menos probabilidades que sus contrafiguras femeninas de estar a la altura de su potencial total debido a la influencia de una parte de masculinidad dominante que ve el trabajo escolar y el buen rendimiento como afeminado y nada guay. O sea que el rechazo al trabajo escolar no es un fenómeno exclusivo de la clase trabajadora, pero, como hemos visto en el capítulo 2, afecta a los chicos en desventaja con más fuerza, porque además de adoptar una «masculinidad de protesta» antiescolar, también puede que carezcan del capital cultural que permite a sus pares más privilegiados obtener a duras penas unos resultados razonables al final. Es más fácil que los chicos en desventaja lleven al extremo esta actitud de dar valor al trabajo físico y rechazar el trabajo intelectual. Cuando los chicos de clase media adoptan la misma actitud, según las entrevistas de Martino, es más probable que trabajen en privado, aunque mucho menos que sus semejantes femeninas. Uno de los sujetos de Martino admitía abiertamente que se las arreglaba para completar los trabajos y evitar el oprobio, pero dejaba claro que esto solo se lo toleraban porque era un chico deportista que también surfeaba y, por eso, ya era aceptado por sus pares masculinos.

Las limitaciones del deporte

El trabajo de Jeffrey Smith[6], que realizó un estudio similar al de Martino, pero en el contexto muy diferente de un instituto de un área deprimida de una ciudad del norte de Inglaterra, describe cómo el deporte traspasa las fronteras de clase en el sentido de permitir a los chicos entrar en el exclusivo club masculino dominante de los antiacadémicos. La pertenencia a este club significa la aceptación de los chavales «molones». Tanto en el contexto deprimido de Smith como en el entorno más privilegiado de Martino, un sello de elevada y admirada masculinidad es el premio de aquellos que demuestran destreza en el campo de fútbol. Los chicos de entornos deprimidos, agresivamente masculinos, del estudio de Smith –que despliegan un comportamiento negativo en el aula similar al de los chavales de Willis– utilizan el fútbol como modo de acumular «capital físico». En otras palabras, ser bueno jugando al fútbol les proporciona no solo respeto, sino que les confiere un barniz de machismo atlético. Lamentablemente, los chicos que demuestran su pericia en la cancha de fútbol y sueñan con las riquezas de la Premier League, son todavía menos proclives a valorar las calificaciones académicas. Basta hablar con cualquier profesor de Educación Física o entrenador de fútbol local para que cuenten innumerables cuentos de jóvenes engañados que no eran lo bastante buenos como para destacar. Como dice Smith: «Las posibilidades de convertir [capital físico] en capital económico, social o cultural son extremadamente limitadas».

- **El capital físico** se refiere a las habilidades físicas y atributos como la fuerza, la destreza y la belleza que se despliegan en los contextos deportivo y social. Puede incluir deportes y *hobbies* como el tenis y el culturismo o trabajos como modelo de moda y trabajador sexual.

- **El capital social** está constituido por las relaciones sociales de un individuo, sus amistades y sus asociaciones. Esto puede incluir ser miembro de un club de golf o haber ido a la universidad con varios miembros del Gobierno.
- **El capital económico** consiste en la riqueza y los ingresos de una persona. O sea que, además de su sueldo, puede incluir cosas como herencias e inversiones.

Pero, incluso los chicos locos por el deporte –y yo fui uno de ellos– que son lo bastante realistas para abandonar el sueño de firmar un contrato profesional, reconocen la importancia del papel que juegan los deportes a la hora de aumentar la reputación masculina entre los pares. En los patios de recreo de esta y otras tierras, es una verdad admitida universalmente que ser un buen deportista atrae la atención positiva de los chicos populares.

Este hecho no ha pasado inadvertido para los profesores. Dada la importancia del deporte como factor que determina la forma en la que ven los chicos a sus pares masculinos, no resulta sorprendente que, desde la aparición del problema del mal rendimiento de los chicos, los profesores hayan usado la competición en el aula como medio de implicar a los alumnos. En el capítulo 1 demostrábamos que la idea de usar la competición en las clases como medio de implicar a los chicos es atractiva, plausible y absolutamente equivocada, con consecuencias catastróficas para el logro masculino.

Hablando del deporte

Aparte de ofrecer la aceptación del grupo dominante, el deporte también proporciona a los chicos un espacio de conversación seguro en el que instalarse cuando están socializando con otros chicos «abiertamente» masculinos. Hablando por mi experiencia, puedo pensar en numerosas ocasiones durante mis años de adolescencia en que el tema del deporte me permitió arrinconar temporalmente una relación tensa y, por lo menos, comunicarme con mi padre y mis hermanos. Los deportes brindan a los chicos la oportunidad de hablar de sentimientos: decepción, euforia, anticipación. Y, naturalmente, eso es bueno. Y sin embargo, a menudo estas sentidas conversaciones son otra cosa. Por lo general funcionan como un sustituto de descarga emocional, una fachada que oculta los verdaderos sentimientos. Como decía Jason, uno de los chicos de Martino: «Los chicos creen que se puede hablar con ellos de cosas personales, pero no en plan sentimientos interiores de verdad que puedas pensar en serio, tienes como que ir con la corriente». Los chicos adolescentes pueden hablar de la vergüenza de perder un partido, incluso pueden –en voz baja– llorar cuando su equipo baja de categoría, pero cruzan los límites de las expectativas de género cuando expresan sus pensamientos y temores más íntimos: a saber, los sentimientos de miedo, culpa e incapacidad. De hecho, otro de los chicos del muestreo de Martino explica con bastante elocuencia que, mientras que el deporte es un tema de discusión válido, el hecho de sentarse a hablar se considera, por el contrario, una actividad afeminada y poco masculina.

Conformidad de género: cómo deberían comportarse los chicos y las chicas en el colegio

Como ya hemos visto, investigadores como Willis, Martino y Smith han dejado claro el vínculo entre la presión de los pares y las actitudes hacia el colegio y el aprendizaje. Posteriores estudios se han fijado más concretamente en los efectos de la presión de los pares en la conformidad de género.

Conformidad de género: comportamiento y apariencia que coincide con las expectativas sociales del género de una persona. En otras palabras, una mujer que se comporta de una manera femenina estereotipada sería de género conforme.

Un tema recurrente de esta investigación es que la gente joven que se ve a sí misma como típica de su género tiene muchas más probabilidades de ser aceptada y popular en la, a menudo áspera, dinámica de la escuela. Por otro lado, los jóvenes que se ven a sí mismos como de género atípico –por ejemplo, que no encajan en el molde estereotípico de «chico o chica adolescente»– tienen muchas más probabilidades de sufrir *bullying* o ser objeto de burlas de sus pares.[7] Cualquiera que dude de la significativa influencia de la presión de los pares haría bien en recordar el tiempo que pasan los adolescentes en compañía de otros. Los adolescentes pasan mucho más tiempo interactuando con sus semejantes que los niños más jóvenes. Para cuando llegan a la educación secundaria, los adolescentes pasan casi un tercio del total del tiempo diario con sus pares. Esto es el doble del 15 % del tiempo que pasan con sus padres u otros adultos.[8] No es de extrañar que los adolescentes tiendan a prestar más atención a lo que dicen sus colegas.

La presión de los pares afecta a ambos géneros, por supuesto. Es posible que estés pensando: «Las chicas son iguales, si no peores». Sí, he visto con mis propios ojos algunas disputas desagradables y pequeñas venganzas entre chicas (y chicos) adolescentes. Las rupturas alcanzan muchas veces niveles de cataclismo nuclear. Sin embargo, una gran parte de la investigación sobre la influencia de los pares nos dice que, cuando se trata de *expectativas de género,* los chicos sienten una presión mayor para encajar en las ideas más ampliamente admitidas de cómo deben comportarse ellos, los jóvenes varones. Las rupturas de relaciones entre chicas pueden ser muy difíciles, muy públicas e increíblemente dolorosas, pero los estudios sugieren que las catástrofes en los grupos de pares no son la norma.

Hay estudios que han demostrado que las chicas tienen tendencia a influir en sus pares femeninas indirectamente, usando el cotilleo como una forma indirecta de denunciar las conductas percibidas como inaceptables por el grupo de pares.[9] En líneas generales, las chicas intentan evitar la confrontación lo que, al contrario que con los chicos, les permite aprender cosas del comportamiento femenino «convencional» sin herir descaradamente los sentimientos de las demás.[10]

El peso que soportan los chicos

En términos de conformidad de género, los chicos parecen soportar un peso mayor de expectativas. Un sondeo entre estudiantes de primer curso en una escuela secundaria de una ciudad del suroeste de los Estados Unidos[11] descubrió que los chicos tienen mayor tendencia a identificarse como «chicos normales» y a sentir más presión para ajustarse a las expectativas de su género que las chicas.

Otra investigación reciente también ha desvelado que, desde una perspectiva educacional, los chicos son más susceptibles al impacto negativo de la presión de los pares que las chicas. A diferencia de otros estudios sobre la influencia de los pares, que se centran en pequeños grupos de alumnos en las escuelas, el muestreo de los investigadores belgas Vantieghem y Van Houtte abarcaba cincuenta y nueve escuelas de Bélgica[12], en las que recogieron y analizaron las opiniones de más de seis mil alumnos de doce y trece años. Como gran parte del estudio anterior, encontraron que los grupos de pares de las chicas desplegaban más actitudes de estudio que los grupos de chicos, donde el énfasis que se ponía en los valores tradicionales masculinos llevaba al desinterés por presentar el trabajo escolar. Lo mismo que en Gran Bretaña y otros países occidentales, hay una brecha de rendimiento en Bélgica en la que los chicos obtienen resultados significativamente peores. Con el respaldo de estos datos, Vantieghem y Van Houtte defienden que una forma estridente de masculinidad antiescolar –que ven el ser organizado, cooperador y estudioso como rasgos inherentemente femeninos– es responsable, al menos en parte, de los diferentes resultados educativos.

Para los seguidores del debate de la brecha de género, este es un territorio muy trillado. Pero lo que hace que este estudio sea tan fascinante es la afirmación de que «la presión por la conformidad de género tiene efectos contrarios en los chicos y en las chicas». Entre los sujetos que se perciben a sí mismos como típicos de su género, las chicas son más proclives a trabajar independientemente y a tener niveles más altos de autoeficacia.

> La **autoeficacia** académica se refiere a si una persona cree que puede alcanzar con éxito el nivel designado de un área específica académica (Bandura, 1997).

El beneficio para las chicas

Cuando las chicas del estudio sintieron la presión de la conformidad de género, sus niveles de autoeficacia *aumentaron* de hecho. En otras palabras, que se esperara de ellas que se comporten como chicas, por lo general hizo que actuaran de forma más «femenina», lo que hizo que estudiaran más y que creyeran más en que iban a tener éxito. En contraste, la presión por la conformidad de género tendía a menoscabar la confianza y la resiliencia académica de los chicos. Esto es, sin duda, una paradoja de la presión de los pares. Sentirse obligada a actuar como una chica típica puede provocar estrés, ansiedad y dificultades en la adaptación psicológica, pero, esencialmente, parece que ayuda a que las adolescentes trabajen más y crean en ellas mismas (Figuras 3.1 y 3.2):

> las chicas bajo presión podrían tratar de emular al tipo ideal de chica típicamente femenino y, sin darse cuenta, elevar su nivel de adaptación a los estándares académicos, mejorando su autoeficacia académica en el proceso.

Se diría que la maldición de la conformidad de género para una chica adolescente es que se espere que actúe como una chica y que estudie más. Para los chicos, el peso de las expectativas masculinas impone un conjunto de reglas diferente. Una reglas ridículas y contraproducentes como las que yo solía seguir ciegamente.

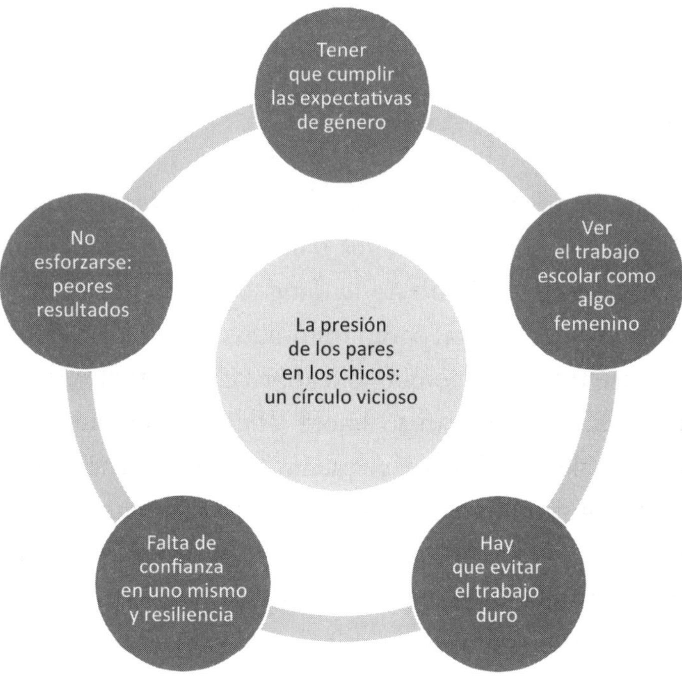

Figura 3.1 Presión de los pares y la actitud de los chicos hacia el colegio.

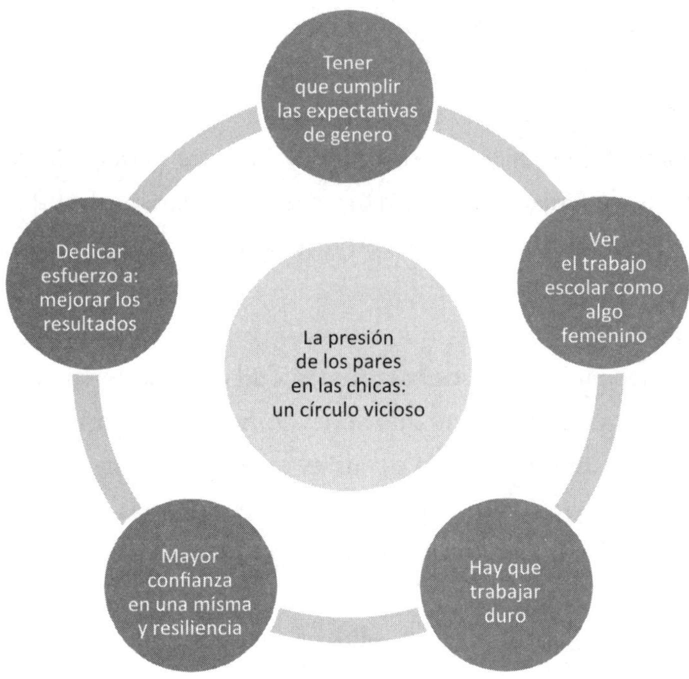

Figura 3.2 Presión de los pares y la actitud de las chicas hacia el colegio.

La presión de los pares y la escuela primaria masculina

Se diría que la presión de los pares y la conformidad de género van codo con codo. Pero este fenómeno de que los chicos le cojan aversión a la labor mental como resultado de la presión por la conformidad de género, ¿es algo que solo aparece cuando llega la pubertad? Una investigación de Emma Renold[13], llevada a cabo en dos escuelas de primaria de una ciudad pequeña del este de Inglaterra, sugiere otra cosa. El estudio, que trabajó con cincuenta y nueve alumnos de diez y once años, descubrió que «dos tercios de los chicos (en desventaja y de clase media) se tomaban muchas molestias para evitar buenos hábitos de estudio, *en particular aquellos que eran considerados buenos estudiantes*» (las cursivas son mías). Como parte de sus esfuerzos por disfrazar su habilidad y sus actitudes favorables hacia la escuela, los chicos interrumpían sistemáticamente las clases, fastidiaban a otros e incumplían las normas escolares. La alternativa –como dejaron claro durante sus conversaciones con la investigadora– suponía hacerse vulnerable a las burlas, los insultos y el aislamiento por parte de los chicos molones. Igual que los chicos mayores de los estudios de Martino y Smith, los chicos de la escuela primaria que corren el riesgo de ser etiquetados como empollones afeminados también establecen afinidades a través de la agresión y el fútbol. Un chico muy brillante, Stuart, deja de esforzarse en los estudios y aprende a jugar al fútbol. Como consecuencia, pasa de ser un marginado que sufre malos tratos homofóbicos a héroe del deporte en el plazo de unos pocos meses.

El relato de Stuart solo es una historia más. Sin embargo, a pesar de ser un ejemplo extremo, es emblemático de una tendencia más amplia en nuestras escuelas. Desde un punto de vista estrictamente académico, la presión de los pares (y las expectativas asociadas a la conformidad de género), afecta de manera desproporcionada a los chicos. Afecta a los chicos de todas las clases sociales (aunque los de la clase trabajadora siguen siendo los que más lo sufren). Afecta a chicos desde una edad inesperadamente temprana. Y afecta a chicos de todos los niveles de rendimiento (aunque los chicos que tienen el nivel más alto de logros parecen sufrir más la presión). Y ¿qué se puede hacer al respecto? ¿Cómo pueden las escuelas y los docentes empezar siquiera a enfrentarse a este problema social masificado y perverso?

Las soluciones

Consejos para los líderes escolares

Enfrentarse a los inicuos efectos de la presión de los pares masculinos no va a ser fácil. Pero solamente un cambio cultural puede mejorar los resultados de los chicos con bajo rendimiento. Como han dicho Francis y Skelton:

> En los colegios donde las construcciones de género están menos acentuadas es donde los chicos tienden a dar mejores resultados; y donde las estrategias que funcionan para reducir las construcciones de género son más efectivas para facilitar los logros de los chicos.[14]

Como hemos explicado en el capítulo 1, las estrategias convencionales para implicar a los chicos no son efectivas, porque no les ayudan a aprender y además perpetúan estereotipos dañinos sobre la masculinidad. Los centros escolares necesitan, por el contrario, combatir sin reservas las dañinas actitudes antitrabajo que sostienen las corrientes dominantes de la masculinidad tradicional dentro de los grupos de pares. En particular, los llamados machos alfa tienen que ser reeducados en cuestiones de género para que tengan la oportunidad de florecer, ellos y otros chicos y chicas. Vamos a desmenuzar un poco más todas las estrategias:

A. Crear una mentalidad de excelencia

Para romper el monopolio antiintelectual dentro de las formas dominantes de masculinidad, el colegio tendría que valorar y promover los logros masculinos. Espero que no haga falta ni decir que esto no debe reemplazar al reconocimiento de los logros femeninos, sino hacerse en paralelo. Como hemos visto, muchos chicos no se sienten cómodos cuando se les señala y alaba por sus esfuerzos y éxitos académicos, pero, al mismo tiempo, anhelan sentirse valorados y tener la sensación de pertenencia. Entre los pasos para mejorar las actitudes de los chicos se podrían incluir:

- Utilizar un reconocimiento público de logros sutil, especialmente entre las cohortes de chicos

Aunque esto pueda suponer una situación embarazosa inicial para el primer alumno al que se destaque, si se incluyen suficientes chicos, el reconocimiento del éxito se normalizará. Podría hacerse poniendo en un lugar prominente a los chicos con notas excelentes en el título de secundaria o exponiendo en los tablones de los pasillos los trabajos sobresalientes que hayan hecho los estudiantes.

- Promover modelos de comportamiento no estereotipados

Podrían ser miembros de la plantilla, alumnos mayores o estudiantes del mismo curso. Es esencial reconocer los logros en áreas del currículo tradicionalmente consideradas «afeminadas». Se podría conseguir el mayor impacto poniendo el foco en los chicos que adoptan formas de masculinidad tanto tradicionales como no tradicionales. Un ejemplo reciente: un chico, delegado de mi colegio, que destacaba como deportista y como poeta laureado.

- Establecer apoyo de los pares para la alfabetización

En mi colegio, he puesto en marcha un programa de mentores de lectura en el que voluntarios de la comunidad y alumnos de los últimos cursos dedican su tiempo a escuchar a lectores con dificultades de los primeros cursos. Muchos de estos alumnos son chicos que sienten una terrible vergüenza por su poca habilidad lectora. Encontrar un buen mentor de lectura es esencial. Pasar algún tiempo en un entorno seguro con un chico mayor fiable, elocuente y sensible puede hacer maravillas no solo por sus habilidades de lectura, sino por sus habilidades sociales.

- Hacer que los chicos participen en programas contra el *bullying*

En particular, habría que intentar involucrar a chicos seguros y que se expresen bien para que actúen como mentores. Las investigaciones muestran que las chicas están más dispuestas a participar como mentoras en los programas *antibullying* de las escuelas[15]. La incapacidad de un centro para reclutar modelos de conducta positivos para posiciones de representatividad de manera eficaz dice: «A los chicos de esta escuela no les preocupa el *bullying*».

- Enfrentarse a actitudes dañinas respecto a la masculinidad

Desarrollar una ética del logro masculino requerirá tiempo y esfuerzo. Un gran número de chicos adoptan actitudes contra el trabajo escolar que les enfrentan a los valores y los sistemas educativos. Algunas familias pueden reforzar estos dañinos conceptos tradicionales de la masculinidad. Gestionar el comportamiento y las actitudes inmaduras, en vez de verlas como la consecuencia inevitable de la condición masculina, es una tarea hercúlea y también vital.

- Refrenar la presión de los pares cambiando el esquema mental de los alumnos más influyentes

En su artículo sobre los chicos con bajo rendimiento, Younger y otros autores[16] enumeran algunos enfoques que las escuelas de secundaria han implementado para intentar alejar a los chicos del naufragio de los comportamientos masculinos estereotipados. Describe que en una escuela:

> han desarrollado una política explícita de localización de líderes estudiantiles clave, esos individuos concretos en cada grupo que son considerados personas particularmente influyentes, con potencial para cambiar y liderar la imagen y la actitud de un grupo de pares.

Al seleccionar a esta docena más o menos de estudiantes, el colegio se dio cuenta de que estos empezaban a apoyar, en vez de oponerse, al espíritu del centro escolar. Evidentemente, este tipo de cambio no puede darse de la noche a la mañana. Necesitó que los docentes le dedicaran tiempo a cultivar relaciones positivas con varones hostiles. El impacto de estas relaciones solo será duradero si los líderes escolares –chicos o chicas– captan de verdad la naturaleza de la masculinidad no tierna. Si los líderes intentan ganarse a los chicos dominantes siendo condescendientes con sus tendencias masculinas tradicionales, la cultura nunca cambiará, aunque parezca que los chicos han cambiado de comportamiento. Naturalmente, algunos de los componentes de la plantilla no se sentirán cómodos con este papel. Imaginemos, por ejemplo, a un orientador de cincuenta años, profesor de Educación Tecnológica, que se ha labrado una carrera de éxito gracias a sus charlas de fútbol con los chicos y sofocando los alborotos con su impresionante presencia física. Puede que se sienta incómodo saliendo de su zona de confort. Cambiar las expectativas de género dentro de la escuela requiere:

- Orientación de especialistas en estereotipos de género para alumnos y profesores

Hay organizaciones por ahí que pueden dar formación al personal en cuestiones de género. Una de ellas es TIGER, un grupo establecido en Bristol que imparte talleres que tratan «problemas de género como el matonismo sexista y el acoso sexual en el entorno escolar» además de asuntos más amplios de «aprovechamiento educativo y la participación de los estudiantes en temas con un sesgo de género tradicional»[17]. En España se pueden encontrar iniciativas formativas para el profesorado parecidas como las del Instituto de las Mujeres[18], dependiente del Ministerio de Igualdad, o como las del INTEF[19], la unidad del Ministerio de Educación en formación del profesorado para etapas educativas no universitarias.

- Revisar las relaciones de género en el colegio

Es necesario que el personal del centro reflexione y sea sincero en este tema. Es necesario abordar cosas evidentes como el equilibrio de género en los equipos de liderazgo de los cursos medios y superiores, quién dirige las asambleas y quién gestiona los asuntos disciplinarios graves. Pero también será necesario tener en cuenta cosas menos evidentes que contribuyen a la cultura de la escuela. Como aclara Kate Myers, los alumnos se fijan en cómo interactúan los docentes con el alumnado y, de forma determinante, entre ellos. Como descubriremos en el capítulo 9, las relaciones entre los componentes de la plantilla pueden enviar señales potentes, y a menudo peligrosas, a los alumnos. Los mensajes implícitos son tan influyentes como los explícitos:

> Hacemos un esfuerzo especial para aprender cosas, pero otras las captamos y las asimilamos observando el mundo que nos rodea. Tal vez los colegios no puedan cambiar el mundo, pero pueden cuestionar, impulsar y ampliar horizontes.[20]

Consejos para los profesores

- Dar un buen portazo a las demostraciones de masculinidad no tierna en las aulas y los pasillos

Lo que ignoramos, lo estamos consintiendo de hecho. Lo que nos negamos a ver, lo estamos calificando de aceptable. Lo que minusvaloramos como burlas inconscientes podría perfectamente estar reforzando las mismas creencias que minan los esfuerzos de los chicos (y de algunas chicas) de nuestras clases. En esto se incluye el lenguaje estereotipado aparentemente suave, como llamar «empollones» o «nerdos» a los alumnos que hacen los trabajos de clase; actitudes homofóbicas como utilizar el término «gay» peyorativamente para describir cualquier cosa impopular; o que los alumnos se burlen y se rían de otros alumnos por mostrar entusiasmo ante actividades estereotipadas como femeninas, tales como cantar en un coro. Además, es necesario:

- Cuidar el lenguaje que se usa en las asignaturas que se enseñan

¿Alguna vez has mostrado sorpresa en una entrevista de orientación cuando un chico te ha dicho que le gustaría estudiar Textiles o Cocina como optativas? ¿O cuando una chica elige Construcción o Física Avanzada? ¿Desanimas sin darte cuenta a algunos alumnos para que no tengan un interés mayor por tu asignatura a través de tus palabras o acciones? Como señala Kate Myers, los departamentos y los profesores pueden hacer más para desmontar estereotipos sobre lo que aprendemos:

> Las estrategias puente (como los cursos de prueba) ¿se utilizan para animar a los alumnos a participar en áreas tradicionalmente no asociadas con su género? ¿Ofrecen todas las asignaturas, en particular aquellas que se asocian tradicionalmente a un género, un entorno de aprendizaje que resulte seguro y atractivo, tanto para los chicos como para las chicas?[21]

Tal vez nos convenga considerar el impacto que tenemos, por ejemplo, en el caso de una profesora de Inglés que diga que «nunca se le dio bien la Química» o de un profesor de Matemáticas que diga a su clase que «siempre ha odiado las clases de Textiles». Nos guste o no, somos modelos a seguir y los alumnos asimilan los mensajes sutiles que enviamos, tanto si son intencionados como si no.

- Facilitar oportunidades para que los chicos hablen de sus sentimientos

Dependiendo de la asignatura y del contexto, habrá que plantearse si hacer esto o no en el espacio público del aula. Pero perseverar hasta que caiga la máscara de masculinidad machista puede crear una comprensión mayor, y mejor relación, con los alumnos chicos. No estoy hablando de confesiones llorosas en plan Oprah, sino simplemente de aprovechar la oportunidad para preguntar a los chicos lo que sienten respecto a la representación de un determinado personaje de una novela o si creen que es justo que estudiemos mayoritariamente modelos masculinos de la historia, por ejemplo.

- Reconocer la presión particular que sienten los chicos listos que aspiran a la popularidad

Proporcionar una salida para que estos chicos hablen de cómo equilibrar las exigencias del colegio y la aceptación del grupo de pares. En última instancia, le corresponde a la escuela crear una atmósfera en la que los logros académicos de los chicos se vean como algo loable, no risible, pero mientras tanto, se puede hacer más fácil la vida de los chicos de alto rendimiento reconociendo su difícil lugar dentro de la dinámica del grupo de pares y dándoles apoyo y consejo para defenderse en las aguas turbulentas de las expectativas del grupo de pares adolescentes.

- Imponer rigurosamente esquemas de comportamiento

A mí no me sorprende que las asignaturas en las que solía obtener mejores resultados eran las que tenían los profesores más estrictos, tanto si me gustaba la asignatura como si no. Recuerdo una clase de Francés maravillosamente tranquila en la que el profesor –con quien no valían tonterías– insistía en que se hiciera el mínimo ruido durante las pruebas escritas. Comparada con las clases de profesores con habilidades más débiles en el manejo del comportamiento –en las que me sentía obligado a gandulear aunque, en el fondo, habría preferido estar trabajando– esta era un refugio de tranquilidad.

Una de las mejores formas de ayudar a los chicos que quieren trabajar, pero se sienten intimidados por la presencia de las expectativas de los pares, es crear un entorno en el que no haya alternativa al trabajo intenso. Con los grupos conflictivos en particular, proporcionar un entorno tranquilo y ordenado para los que quieren aprender (incluidos aquellos que aparentan otra cosa) es la única manera de hacerle un favor a todos. Después de todo, cuando salía de mis clases de Francés, tenía una excusa indiscutible: *no tenía otra puñetera alternativa, ¿verdad?*

- Prestar una atención escrupulosa a los deberes

Lo mismo se debería aplicar a los deberes: ponerlos e insistir en que se hagan, con sanciones inmediatas para aquellos que no los hagan. Eso es lo ideal y yo intento atenerme a ello. Pero tengo una opinión diferente respecto a los deberes. Obligar a los alumnos a que trabajen en las clases elimina la excusa de la presión de los pares, pero es mucho más difícil para algunos chicos justificar el trabajo en casa –¡por voluntad propia!– ante sus «molones» colegas antiescolares. Para evitar hacer de esto algo público, podemos plantearnos la forma de recoger los deberes y de tratar en público a los que no los hacen. Considero que circular por la clase en silencio durante una actividad prolongada y recoger los trabajos lejos de la mirada del juicio público funciona bien. Los alumnos que no han hecho los deberes se quedan sin la oportunidad de exhibir su falta de esfuerzo. Y los que sí los han hecho no se ven forzados a publicitar ante los otros 29 que han pasado horas garabateando mientras sus colegas estaban en el parque. Eso no significa que los alumnos que no hacen los trabajos queden fuera del control, por supuesto. Pero, según mi experiencia, una llamada a casa o una charla tranquila con su tutor o el jefe de curso pueden recabar mejores recompensas cuando la presión de los pares está sobrevolando el ambiente.

- Diferenciar con sigilo

¿Alguna vez has notado que ciertos alumnos, por lo general chicos, no aceptan las opiniones y consejos que se les dan para ayudarles a hacer una tarea que, por otro lado, les está costando resolver? Más aún, las investigaciones demuestran que la decisión de un chico sobre si quiere o no quiere hacer tareas más difíciles está influenciada por la presencia de sus pares y las decisiones que dichos pares toman sobre los niveles de dificultad.[22] No es de extrañar que el pequeño Liam empuje lejos de sí el manual de vocabulario básico. Después de todo, este muchacho está tan afectado por el temor a parecer diferente que preferiría no ser capaz de *leer,* a que le den algo que los demás no han recibido, aunque esto le ayude a aprender.

De manera similar, si se les ofrece a los alumnos una serie de clases opcionales, como «tareas extraescolares», ellos que son diestros en hacer lo mínimo posible, van a hacer eso... lo mínimo posible. Por eso, los retos tienen que estar integrados y no ser negociables. La diferenciación debe ser sutil. A menudo ofrezco a los alumnos con dificultades recursos que son casi idénticos a los de sus pares. Se les estimula de la misma manera –las mismas ideas, las mismas expectativas sobre sus resultados–, pero se les da un empujoncito casi imperceptible para hacerlas.

- ¿Alguna pregunta?

Ya que estamos con este tema, pedir públicamente a los alumnos que declaren abiertamente que no entienden el trabajo no es buena idea. Decir: «¿Alguna pregunta?», después de haber explicado una tarea no suele recibir respuestas. Si hacemos esta misma pregunta a todos los asistentes a una reunión de profesores obtendremos la misma respuesta: el silencio. La presión de los pares sella los labios y clava las manos a los costados del cuerpo. ¿La solución? Conocer qué alumnos tienen más posibilidad de no entender la explicación y verlos antes. Si es evidente que varias personas no se han enterado de lo que se está contando, volver a empezar y explicarse mejor.

Antes daba en una de mis clases la oportunidad de que cada alumno hiciera una pregunta antes de una evaluación –algo que cada uno no entendiera–. Era un grupo de chicos seguros y comunicativos. Pero pocos de ellos hacían preguntas. Entonces empecé a repartir notas adhesivas para que escribieran sus preguntas de forma anónima. A partir de ese momento, tenía asegurado que todos y cada uno de ellos admitía que no entendía algo. Con mucha frecuencia, las lagunas de conocimiento eran comunes. Los alumnos se sentían mejor porque todos se sentían en el mismo barco y yo recibía una respuesta rápida que me permitía corregir un área de debilidad evidente.

La última palabra

Como ha mostrado este capítulo, lidiar con la presión de los pares requiere un acercamiento sostenido y coordinado de los líderes y los profesores. Muchos de estos necesitan orientación y ayuda de especialistas para que les den mayor confianza cuando se enfrenten a las cuestiones de género y al papel de la presión de los pares. A corto plazo, como profesionales influyentes, podrán empezar a mitigar algunos de los efectos dañinos que tiene cómo la sociedad socializa a los chicos desde una edad temprana. Implantando modelos más elevados y planteándose cuidadosamente los enfoques pedagógicos –sin dejar de ser sensibles al peso de la aceptación y la popularidad– los profesores pueden guiar a los chicos a través del campo de minas que son las expectativas de género en las escuelas. A largo plazo, necesitamos ni más ni menos que un giro en la cultura para asegurar que el rendimiento de los chicos y la masculinidad tierna se conviertan en una norma en nuestros centros educativos. La presión de los pares no va a desaparecer en breve, pero, con el enfoque adecuado, se le puede poner riendas y cambiarla de dirección, de manera que acabe siendo una fuerza del bien que ayude a mejorar el aprovechamiento y reduzca la ansiedad de los chicos respecto a su papel en el mundo.

4. Salud mental

Matt Pinkett

La historia

Aunque no creo que el tema pudiera aparecer en una pregunta de examen, *Romeo y Julieta* trata de la salud mental masculina. Al principio de la obra, Romeo muestra comportamientos que hoy describiríamos como depresivos: su padre describe la tendencia de su joven hijo a «echar las sombrías cortinas del lecho de Aurora» y «lejos de la luz [...] privado en su cámara a solas». Luego, en un ataque de impulsividad eufórica como las que se observan en los episodios maníacos bien conocidos en las personas con trastorno bipolar, Romeo declara su intención de casarse con Julieta tan solo unas horas después de haberla conocido. Poco después, su incapacidad para controlar su ira le lleva a matar a Teobaldo, el primo de Julieta. Cuando se entera de que el asesinato de Teobaldo le ha ganado el destierro de Verona, Romeo va en busca de su amigo, mentor, figura paterna y protector, fray Lorenzo. Cuando Romeo se desmorona ante él, histérico de dolor al creer que nunca volverá a ver a su amada, fray Lorenzo, en un despliegue sobrecogedor de misógina insensibilidad, le pregunta a Romeo: «¿Tú eres un hombre?», y le dice: «Tus lágrimas son de mujer». Esto ocurre no mucho antes de que Romeo se mate.

Si damos un salto en el tiempo de más de cuatrocientos años desde el tiempo en que se escribió *Romeo y Julieta* y cruzamos del reino de la ficción al reino de la realidad, no han cambiado mucho las cosas. Unos paralelismos perturbadores se mantienen entre lo imaginado por un dramaturgo del siglo XVI y la realidad del siglo XXI. Los jóvenes todavía están indignados. Todavía se reprende a los hombres jóvenes por expresar sus emociones. Y los hombres jóvenes siguen suicidándose.

La investigación

Antes de empezar, es importante señalar que la salud mental es un terreno muy complejo y, aunque en este capítulo limito mi campo al suicidio, la ira y la autolesión como áreas de exploración, hay muchas otras afecciones complejas de la salud mental, cada una de las cuales afecta a diferentes individuos de diferentes maneras. Para aquellas personas que necesitan consejos específicos que no se cubran en este capítulo, recomiendo el libro de Natasha Devon *A Beginner's Guide to Being Mental: From Anxiety to Zero F**ks Given* y la siguiente página web dedicada a los educadores que buscan ayuda en asuntos relacionados con la salud mental:

www.mentalhealth.gov/talk/educators

En España podemos encontrar en materia de salud mental a la Confederación Salud Mental España, que tiene, entre otras cosas, recursos e iniciativas para estudiantes y educadores:

https://consaludmental.org

Suicidio

Ahora parece casi un tópico de tanto como se cita en las estadísticas mencionar que el 75 % de los suicidios son masculinos[1]. O que el suicidio es la primera causa de muerte, por delante de las enfermedades cardíacas y el cáncer, en varones de menos de cuarenta años. Pero ¿somos conscientes de estos datos menos conocidos? ¿Sabías que el chico nómada irlandés al que enseñas tiene casi siete veces más probabilidades de suicidarse que el resto de los chicos de la clase?[2] ¿Sabías que, estadísticamente, el 60 % de los chicos gais y bisexuales de tu escuela han pensado en quitarse la vida? ¿Sabías que, si das clases a cualquier chico del 10 % más pobre de la sociedad, tiene el doble de posibilidades de suicidarse que los chicos nacidos en el 10 % más rico?[3]

En 2016, el 90 % de las víctimas de suicidio tenían una enfermedad mental diagnosticada.[4] Según la Fundación para la Salud Mental la ansiedad y la depresión son las más comunes de esas enfermedades mentales en el Reino Unido, con casi un 8 % de la población cumpliendo criterios de diagnóstico.[5] En España, según la Encuesta Nacional de Salud Mental, la ansiedad y la depresión son también los problemas de salud mental más comunes, con cifras muy similares, alrededor del 7 % de la población.[6] La Fundación para la Salud Mental también suministra las siguientes estadísticas acerca de la salud mental de la gente joven:

- el 20 % de los adolescentes pueden experimentar problemas de salud mental en cualquier año.
- el 50 % de los problemas de salud mental se establecen antes de los 14 años y el 75 % antes de los 24.
- el 10 % de los niños y la gente joven (entre los 5 y los 16 años) tienen un problema de salud mental diagnosticado, aunque el 70 % de los niños y adolescentes que experimentan estos problemas mentales no han tenido una intervención adecuada a una edad suficientemente temprana.[7]

Yo me gradué en Literatura Inglesa y luego me formé para ser profesor. El año pasado aprendí cómo se fríe un huevo. Pero nunca, en ningún momento de mi vida, he recibido ningún tipo de programa continuado de formación en salud mental. Y no soy el único: una encuesta reciente[8] realizada por el equipo benéfico de salud mental adolescente de la organización Stem4 en el que analiza las respuestas de trecientos profesores que trabajan en primaria y secundaria descubrió que, mientras que el 78 % de los profesores decían que al menos uno de sus alumnos había tenido un problema de salud mental en el último año, solo el 19 % de ellos decían que estos alumnos estaban recibiendo la ayuda que necesitaban y solo un 30 % de los profesores contaban que ellos habían recibido una formación adecuada que les capacitara para tratar con problemas de salud mental. El 27 % dijeron que no habían recibido absolutamente ninguna formación. Dadas las cifras, está claro que la actual atención a la salud mental es insuficiente.

El reciente informe gubernamental titulado *Transformar la atención a la salud mental de los niños y los jóvenes* publicada en diciembre de 2017, puede parecer que demuestra el reconocimiento por parte del Gobierno de una necesidad de mejorar la atención a la salud mental en el colegio, y el informe plantea algunos objetivos aparentemente admirables. En lo que se refiere al colegio, son estos:

- Incentivar al centro escolar para que nombre un «responsable de salud mental» que supervise la atención de salud mental a los alumnos.
- Fundar unos «equipos de apoyo a la salud mental» formados por personal del Servicio Nacional de Salud y gestionados conjuntamente por el centro y este organismo. Dichos equipos estarían «vinculados a grupos de las escuelas primarias y secundarias y a universidades, para proporcionar intervenciones de ayuda a aquellos con necesidades pequeñas y me-

> dianas y den apoyo a la promoción de la buena salud mental y bienestar».

Sin embargo, muchos expertos han expresado su preocupación por estos planes. La defensora de la salud mental Natasha Devon ha criticado la propuesta de un fondo de 300 millones de libras para el proyecto:

> En mi opinión, 300 millones de libras en cinco años es una gota en el océano. Para ponerlo en contexto, gastamos 5 billones cada año en el programa nuclear Trident. En la actualidad gastamos catorce veces más en servicios de salud mental para adultos que para la gente joven, a pesar de que la franja de edad más común para la enfermedad mental es la adolescencia.[9]

La doctora Nihara Krause, fundadora y CEO de Stem4, aunque celebra las reformas, ha manifestado cierta inquietud acerca del hecho de que «la implantación completa de la figura del líder de salud mental no se realizará hasta 2025», mientras que «durante este tiempo se están haciendo recortes constantes en los servicios de salud mental para niños y adolescentes, enfermeros escolares, psicólogos pedagógicos y una serie de centros de atención infantil»[10]. El hecho es que todavía no se está haciendo lo suficiente. Aunque los profesores no deberían diagnosticar y, desde luego, no deberían tratar problemas de salud mental, es importante que sepan qué medidas preventivas pueden adoptar para rebajar la tensión que provocan la depresión y el suicidio en la gente joven.

Antes de debatir cómo podrían ayudar los profesores a reducir los índices de suicidio masculino, es importante explorar por qué los índices de suicidio masculino son tan altos. Los elevados índices de suicidio masculino podrían resumirse en esta tesis:

Los hombres son más proclives al suicidio que las mujeres porque no hablan de sus sentimientos.

Innumerables estudios han demostrado que los hombres tienden a ser menos expresivos emocionalmente que las mujeres. Podríamos definirlos como «mudos emocionales». Probablemente todos conocemos a uno de esos mudos emocionales: es el novio que todavía hace chistes sobre el divorcio de sus padres, el padre que conoces de toda la vida y nunca has visto llorar, el hermano que dio un puñetazo en la pared cuando se enteró de que vuestra madre tenía cáncer, el abuelo que no ha dicho ni una palabra a nadie desde que murió la abuela. No es sorprendente que el mutismo emocional de los hombres sea algo cultivado desde el colegio. Muchos estudios muestran que, desde edades muy tempranas, a las chicas se les anima a exhibir las emociones positivas como la felicidad y a internalizar las negativas como la tristeza o la ira. Por el contrario, se espera que los chicos muestren menos emociones «tiernas» y no se les estigmatiza (como a las chicas) por exteriorizar emociones negativas como la ira.[11]

El resultado de las investigaciones se refleja en una historia que me contó Natasha Devon en la que recordaba un estudio a pequeña escala con alumnos de una escuela primaria. Se preguntó a chicos y chicas de entre cinco y siete años cuántos sentimientos experimentaban. Mientras las chicas, incluso las de cinco años, eran capaces de describir un abanico de emociones, los chicos de la misma edad solo podían describir dos: «contento» y «enfadado». A los siete años, la riqueza expresiva emocional de los chicos había crecido en un delirante 50 % –eran capaces de describir tres emociones: «contento», «enfadado» ¡y «hambriento»!–. Por muy divertido que nos parezca, el estudio tiene un final preocupante. A continuación, se preguntó a estos mismos chicos de siete años cuántos sentimientos experimentaban sus madres. Es interesante (y perturbador) que cuando hablan de sus madres, los chicos eran capaces de recordar toda la gama de emociones, lo que sugería que estos chicos, a la tierna edad de siete años, eran incapaces de reconciliar «emociones» con «ser chico».

Otra explicación para el elevado índice de suicidio masculino es sencillamente el hecho de que a los hombres les cuesta mucho más que a las mujeres buscar ayuda para sus problemas de salud mental[12]. Esto se debe, como vimos en el estudio de Martino del capítulo 3, a que hablar de sentimientos es hablar de debilidad, indefensión y vulnerabilidad, cosas que se estigmatizan en el mundo masculino. Para cualquier hombre es muy difícil ser capaz de admitir ante un profesional sanitario que está experimentando esas emociones. Como profesores, es importante que aspiremos a que los chicos se conviertan en hombres que puedan hablar de sus emociones sin tener la sensación de que son débiles por hacerlo.

Ira

Otro factor en el suicidio masculino, además del mutismo emocional y la resistencia a buscar ayuda médica, es la ira de los hombres: «Los hombres tienen mucha más tendencia a utilizar métodos violentos de suicidio que están relacionados con la ira», explica Anna Mullaney de Campaña Contra la Vida Infeliz (CALM), una asociación benéfica dedicada a la prevención del suicidio masculino. Mientras que las mujeres tienden más a utilizar métodos de suicidio menos violentos, como la sobredosis de drogas legales, los hombres tienden más a utilizar métodos violentos porque la violencia es lo que se les enseña a usar contra las cosas que les ponen furiosos, aunque esa «cosa» sea ellos mismos.

En su estudio *Diferencias de género y culturales en las emociones,* Fischer y otros autores reconocen que «en muchos estudios sobre las diferencias de género en las emociones [...] los hombres aseguran sentir y expresar más la ira y otras emociones hostiles»[13] que las mujeres y que lo hacen porque la sociedad les empuja a asumir un «papel masculino de alto estatus que se encauza en la competitividad, la autonomía y el poder», en el que la ira es una emoción a la que es necesario recurrir. Descubrieron que en los países donde la mujer «participa activamente de la vida económica y política» –es decir, en países en los que las mujeres disfrutan de mayor igualdad– los hombres son dos veces más tendentes a sentir una ira que no está dirigida a un «objetivo». Si la ira tiene un objetivo es mucho más fácil tratarla. La ira que siente un estudiante por un amigo, un profesor o un miembro de la familia puede gestionarse con una charla durante el almuerzo, una sesión de orientación organizada por el representante del curso, o una «conversación restauradora» coordinada por un profesor especializado. La ira sin un objetivo directo es algo más difícil de tratar. El estudio también señala que los hombres son tres veces más proclives a experimentar ira como resultado de «pequeñas frustraciones». Esto tiene una fuerte repercusión para los profesores, cuyo trabajo es imponer «pequeñas frustraciones» –o retos– en el camino de los alumnos con el fin de que aumenten su capacidad de aprender.

Autolesiones

Aunque la mayoría de los incidentes de autolesión registrados corresponden a mujeres, una encuesta de 2017 dirigida por YouGov en colaboración con las asociaciones benéficas de salud mental YoungMinds, The Mix y SelfharmUK descubrió que el 24 % de los chicos entre los catorce y los dieciséis años se autolesionaban.[14] En España, los datos no son mejores. Según el Ministerio de Sanidad las cifras de hospitalizaciones por autolesiones en adolescentes han aumentado por cuatro en las dos últimas décadas.[15] Y según los estudios internacionales, la cifra de adolescentes que se infligen autolesiones en los países occidentales alcanzaría el 17,2 %.[16] Mientras que las chicas tienden más a usar «los cortes»[17] como forma de autolesión, los chicos son más propensos al «autoenvenenamiento», la mayoría de las veces mediante el abuso del alcohol. El 21 % de los chicos lo utilizaban como método de autolesión. Otros métodos incluyen:

- Dar puñetazos en las paredes (19 %)
- Controlar la comida (16 %)
- El exceso de ejercicio (12 %)
- Arrancarse el pelo (11 %)
- Consumir drogas ilegales (10 %)

El autoenvenenamiento no siempre significa tomar drogas ilegales. En 2016, 2.246 chicos adolescentes ingresaron en hospitales después de una sobredosis de drogas como el paracetamol o el ibuprofeno.[18]

Las soluciones

Incluso en tiempos de crecientes recortes financieros, la mayoría de las escuelas tienen miembros de la plantilla dedicados y formados cuyo trabajo consiste en cuidar de los niños que sufren dificultades de salud emocional y mental. Si un niño presenta un problema de salud mental o una perturbación emocional, deberían acudir a la persona designada por la escuela. Aunque las soluciones descritas a continuación no se ofrecen como una panacea, pueden tomarse como un punto de partida para un enfoque reflexivo y abierto de la salud mental en nuestros centros educativos.

Consejos para líderes escolares y profesores

A. Configurar una emotividad abierta

Si queremos que algún día los chicos hablen de sus emociones sincera y abiertamente, tenemos que normalizar el proceso que conduce a ello. Esto puede lograrse a través del ejemplo de los profesores. Explico cómo hacerlo en un post en mi blog publicado en 2018 bajo el título «Ternura militante»:

> Intento ser tan sincero como puedo con los estudiantes en lo que se refiere a mis emociones. Aunque nunca hablaría de mi vida personal con detalle, hablo abiertamente sobre los sentimientos y emociones que puedan surgir en el contexto de lo que se está estudiando o discutiendo en el aula. Si un poema me pone muy triste, se lo diré a la clase. Si un chaval me hace ver algo de una manera nueva y emocionante, expresaré mi deleite infantil. Y si un chaval presenta un trabajo absolutamente alucinante, hasta el punto de hacer que mi corazón se hinche de orgullo y mis ojos se llenen de lágrimas, reconoceré ese hecho, de manera clara y abierta. De hecho, llamaré la atención de la clase intencionalmente sobre ello. Diré: «Eso me llena de orgullo», y los miraré de frente, sonriendo y con los ojos húmedos.
>
> Seré sincero sobre la forma en que los temas me afectan y, si es conveniente, intentaré explicar *por qué* me afectan hasta ese punto. Un buen ejemplo de esto es cuando leo el final de *De ratones y hombres.* Inevitablemente, mientras leo las últimas páginas, mi voz se quiebra y tiembla de emoción. No trato de ocultar este hecho y, cuando los niños lo notan y me preguntan por qué estoy tan afectado por el final del libro, les explico que veo en Lennie y George el afecto que siento por mis hermanos, y esto da lugar a mi respuesta emocional al final de la novela.

Normalizar la expresión directa y sincera de los sentimientos no exige asambleas especiales o visitas vespertinas de organismos externos. Como mejor se logra es haciendo que la gente que los alumnos esperarían *normalmente* encontrar en el colegio –profesores y personal no docente– aprovechen la oportunidad para hablar de las emociones masculinas en entornos escolares *normales:* las aulas, los pasillos y los patios. No hace falta ser profesor de Lengua (una asignatura que algunos considerarían que es la más dada a exponer emociones) para hacerlo. Aquí hay algunas sugerencias de cómo se puede lograr la apertura emocional en otros contextos escolares:

- En la clase de Historia se está estudiando el movimiento de derechos civiles en los Estados Unidos. El profesor podría decir:

> Como hombre, siempre he sentido que hay una presión real para ser físicamente agresivo en situaciones de amenaza. Siento un tremendo respeto por Martin Luther King por su capacidad para mantener la calma durante las protestas pacíficas, incluso cuando otros hombres estaban literalmente escupiéndole a la cara. ¿Cómo creéis que lo conseguía?

- En la clase de Educación Física se está estudiando las drogas estimulantes en el deporte. El profesor dice: «Creo que, para los hombres, existe una presión real para ser siempre el mejor en el deporte. Creo que eso explica por qué tantos hombres consumen drogas para mejorar el rendimiento. Sin embargo, es ilegal. ¿Cuál podría ser una alternativa mejor para enfrentarse a la presión para ser el mejor en un deporte concreto?».
- Mientras vigila el recreo, un estudiante le pregunta a un pro-

fesor: «¿Cómo está usted, señor?». Y el profesor responde: «En realidad, hoy estoy un poco desanimado, no me siento muy positivo. Pero no pasa nada; luego voy a ver a un amigo para charlar un rato; eso suele ayudar».

B. Charlas hombro con hombro

Para algunos chicos, la dificultad para hablar no es tanto que no quieran hacerlo como que se sienten terriblemente incómodos haciéndolo. Muchos docentes abogan por la efectividad de las charlas hombro con hombro para conseguir que los estudiantes hablen de sus problemas. No hay que hacer caso de los que dicen que esto funciona con los chicos porque «a los chicos no les gusta el contacto visual». Es una tontería. Una afirmación más precisa sería que «a algunos chicos no les gusta el contacto visual». Sin embargo, yo sí creo que el hecho de que a los chicos se les desanime a hablar de sus emociones puede explicar por qué *algunos* chicos encuentran más difícil hablar cara a cara sobre sus problemas. El método hombro con hombro simplemente significa tener una conversación con un chico mientras se está sentado o de pie a su lado o se pasea junto a él. Resulta bastante poco natural estar sentado al lado de un niño, en vez de frente, por eso las conversaciones «hombro con hombro», según mi experiencia, se hacen mejor andando por el patio, alrededor del centro (mientras todos los demás están en clase) o en el camino de una clase a otra.

C. Hablar del suicidio como debe ser

Puede haber ocasiones en las que el suicidio se presente como tema de conversación en el aula. Los siguientes consejos, adaptados de una guía de The Samaritans para las informaciones de suicidios en los medios de comunicación[19], proporciona una orientación útil para que los profesores hablen de suicidio adecuadamente.

1. **Pensar en el público:** recordar que en la clase hay chicos –y chicas– a los que podría afectar personalmente el suicidio y la enfermedad mental. Los directivos escolares tendrían que asegurarse de que cualquier plan diseñado para normalizar el debate de la salud mental necesita ir paralelo a un plan para que el personal conozca cualquier problema de salud mental significativo en los estudiantes, o cuando un estudiante está personalmente afectado por el suicidio.
2. **Cuando se habla de suicidio, nunca mencionar métodos o contextos:** se ha descubierto que describir con detalles los métodos de suicidio animan a los alumnos vulnerables a imitar el comportamiento suicida. Debido a esto, los profesores no deben dar nunca detalles explícitos sobre métodos de suicidio cuando se habla del tema. Si se está comentando un suicidio concreto –puede que el de una persona famosa, o alguien cercano– evitar, cuando sea posible, revelar demasiado de la persona que se ha quitado la vida. Un exceso de identificación con una víctima de suicidio también puede despertar comportamientos suicidas. Finalmente, abstenerse de comentar que un determinado método de suicidio es «rápido» o indoloro.
3. **No simplificar el suicidio:** el suicidio rara vez puede atribuirse a un solo factor. Evitar toda sugerencia a que podría ser así y no rehuir nunca la compleja realidad del suicidio y su impacto en la familia y amigos de las víctimas.
4. **Educar y ofrecer apoyo:** cualquier charla sobre el suicidio tendría que acabar con un ofrecimiento de apoyo para aquellos que puedan necesitarlo. Explicar a los estudiantes que, si

se han visto afectados por el suicidio, hay gente con la que pueden hablar. También se les puede poner en contacto con The Samaritans. O, en España, con la Línea de Atención a la Conducta Suicida 024 o el teléfono de la Fundación ANAR, especializada en niños y adolescentes.

Aunque se puede hablar del suicidio en el contexto de la clase al completo, también puede haber ocasiones en las que los mismos profesores se encuentren hablando cara a cara con un estudiante en concreto, porque o bien el estudiante o el profesor hayan iniciado una conversación movidos por alguna preocupación. Lo primero que debería hacer un profesor es derivarlo a la persona adecuada, por lo general a un mentor o un consejero especializado. Esa persona debería tomar nota de los consejos que dan The Samaritans:

Si creemos que alguien tiene tendencias suicidas, hagamos las siguientes preguntas:

- Preguntar directamente: «¿Has pensado en quitarte la vida?».
- Preguntar: «¿Has pensado en cómo hacerlo?».
- Preguntar: «¿Has pensado en cuándo y dónde?».

Si la respuesta a las tres preguntas es «sí», esa persona está en riesgo de suicidio. Habría que llamar a una ambulancia y no dejar solo a ese estudiante.

D. Hablar con los chicos utilizando su lenguaje

Anna Mullaney, de CALM, me dijo que, a pesar del relato dominante del mutismo masculino, a menudo los hombres y los chicos *están* hablando de salud mental, pero no nos damos cuenta de que lo están haciendo porque no usan el lenguaje que esperamos. Explicaba que a los hombres, a los que se ha enseñado a reprimir cualquier manifestación emocional desde temprana edad, les falta el vocabulario de salud mental: o sea que, mientras que para una mujer no sería extraño decir «Últimamente he sentido mucha ansiedad» o «Me preocupa estar deprimida», en los hombres, a los que se les ha enseñado desde la cuna a exhibir una fortaleza estoica en todo momento, pasa justo lo contrario. Términos clínicos como «ansiedad» y «depresión», que se refieren directamente a la salud mental, no forman parte del léxico masculino porque pronunciar esas palabras sería hablar de debilidad. Hay un problema más, como apuntan Robertson y Baker[20], en que frases como «No me siento querido» o «Tengo mariposas en el estómago todo el tiempo», que eluden la terminología médica, están feminizadas y, por lo tanto, es poco probable que las usen los hombres. Un estudio australiano[21], dirigido por Fiona Shand entre otros, encuestó a hombres sobre el lenguaje que utilizaban para expresar los pensamientos suicidas. Las cinco expresiones favoritas que utilizaban los hombres para describir el sentimiento suicida eran:

Palabras	Porcentaje de hombres que lo usaban
«Inútil» o «despreciable»	74
Ya he tenido bastante	69
Desesperado	68
Sin sentido	66
Harto	62

Las cinco palabras o frases que usaban los hombres para describir que estaban deprimidos eran:

Palabras	Porcentaje de hombres que lo usaban
Estresado	56
Las cosas no me están yendo demasiado bien	56
Cansado	52
Bajo de ánimo	52
Furioso	42

Aunque es difícil escuchar a un adolescente utilizar la frase «Bajo de ánimos», lo que vemos aquí son palabras aceptables por los hombres («estresado» y «cansado» es cómo una debería sentirse después de una jornada de duro trabajo masculino) utilizadas como eufemismos para expresar sentimientos asociados a problemas de salud mental graves.

Como profesores, tenemos que estar atentos al lenguaje que usan los chicos y a la posibilidad de que, cuando un chico nos dice repetidamente que está «cansado», tal vez no sea porque se haya hartado de jugar toda la noche con la X-Box, sino porque se ha hartado de la vida. Cuando nos dice que está «estresado», tal vez no sea que le agobie el examen, sino que le agobia la vida. Los profesores tenemos que asegurarnos de que tomamos nota de la frecuencia con la que los chicos utilizan estos términos y fijarnos en qué contexto los usan: «Estoy cansado porque me acosté tarde» es muy diferente a «No paro de discutir con mis amigos y esto cansado de todo eso».

Los profesores también tendrían que asegurar que, cuando se presenta una preocupación seria podría ser útil, en primera instancia, evitar la terminología clínica en nuestras charlas con los chicos que nos preocupan (aunque deberíamos seguir esforzándonos por normalizar esos términos como hemos explicado anteriormente).

Muchos defensores de la salud mental recomiendan utilizar la expresión «caja de herramientas» en vez de «estrategias de afrontamiento» para referirnos a las diferentes maneras en que los chicos pueden gestionar su depresión y su ira.

E. Facilitar hombres con los que hablar

Aunque los estudiantes dan muy poca importancia al género de un profesor en cuanto al aprendizaje, un estudio hecho en Australia descubrió que, cuando se trata de asuntos personales, los estudiantes prefieren hablar con alguien de su mismo género.[22] En mi escuela anterior, el equipo de consejeros –es decir, el grupo de profesores responsable de ayudar y dar apoyo a los estudiantes con problemas que no estén directamente relacionados con las asignaturas que estudian– era mayoritariamente femenino. Al percibir que este era también el caso de los equipos de orientadores que aparecían en múltiples documentales de televisión sobre colegios, me metí en Twitter para ver si esto reflejaba una tendencia más amplia. Este es el resultado de una encuesta en la que respondieron 413 personas:

En vuestra escuela, el equipo de consejeros está formado por:	
Mayoría femenina	54 %
Están igualados	25 %
Mayoría masculina	12 %

La plantilla cuyo trabajo consiste en aconsejar y consolar a los niños tiende a ser, por abrumadora mayoría, femenina. Es importante que los directivos de los centros hagan un esfuerzo por asegurarse que los chicos saben que, en su colegio, el equipo de consejeros cuenta con un hombre de sonrisa amable y oído comprensivo. Un chico que se sienta agobiado por el tamaño de su pene, o confuso con su sexualidad, o rabioso porque Lucy, la del grupo B les habló a sus amigas de la carta de amor que le escribió, puede estar deseando hablar de estos temas con un hombre. Si los hombros sobre los que llorar son siempre femeninos, podríamos estar prestando a estos chicos un mal servicio y exacerbando cualquier posible problema mental.

F. Estar atentos a las señales

Por supuesto, no todos los hombres quieren hablar. Natasha Devon critica las campañas de salud mental masculina que insisten constantemente en que los hombres necesitan hablar de sus emociones. Según Devon, esto es culpabilizar a la víctima, porque si fuera tan simple como que los chicos y los hombres sencillamente hablen más, ya lo habrían hecho. Para Devon, más bien «lo que deberíamos hacer es analizar por qué los hombres viven en un entorno que hace que sea casi imposible hablar sobre su salud mental o que se les entienda cuando lo hacen». Como profesores, esta es la razón por la que deberíamos hacer todo lo que podamos para normalizar el debate de la salud mental (ver lo anterior): debemos conseguir que hablar de las emociones sea la norma, en vez de algo que hay que pedir con pósteres y vídeos explicativos.

Tanto si están deseando hablar de sus sentimientos como si no, todos los chicos que se plantean el suicidio pueden presentar señales visibles de estar en riesgo. CALM recomienda fijarse en las siguientes:

- Cambios de humor inesperados, incluyendo estar tranquilo y contento después de haber estado muy deprimido.
- Retraimiento social.

- Cambios de costumbres en el sueño y la comida.
- Falta de energía.
- Dejadez en el aspecto personal.
- Comportamiento temerario.
- Aumento del abuso de drogas y alcohol.
- Ira e irritabilidad.
- Hablar de suicidio o del deseo de morir. Pueden ser comentarios vagos o parecer que se está bromeando sobre el tema.
- Regalar posesiones.
- Decir adiós a los amigos y a los familiares como si no fueran a verse otra vez.[23]

Naturalmente, si todas las personas con tendencias suicidas mostraran señales como estas, habría menos suicidios. Descubriríamos las señales y buscaríamos ayuda. La triste realidad del asunto es que no siempre podemos saber quién está experimentando pensamientos suicidas. Todos hemos oído decir a alguien, hablando de una persona que se ha quitado la vida: «Nunca lo habría imaginado. Era el alma de las fiestas». Hay que tener en cuenta que el alma de las fiestas puede estar fingiendo. Nunca demos nada por sentado. El «payaso de la clase» puede ser sencillamente eso. O puede que sea un chico que necesita que se fijen en él desesperadamente.

G. Ofrecer cuidados a los chicos que se autolesionan

Los puñetazos en la pared, las peleas e incluso los comportamientos autodestructivos, tales como plantarle cara al profesor, son formas de autolesión de los chicos. Si bien cualquier chico que exhiba dichos comportamientos debe ser sancionado severamente de acuerdo con la política de conducta del centro, las escuelas deben tener en cuenta que estos comportamientos pueden utilizarse como método de autolesión. Como explica un blog de SelfharmUK, a menudo estas conductas son solo sancionadas y nada más:

> Dar puñetazos en las paredes o meterse en peleas constantes también son formas de autolesión que se pasan por alto en los colegios, porque se ven como agresivas en vez de emocionales. Puede que dar puñetazos en la pared hasta que se rasgue la piel, o incluso se rompan los nudillos, es una manera de liberar la ira contra uno mismo, contra los demás o contra la sensación de fracaso. Meterse en peleas a menudo muestra señales de comportamiento autodestructivo. Un chico joven puede ser muy consciente de que saldrá lastimado y meterse en un altercado sabiendo que eso aliviará las emociones que está sintiendo.[24]

Es importante que los dirigentes escolares y los profesores no se olviden de que estos chicos reciben la misma protección y apoyo que una chica que sabemos que se hace cortes.

H. Aprovechar los beneficios del ejercicio físico

Un reciente estudio de referencia, el más grande en su categoría, que recogió datos de 1.200.000 participantes, encontró que había un vínculo significativo entre la salud mental y el ejercicio físico.[25] El estudio comprobó, a lo largo de un período de treinta días, que las personas que hacían ejercicio declaraban tener un 43,2 % menos de días de malestar mental que las que no lo hacían. Es interesante que cierto tipo de ejercicios demostraron ser más beneficiosos que otros: la muestra más grande de asociación entre el ejercicio físico y un menor número de días de mala salud mental se daba entre los participantes que practicaban deportes de equipo populares, como el ciclismo, el aerobic y las actividades gimnásticas. El tiempo óptimo para que surtiera efecto eran períodos de 45 minutos, entre tres y cinco veces a la semana.

Este estudio destaca por su amplitud, pero existen muchos otros estudios que sugieren que la gente que es físicamente activa lleva una vida menos estresada y más feliz. Por esta razón, los líderes escolares tienen que trabajar para que los estudiantes se animen a hacer ejercicio. «¿Cómo implicamos a los estudiantes en el deporte?» es una pregunta cuya respuesta resulta tan escurridiza como la de la pregunta «¿Cómo hago que mis hijos lean?». Si hubiera una respuesta directa, todos estaríamos haciéndolo y cerca de un tercio de la población no sería obesa o con sobrepeso.[26] Cuando pregunté en Twitter: «¿Cómo consigo que los chavales que odian la Educación Física participen en la Educación Física?», recibí más de cien respuestas de profesores con experiencia de todo el país. Las sugerencias incluían:

- Asegurarse de que los estudiantes tienen experiencias positivas en Educación Física. Las experiencias positivas llevan a que los estudiantes se sientan más motivados para volver a participar.
- La actividad física no tiene por qué ser un deporte. Los grupos extracurriculares que se dedican a las artes marciales, el yoga o la danza pueden hacer que los chicos se muevan.
- En las clases de Educación Física debemos evitar los estereotipos de género. Los chicos pueden jugar al balonvolea y disfrutarlo, lo mismo que las chicas pueden preferir el fútbol.
- Crear un amor incansable por el deporte y hablar de los beneficios para la salud física y mental.

Mi favorita es esta:

- No aceptar excusas que no se aceptarían en asignaturas académicas.

Aunque estar activo puede reforzar el bienestar mental de los alumnos de nuestro centro, hay otro factor del deporte escolar que puede mejorar la salud mental de los estudiantes: el entrenamiento tierno.

I. Adoptar métodos de entrenamiento tierno

Entrenamiento tierno: caso de estudio 1

Dado que los estereotipos de género han llevado a creer que no son «buenos estudiantes», muchos chicos llegan a la escuela secundaria con predilección por dirigir sus esfuerzos a marcar ensayos en el campo de deportes, en lugar de esforzarse en Lengua, Ciencia o Matemáticas. Estos son los chicos que, aunque problemáticos para los profesores de Geografía, Historia y Economía, son los perfectos santos en zapatillas para los profesores (por lo general, hombres) que los idolatran. Debido a su elevada posición en la estima de estos chicos, los profesores de Educación Física y los entrenadores deportivos del centro tal vez sean los únicos adultos de los que los chicos aceptarán ofrecimientos de apoyo emocional, en vez de rechazarlos. En los dos casos de estudios que se describen a continuación podemos ver cómo los entrenadores deportivos –en lugar de caer en la trampa de seguir la corriente a los estereotipos masculinos con el fin de involucrar a los chicos (lo que, como vimos en el capítulo 3, podría ocasionar a largo plazo un daño considerable a la carrera académica del chico)– utilizan el deporte como medio para cultivar una masculinidad tierna en los chicos a su cargo.

David Sharkey, profesor de Lengua y entrenador de rugby escolar, reconoce que, como instructor deportivo, tiene una oportunidad única de ayudar a los chicos a desarrollar su salud mental además de la física:

> Me centro en cómo nos sentimos los individuos y el equipo. Me gusta conectar con los sentimientos de los jugadores durante ciertos momentos de los entrenamientos y de los partidos para lograrlo. Observar cómo se sintieron en determinados momentos mientras jugaban o entrenaban me ofrece la oportunidad de aproximarme a cómo se sienten en otros momentos de la semana.

Me parece una manera válida de conectar. Igual de interesante es lo que Sharkey me contó sobre su propuesta de poner puertas con los colores de los semáforos en sus sesiones de entrenamiento:

> Hay que pasar por tres puertas diferentes antes de empezar el entrenamiento: verde si te sientes bien y positivo; ámbar si solo estás bien; rojo si no te encuentras bien. Las puertas y las etiquetas son arbitrarias, pero pueden ayudar a iniciar una conversación si el jugador está dispuesto a implicarse en el proceso y con los profesores o los jugadores. Como mínimo, proporciona un breve instante de reflexión antes de entrar en el campo de entrenamiento y les da la oportunidad de expresar cómo se sienten. Les pido a los entrenadores que también participen y que hablen abiertamente de sus sentimientos y de cómo podríamos gestionar estos estados emocionales en vez de encerrarlos.

Me encanta esta idea. No solo garantiza que los chicos reflexionen sobre sus propias emociones, sino que también proporciona señales a los demás. Un chico al que su entrenador haya alentado a que dé apoyo a sus compañeros de equipo, puede que haga un esfuerzo especial para acercarse a un compañero que haya entrado en el entrenamiento por la puerta roja; un estudiante que entre por la puerta ámbar tal vez reciba unas cuantas palmaditas de ánimo más que las habituales. La clave de todo esto es un entrenador respetado que se atreva a renunciar a los estereotipos masculinos en favor de un enfoque más amable e inclusivo del desarrollo de sus jugadores y jugadoras.

Entrenamiento tierno: caso de estudio 2

La Boxing Academy de Hackney es una escuela que admite a alumnos en riesgo de exclusión de otros centros. En ella, todos los alumnos siguen un programa de estudios académicos junto con sesiones diarias en un gimnasio de boxeo. Las normas pugilísticas del lugar tienen un impresionante impacto en los resultados académicos, pero la directora del centro, Anna Cain, enfatizaba la importancia de que los profesores ayuden a los alumnos con su buena forma mental, además de con su buena forma física:

> La relación con un hombre adulto es de gran ayuda. Además, lo que hacen en el gimnasio de boxeo es establecer relaciones con adultos competentes, afectuosos y responsables que les van a decir las cosas que están bien y las que están mal. Sí, la actividad física mejora la salud mental. Y esto, unido a la sensación de familia y apoyo que proporciona el club de boxeo, es una gran ayuda.

Cain dice que el boxeo es único por su forma de proporcionar un soporte emocional a los chicos: «Entrar en un club de boxeo es como entrar en casa de una segunda familia», me dice, «algo que no se reproduce con tanta fuerza en otros entornos deportivos». Claro que no todas las escuelas pueden ofrecer a los estudiantes entrenamiento de boxeo. Pero no creo que el boxeo sea necesariamente la cuestión: lo que es crucial es el entorno de un entrenamiento de boxeo. Como me explicó Cain, y como descubrí por mi propia y limitada experiencia personal, los gimnasios de boxeo son espacios en donde se dejan los egos en la puerta; donde los profesionales están dispuestos a enseñar a los principiantes; donde nadie se ríe o pone mala cara ante la falta de destreza, sino que se ve como un punto de partida para la mejora. Estaría bien que los entrenadores y los profesores de cualquier deporte crearan un espíritu y un entorno de entrenamiento igualmente positivo para sus equipos y sus alumnos porque muchas veces los estudiantes solo buscan ayuda en lugares en los que se sienten realmente cómodos. No hace falta que sea en un entorno deportivo. Para algunos puede que sea un espacio acogedor en las oficinas del colegio, perfumado por el fuerte aroma del café y adornado por las fotos de las recientes vacaciones en la Dordoña de una encantadora recepcionista. Y para otros, los fríos confines de un polvoriento gimnasio escolar, con su tufo a sudor y pies, puede que sea el lugar en el que se sienten más relajados y donde es más probable que busquen ayuda.

Combatir la ira

Teniendo en cuenta que el boxeo se presenta en los medios como el salvador de muchos jóvenes airados, le pregunté a Anna Cain si el boxeo realmente tenía un impacto en la ira de los estudiantes:

> El problema es que alguna gente cree que el boxeo es bárbaro y no debería permitirse. Esta gente les dice a los niños que sienten ira: «No deberías sentirte así». ¿Cómo ayuda eso a un niño, a un niño que siente tanta ira que no puede ni decir su nombre correctamente? La ira es parte de la salud mental y el problema es que todo el mundo dice que es algo malo. Pero la ira puede ser algo bueno, mientras no dejes que te controle ella a ti.
>
> Si pierdes el control en un ring de boxeo, pierdes la pelea. O sea que, siente la ira. Pero domínala y utilízala correctamente. Mantén el control de tu ira.

Como he mencionado anteriormente en este capítulo, a los chicos se les suele animar a exteriorizar la ira. El problema es que, cuando lo hacen, se les castiga por ello, sobre todo en el colegio, donde dar puñetazos en las paredes, gritar alto y maldecir no son conductas deseables. Los deportes pueden ofrecer oportunidades para que los entrenadores charlen con los chicos sobre la manera en que puede manifestarse la ira tanto positiva como negativamente. Si la ira sirve para provocar un renovado y vigoroso esfuerzo para mandar la pelota más lejos en el campo, ha sido controlada para bien. Si la ira sirve para insultar al árbitro y que nos expulsen del terreno de juego, el jugador en cuestión ha defraudado a su equipo. Si se da a los chicos la oportunidad para hablar de la ira y reflexionar sobre cómo podría utilizarse positivamente en una situación deportiva, puede que les ayude a discernir mejor entre eso y la ira negativa y destructiva. Reconocer la diferencia puede hacer que la ira negativa y destructiva se vuelva más fácil de controlar.

J. Adoptar una postura proactiva respecto a la homofobia

Según un estudio dirigido por el Centro de Investigación Familiar de la Universidad de Cambridge para Stonewall[27], el 61 % de las estudiantes lesbianas, gais o bisexuales se han autolesionado. Cerca de una cuarta parte de ellos (el 22 %) han intentado quitarse la vida. En los estudiantes trans los porcentajes ascienden: el 84 % de los estudiantes que se identifican como trans se han autolesionado y cerca de la mitad (el 45 %) han intentado matarse. El *bullying* homofóbico es sin duda un factor significativo es estas descorazonadoras estadísticas. En España, un estudio de la Universitat Jaume I señaló que las minorías sexuales muestran una mayor prevalencia de ansiedad, depresión, ideación suicida o trastornos alimentarios (10,3 %) que los jóvenes heterosexuales (3,5 %).[28] Además, como indica la Fundación ANAR, «formar parte del colectivo LGTBIQ+ aumenta el riesgo de intento o ideación suicida por encontrarse los menores de edad más expuestos a discriminaciones y exclusiones»[29].

En lo que se refiere a los chicos, ellos son más proclives que las chicas a ser víctimas de *bullying* homofóbico (el 57 % comparado con el 35 %). Dado el valor que da la masculinidad tradicional a la heterosexualidad, no resulta sorprendente, y, por esta misma razón, no resulta sorprendente que los chicos sean también más proclives a ser los perpetradores del maltrato homofóbico (el 43 % de los abusos los realizan los chicos, comparado con el 31 % de las chicas)[30]. Hay una serie de enfoques preventivos que los centros educativos pueden adoptar para garantizar que los alumnos LGTBIQ+ no tienen que soportar el *bullying* homofóbico.

Modelos de conducta

Daniel Gray es cofundador de LGBTedUK, una red de educadores LGTBIQ+ que trabajan juntos para mejorar el bienestar educativo de los alumnos LGTBIQ+. Cuando me entrevisté con él insistió en resaltar la importancia de los modelos de conducta para proteger la salud mental de los alumnos LGTBIQ+:

> En los colegios, la heterosexualidad está por todas partes. Los alumnos heteros tienen modelos de conducta todos los días y durante todo el día. La gente joven gay también necesita modelos de conducta, por un lado para ayudarles a descubrir quiénes son, y por otro para que se sientan menos aislados y solos.

Gray tiene experiencia personal en lo que significa ser un modelo de conducta para estudiantes LGTBIQ+. Él cuenta como sigue lo que pasó cuando declaró que era gay en una asamblea escolar:

Un estudiante que no conocía se me acercó después de la asamblea. Nunca le había dado clase. Parecía muy nervioso y un poco tímido. Pero tenía que decirme algo.

«Señor, sus palabras me han cambiado la vida.»[31]

El lenguaje que usamos

Es importante destacar que no hace falta ser un profesor LGTBIQ+ para ser un modelo de conducta para los estudiantes LGTBIQ+. Los profesores heterosexuales también pueden colaborar a hacer que los estudiantes LGTBIQ+ se sientan seguros y respaldados. He escrito antes sobre mis esfuerzos para «normalizar» la homosexualidad siendo conscientes del lenguaje que usamos en el aula:

> Probablemente hubo un tiempo en que las anécdotas y las preguntas que yo utilizaba para iluminar conceptos eran heteronormativas. Por ejemplo, en una clase sobre poesía amorosa, podría haber preguntado: «¿Por qué iba a escribir un hombre un soneto a su novia?». Ahora, por cada vez que hago esa pregunta, hago otra que sea homonormativa. Por ejemplo: «¿Por qué iba a escribir un hombre un soneto a su novio?».

Como ya explicaba en el mismo blog, al adoptar los pronombres homonormativos y usarlos alternándolos con los pronombres heteronormativos, y sin hacer de ello una gran cosa, les estoy diciendo a mis estudiantes: «Este es un espacio seguro para ti. Tu sexualidad se respeta en esta aula».

Clubs LGTBIQ+

Los clubs a los que pueden ir las personas LGTBIQ+ para hablar de su sexualidad de forma abierta, sincera y segura son un sólido pilar de apoyo para los estudiantes LGTBIQ+ por parte de las escuelas a las que asisten, en especial si los líderes escolares y los profesores los publicitan en asambleas, reuniones de grupo y boletines informativos. María Vogler, profesora de Educación Personal, Social y de la Salud en el Kings College de Guilford, puso en marcha el primer club LGTBIQ+ de la escuela, que se reúne a la hora del almuerzo una vez a la semana, en mayo de 2018:

> Todas las semanas se expone un tema concreto, seguido de diez minutos en los que los estudiantes pueden simplemente charlar. El apoyo que se dan unos estudiantes a otros es increíble. Se dan consejos para salir del armario, compartes sus preocupaciones, se ofrecen seguridad unos a otros. Son chavales de todos los grupos de primero a cuarto de la ESO. Cada estudiante que entra en esa sala tiene una experiencia diferente, un reto y una historia diferentes que compartir. Ellos mismos son su mejor activo. Yo soy una profesora heterosexual; mi experiencia no es suficiente para estos estudiantes. Se necesitan los unos a los otros y por eso creo que todos los centros deberían tener un club LGTBIQ+.

Por supuesto que, aunque estas iniciativas dirigidas a crear un entorno escolar donde la homofobia no exista, donde sí se dé debería tratarse con la máxima severidad. En el documento *Informe sobre la Escuela*, Stonewall ofrece algunas orientaciones excelentes acerca de lo que se puede hacer con la idea de una escuela total para garantizar que los estudiantes LGTBIQ+ tengan una experiencia escolar positiva que no deje un impacto negativo en su salud mental. Recomiendo a todos los profesores y líderes escolares que lo lean.[32] En España puedes consultar la guía *Somos diversidad* elaborada por el Grupo de investigación Atropología, Diversidad y Convivencia de la Universidad Complutense de Madrid, en la que participa el Ministerio de Derechos Sociales y el Ministerio de Igualdad.[33]

La última palabra

El tema de la salud mental es, por definición, muy complejo. Cada cuestión de salud mental es diferente y afecta de manera distinta a cada estudiante. Las soluciones que aquí se sugieren, aunque no son de ninguna manera remedios universales, podría como mínimo sentar las bases de ciertas reflexiones sobre lo que nosotros y nuestros centros estamos haciendo para gestionar el problema de la ira de los chicos, las autolesiones y la incapacidad para hablar de sus sentimientos. Con suerte, lo que parece haber quedado más claro a lo largo de este capítulo, es la necesidad de una postura proactiva que intente infundir en los chicos el convencimiento de que hablar de sus sentimientos y emociones es la clave para un bienestar mental duradero que garantice que no se van a convertir, como muchos otros, en parte del 75 %.

5. Expectativas

Mark Roberts

La historia

Imaginemos a un jefe de departamento de un centro en el que hay una considerable brecha de género en cuanto a resultados. Los chicos obtienen, por lo general, buenas notas en su asignatura, pero, cuando se comparan los resultados, las chicas siguen estando a kilómetros por delante de ellos. Entonces, decide agrupar a los chicos por su *potencial* en vez de por sus capacidades demostradas. Se sienta con los profesores del claustro y lo comenta con ellos. Tras un apasionante y estimulante debate, todos coinciden en que esta estrategia tiene un elemento moral: en beneficio del futuro de la carrera educativa y profesional de los alumnos, es lo que hay que hacer. También están de acuerdo en que la decisión tiene una dimensión pragmática: es lo que hay que hacer si se quieren disparar los resultados.

Con esto quedó decidido. Empezaron por dar a los chicos que van a sus grupos de preparación del título de secundaria –en particular a los chicos de alto rendimiento con becas de comedor– más oportunidades poniéndoles en el grupo superior basándose en su puntuación del último ciclo de educación primaria, no en la que hubieran sacado al final del curso anterior. Y pasó algo extraño. La cosa más extraordinaria sucedió en una reunión de departamento: se alcanzó un consenso amigable.

La mentalidad del grupo superior

Seis semanas después, el jefe de departamento lanza un despreocupado email de comprobación preguntando si había sugerencias de cambios en los grupos. ¿Hay alumnos que no están trabajando lo suficiente? ¿Hay chicos que están claramente en el equipo que no les corresponde? ¿Hay algún estudiante que necesita una cura de humildad y que se le baje uno o dos grupos?

Y ¿qué pasó? Sí, lo habéis adivinado. En una reacción sin precedentes, se ve inundado por peticiones urgentes de desplazamientos hacia abajo. Por lo general suele recibir una o dos respuestas ocasionales a este tipo de emails. Pero en ese momento recibe diez solicitudes para que baje a chicos que «no pertenecen al grupo superior», que «lo están pasando mal», que «no tienen un espíritu de trabajo adecuado» y que, por consiguiente, «no merecen estar ahí». Siete de los diez son alumnos con becas de comedor. Nueve son chicos.

La investigación

¿Afectan las expectativas de los profesores a los resultados de los alumnos? Un estudio clásico de Rosenthal y Jacobson[1] se basaba en decir a profesores de escuelas de primaria públicas que algunos de sus alumnos habían obtenido buenos resultados en un examen importante y se podía esperar de ellos que lograran llegar a un nivel alto a lo largo del curso siguiente. En realidad, el examen –Prueba de Harvard de Asimilación Flexible– era ficticio y los niños fueron elegidos al azar. Se encontró que era más probable que los alumnos así seleccionados obtuvieran mayores mejoras académicas que sus pares, especialmente aquellos más jóvenes. Tanto los alumnos de «bajas habilidades» como los de «altas habilidades» que se seleccionaron se beneficiaron, con mejoras especialmente en inteligencia verbal.

El poder de la expectativa

Según Rosenthal y Jacobson, empezar el curso con las expectativas altas en los logros de los alumnos tuvo como consecuencia... unos niveles más altos de logros en los alumnos. La idea de que las expectativas altas tienen una influencia beneficiosa en los resultados se conoce como el efecto Pigmalión:

> **Pigmalión**: en la mitología griega antigua, Ovidio cuenta en *Las metamorfosis* la historia de Pigmalión, rey de Chipre, que se enamoró de una de sus esculturas que cobró vida (Figura 5.1).

Lo contrario al efecto Pigmalión en el efecto Gólem, una especie de profecía autocumplida por la que las actitudes negativas sobre las habilidades académicas de los alumnos o su potencial lleva inevitablemente a malos resultados.

Figura 5.1 El efecto Pigmalión.

En la mitología judía, **el Gólem** es una criatura de barro a la que da vida un rabino para defender a los judíos de Praga. Pero, con el tiempo, el Gólem se volvió corrupto y peligroso y tuvo que ser destruido.

Babad y otros autores[2], que acuñaron el término en un estudio de 1982, defendían que –en lo que a resultados se refiere– el Gólem derrota siempre a Pigmalión. Las profecías autocumplidas negativas tienen mayor poder sobre la autoeficacia de un alumno que las positivas.

Las expectativas de los profesores respecto a los chicos

En un importante trabajo de investigación publicado en 2004[3] Susan Jones y Debra Myhill de la Universidad de Exeter investigaron si las percepciones de género de los profesores influían en sus expectativas respecto a las posibilidades de los alumnos de tener éxito en su educación. Tras entrevistar a cuarenta profesores y ciento cuarenta y cuatro niños de educación primaria, media y secundaria, Jones y Myhill encontraron que los profesores tenían ideas preconcebidas sobre las posibilidades y la tipicidad de los alumnos de alto y de bajo rendimiento de los dos géneros. En otras palabras, las chicas que destacaban académicamente eran vistas como típicas chicas, mientras que a los chicos que tenían malos resultados se les veía como típicos de su género. Los chicos con altos logros académicos se veían como algo anómalo, un reto a las normas de género, mientras que las chicas con malos resultados eran ignoradas por lo general. Como dicen Jones y Myhill, entre estos profesores había «una tendencia a asociar a los chicos con el bajo rendimiento y a las chicas con el alto».

Entonces, ¿cómo se manifiestan estas expectativas de rendimiento por géneros? ¿Tienen los profesores prejuicios manifiestos acerca de las oportunidades de éxito de los chicos en la esfera académica? Para una inmensa mayoría, no. El 80 % de los profesores coincidían en que no había razón por la que, en principio, los chicos y las chicas no puedan alcanzar los mismos resultados, lo que parece tranquilizador, hasta que se conoce el resultado del otro quinto de los profesores entrevistados: este 20 % había descartado a los chicos desde el primer momento.

Al menos el resto creía en la igualdad de oportunidades para ambos sexos. Desgraciadamente, en la realidad, y de acuerdo con los datos, había un problema en el 80 % que opinaba que los chicos tenían las mismas posibilidades de éxito que las chicas. Una vez que entraban en el aula, demostraban que había una desconexión entre lo que decían creer y sus acciones:

> El 80 % de los profesores esperaban que los chicos y las chicas obtuvieran los mismos resultados. Sin embargo, este compromiso con el logro igualitario no se reflejaba en las percepciones de los profesores [...] en cuanto a las actitudes, los comportamientos y la habilidad dentro de diferentes áreas del currículum.

Fuera del aula, los profesores expresaban encantados sus ideas sobre la igualdad de oportunidades respecto a los buenos resultados. Cuando hablaban de sus experiencias positivas en clase, sin embargo, la mayoría de los profesores regresaban a las generalizaciones estereotipadas como «las chicas escriben mejor», «las chicas se concentran y trabajan», «las chicas son más silenciosas» y «las chicas tienen más habilidades lingüísticas». Cuando se trataba de destacar lo positivo de los chicos, los estereotipos abundaban otra vez: «A los chicos se les dan mejor las matemáticas», «los chicos tienen mayor habilidad oral», «los chicos son líderes» o «cuando captas su imaginación, los chicos pueden ser aplicados».

Las declaraciones negativas sobre el logro de las chicas eran escasas y tendían a centrarse en la falta de confianza y de resiliencia, mientras que las declaraciones negativas acerca del comportamiento se centraban en las consecuencias emocionales de las rupturas con las amigas y la supuesta mayor tendencia de las chicas a guardar rencor. Los chicos cosecharon una lista de comentarios negativos mucho más larga. En términos académicos, muchos de los profesores comentaban que los chicos tienen poca inclinación a la lectura y no les gusta escribir, que son dos limitaciones para el éxito académico. En términos de comportamiento, había una plétora de comentarios peyorativos que describían la incapacidad de los chicos para estar sentados quietos, su naturaleza ruidosa y alborotadora, sus actitudes perezosas y apáticas y su falta de madurez.

Las valoraciones de capacidad y logro de los profesores con sesgo de género

Una investigación longitudinal de Camille Terrier[4] del MIT de 2016 descubrió que los profesores de educación secundaria favorecían a las chicas cuando llegan a la graduación. El análisis de los datos de casi cinco mil estudiantes franceses –teniendo en cuenta variables como el entorno social y el «comportamiento más alborotador» de los chicos– llevó a Terrier a la conclusión de que «los sesgos de género de los profesores tienen un efecto elevado y significativo en el progreso de los chicos comparado con las chicas tanto en Matemáticas como en Lengua».

El estudio de Tammy Campbell[5], que vimos en el capítulo 2, también encontró evidencias de que los estereotipos de género conducían a un juicio sesgado que afecta a los resultados de los alumnos. Campbell apunta que a los chicos se les da sistemáticamente notas más bajas en Lengua y Literatura de lo que merece su habilidad. Este fenómeno no se da solo en secundaria. Volviendo a el principio de la enseñanza primaria, Campbell cita un estudio de 2011 hecho por Hansen y Jones[6] que observaba que:

> Las valoraciones de los profesores favorecían claramente a las chicas hasta más allá del resultado que obtenían en las pruebas cognitivas, indicando que la falta de proporcionalidad en el nivel inicial, como en secundaria, podría atribuirse a juicios sesgados.

Un modelo de déficit del éxito masculino

Descubrir que los profesores: a) tienen prejuicios contra los chicos cuando los evalúan; b) creen que los chicos tienen menos posibilidades de lograr el éxito académico; y c) son más proclives a comportarse mal es muy preocupante por una serie de razones. La primera, sabemos por el efecto Pigmalión que las altas expectativas en los alumnos a menudo conducen a mejorar los resultados. Al menos en la clase, estos profesores muestran evidencias de lo contrario: se aprecia un efecto Gólem de bajas expectativas en los chicos, con frecuencia antes incluso de que crucen la puerta del aula. La segunda, debido al «contradictorio conjunto de actitudes» en el que «se habla de que los chicos y las chicas tienen el mismo potencial académico, pero se da voz a un modelo deficitario del logro masculino», el 80 % de los profesores incluidos en el estudio de Jones y Myhill no eran conscientes (o no eran capaces de admitirlo) de que tenían unas expectativas más bajas en los chicos. En otras palabras, la mayoría de ellos están encantados de decir que los chicos podrían hacerlo igual de bien, pero, cuando se plantean los comportamientos masculinos en la clase, bajan las expectativas en los resultados de los chicos. Los chicos frustran a los profesores. Los ven en términos de las cosas que «no pueden, no quieren y no van a hacer».

En el punto opuesto, a las chicas se las elogia por su aparente naturaleza obediente y pasiva. «La escuela sería más fácil si los chicos fueran más parecidos a las chicas» es la afirmación no pronunciada. Estas actitudes internas en conflicto significan que, sin formación, es poco probable que los profesores reconozcan su participación en el problema del bajo rendimiento de los chicos. Si creemos que tratamos a todos nuestros alumnos por igual, es poco probable que reconozcamos nuestra culpabilidad. La tercera, este tipo de comentarios tampoco hacen ningún bien a las chicas. Creer que las chicas tienen éxito, pero son delicadas, o que son motivadas pero temen el riesgo, contribuye a un tratamiento desigual de las mujeres en niveles avanzados de su educación y carrera, mientras que las cualidades masculinas parecen tener como resultado un reconocimiento social y financiero superior.

Los primeros años: chicos juguetones y la etiqueta de «payaso de la clase»

El reciente estudio longitudinal de Lynn A. Barnett[7] en primero, segundo y tercero de primaria sobre las percepciones de los profesores de los niños juguetones concluía que «los niños juguetones eran estigmatizados por sus profesores» en fuerte contradicción con las niñas juguetonas en las que el comportamiento confiado, impulsivo y díscolo no se tenía en cuenta en las evaluaciones de los alumnos. Los profesores de primaria veían a los chicos juguetones como una molestia constante, etiquetándolos en muchos casos como «los payasos de la clase», al contrario que a las chicas juguetonas. Curiosamente, estas actitudes mostraban una gran desconexión entre la visión que tienen los profesores de los chicos juguetones, la visión inicial que tienen los alumnos de sí mismos y la percepción de sus pares a principio del primer año. Con el paso del tiempo, sin embargo, y con el impacto acumulativo de las reprimendas públicas, el efecto Gólem había hecho su trabajo: «Los profesores podían transferir estas percepciones negativas a sus compañeros y a los propios niños, con lo que, cuando llegaban a tercero, cambiaban sus percepciones positivas hasta hacerse gradualmente más negativas»[8]. Previsiblemente, los niveles de autoestima y autoeficacia del niño juguetón se desplomaban, hasta el punto de acabar viéndose a sí mismos como «impopulares» entre sus pares y sus comportamientos como «problemáticos», al contrario que las chicas juguetonas que se comportaban de manera similar, pero escapaba a la etiqueta de payasa.

«Machotes» o «dolores de cabeza»

Carolyn Jackson dirigió otro trabajo de investigación sobre la percepción que los profesores tienen de los comportamientos de los chicos y de sus actitudes ante el trabajo y la escuela en 2010.[9] Usando una muestra de entrevistados similar en número al estudio de Jones y Myhill, Jackson encontró actitudes parecidas de los profesores hacia los chicos. En ellas se incluían las quejas sobre los comportamientos de grupo influenciados por los pares (ponerse a la altura de los colegas o mostrar «mentalidad de pandilla»), actitudes antiacadémicas, falta de respeto a la autoridad, búsqueda de atención, arrogancia competitiva y una consideración especial a la importancia de los deportes como indicador de la «popularidad machotista». Algunos profesores eran más comprensivos con ciertos chicos, mostrando su comprensión ante el conflicto interior que tenían que afrontar aquellos que querían demostrar su masculinidad tradicional y sacar buenas notas. Sin embargo, estos profesores declaraban que era inevitable que en estos casos el lado machote ganara.

«Grados de machotismo»

La investigación de Jackson manifiesta una diferencia sutil y fascinante con respecto a los claros descubrimientos de Jones y Myhill sobre los «chicos problemáticos». Podría ser que algunas expectativas que los profesores tienen de los chicos están influidas por un encasillamiento «impreciso y altamente subjetivo» con el que clasifican a los chicos individualmente en una escala que reconoce «grados de machotismo».

> Dependiendo de si están dispuestos a ser machotes a tu favor o en tu contra [...] hay algunos chavalotes [...] a los que da gusto enseñar porque son divertidos y entretenidos, pero saben cuándo parar [...]. Y luego están los que parece que llegan totalmente decididos a no hacer nada académico en absoluto [...]. Me caen bien mis machotes. Pero los que se te ponen de frente, aunque te gusten, son un dolor de cabeza total. (Ms Cornish, Elmwood School.)[10]

Como profesor que ha tenido que vérselas durante años con alguna que otra clase arruinada por las interrupciones, siento una gran simpatía por Ms Cornish. Pero el espectro del machotismo –y las expectativas de los profesores en los resultados académicos basados en estas clasificaciones– plantea preguntas interesantes. La primera, ¿cuánto tarda en decidir un profesor si un chico va a ser un «machote» o un «dolor de cabeza»? Dado que los profesores suelen comparara sus listas de clase y dar consejos a sus colegas sobre alumnos a los que han enseñado previamente, ¿podría esta reputación perseguir a ciertos «dolores de cabeza» a lo largo de toda su carrera escolar? La segunda: ¿cómo le sentaría a un chico que ha decidido pasar página que un profesor nuevo le trate con suspicacia? Da la impresión de que, para muchos profesores del estudio, las expectativas puestas en los chicos estaban indisolublemente ligadas a cuestiones de disciplina y gestión del comportamiento.

¿Cómo creen los alumnos que tratan los profesores a los chicos?

En un estudio posterior[11], Myhill y Jones se propusieron descubrir cómo percibían los alumnos si los profesores trataban en el aula a los estudiantes, chicos y chicas, de manera igualitaria. Durante las entrevistas, a los alumnos –con edades de educación primaria, media y secundaria– se les pidió que contestaran a una sola pregunta: «¿Crees que se trata igual a los chicos y a las chicas?». El resultado fue muy claro. Una mayoría aplastante de alumnos *de ambos sexos* pensaban que los profesores trataban a los chicos de manera más negativa que a las chicas. La investigación descubrió que esta sensación aumenta con la edad, de manera que era más probable que los estudiantes de secundaria notaran una discrepancia en las actitudes de los profesores hacia los chicos y las chicas. De los 136 alumnos que hicieron comentarios sobre la conducta de los profesores con los chicos y las chicas, «84 (el 62 %) aseguraban que los profesores trataban peor a los chicos, mientras que solo el 8 % creía lo contrario. El 30 % restante pensaban que se les trataba igual». Entre los puntos que destacaban los chicos y las chicas que tomaron parte en la investigación se incluían:

- No se culpa a las chicas de su mala conducta porque los profesores no esperan que sean rebeldes.
- Los profesores creen que las chicas son más sensibles, por eso les preocupa que vayan a llorar sin se les amonesta.
- Los profesores –sobre todo los hombres– son más amables con las chicas.
- Es menos probable que los profesores griten a las chicas.

- A las chicas las tratan más como a adultos porque los profesores creen que son más maduras que los chicos.
- A los chicos les echan más de clase y se les castiga más por comportamientos similares.
- Las profesoras son más amables y parecen más humanas.
- Los docentes hombres pueden ser ingenuos y verse manipulados por las chicas.

Por supuesto que esto son solo percepciones personales. Si estas actitudes se dan en la realidad es una cuestión aparte. Pero la evidencia de este estudio muestra que un porcentaje significativo de estudiantes creen ser testigos de un trato injusto a los chicos en sus clases diarias. Como profesor o líder, si estos sentimientos dañinos fueran moneda corriente en mis clases o en mi colegio, me gustaría saberlo. Dejando a un lado las opiniones sobre la importancia del género del docente (ya volveremos a ese debate en el capítulo 7), los comentarios mencionados arrojan otras percepciones interesantes.

Mientras que en la superficie puede parecer que, en determinadas circunstancias, las chicas salen mejor paradas con los profesores gracias al trato de sesgo favorable que reciben, si ahondamos podremos ver que esta conducta refuerza aún más las diferencias de género que les hace daño en otros sentidos. Incluso los gestos aparentemente amables, como la idea de que a las chicas no hay que regañarlas porque son «sensibles», perpetúa las ideas estereotipadas que retratan a las chicas como frágiles criaturas carentes de resiliencia emocional. Los chicos, mientras tanto, declaran sentirse desmedidamente censurados por los profesores por comportamientos que –al menos a los ojos de sus pares– son similares a los de las chicas (Figuras 5.2 y 5.3).

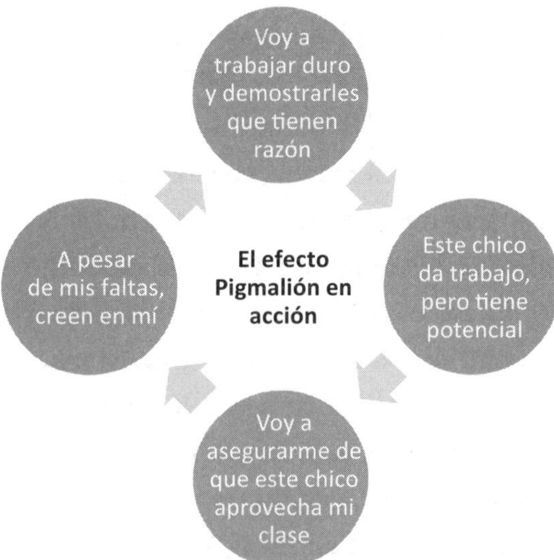

Figura 5.2 El efecto Pigmalión en acción.

Figura 5.3 El efecto Gólem en acción.

Las expectativas de los profesores sobre género y asignaturas específicas

Según Jones y Myhill, los alumnos también creen en general que los profesores tienen diferentes expectativas sobre si los chicos y las chicas son capaces de tener éxito en determinadas asignaturas.

Un estudio de Tiedemann[12] apoyaba esta impresión tras encontrar que los profesores del primer año de secundaria sentían que los chicos eran significativamente mejores en Matemáticas que las chicas, a pesar de sacar notas idénticas. Otro estudio de Newall y otros autores encontró que los profesores «consideraban a las chicas académicamente menos capacitadas que los chicos en física», «aportaban menos información científica» a las chicas y «creían el estereotipo de que las "chicas muy femeninas" tenían menos probabilidades de disfrutar de la ciencia»[13].

Ahora, si esta percepción de las actitudes de los profesores es cierta, vamos a examinar lo que podrían ser las percepciones de género en la práctica. Una chica de trece años entra en el Laboratorio de Física y, antes incluso de leer su trabajo, el profesor ya ha hecho sus suposiciones sobre las notas que sacará en el examen final. Un profesor de primaria que está a punto de empezar a dar lecciones de Francés elemental a un grupo de estudiantes de siete años se preocupa por cómo lo van a llevar, ya que hay muchos chicos en la clase. Una profesora de Tecnología de los Alimentos repasa su lista de opciones y se pone nerviosa porque el 60 % de su clase son chicos y le preocupa que les vaya a costar las nuevas preguntas escritas del examen.

Al menos estos estereotipos de género (aunque dañinos) han quedado sin exteriorizarse por el momento. Pero cuando estos sentimientos encuentran una voz en la sala de profesores, las opiniones sobre el género y la habilidad en ciertos temas se generalizan y arraigan. Recordemos la pregunta de Kate Myers sobre el currículo escolar en el capítulo 3:

> ¿Ofrecen todas las asignaturas, en particular aquellas tradicionalmente asociadas con un género, un entorno de aprendizaje que resulte seguro y atractivo tanto para los chicos como para las chicas?[14]

Y con «seguro» Myers no se está refiriendo a gafas de protección que le sirvan a una chica en clase de Construcción. En este caso, la seguridad supone un espacio en el que un chico pueda expresar su amor por el diseño de ropa en una clase de Textiles sin burlas, o una chica tenga la confianza suficiente para hablar de las funciones de la memoria caché en clase de Informática sin que tenga que sentirse incómoda porque es algo que la mayoría de los chicos de la clase ya saben.

La percepción de los alumnos sobre el género y el rendimiento en las asignaturas

¿Qué piensan los alumnos de que se espere que un género determinado pueda rendir más en algunas asignaturas? Durante la investigación de Becky Francis[15] acerca del bajo rendimiento de los chicos, entrevistó a chicos y chicas sobre el género y las capacidades en ciertas asignaturas. Encontró que el 66 % de las chicas y el 84 % de los chicos creían que, tanto unos como otras, «tenían la misma capacidad en todas las asignaturas». Lo que es más, descubrió un cambio notable en las actitudes, en comparación con investigaciones previas, con un porcentaje superior de chicas que respondían positivamente a asignaturas, como Ciencias y Matemáticas, que anteriormente les desagradaban en mayor número. ¿Podría darse el caso de que los estereotipos negativos en cuanto al género vinieran más de los profesores que de los alumnos? La sociedad en general –y los progenitores en particular– sin duda juegan un papel en la conformación de las actitudes respecto a qué asignaturas deberían preferir los estudiantes. Sin embargo, sería de esperar que los profesores y los directivos en primera línea de fuego, más preparados para gestionar estos estereotipos, desafiarían, no reforzarían, estas ideas perniciosas.

Porque las cosas se vuelven todavía más dañinas cuando (a menudo con buena intención) los profesores comparten sus ideas sobre el género con sus alumnos. Francis se encontró con que:

> Seis chicas y dos chicos decían que los chicos y las chicas tenían tendencia a ser mejores en asignaturas diferentes. De estos ocho alumnos, seis estaban en la misma clase y una chica me dijo que su profesor había dicho en clase que los chicos solían ser mejores resolviendo problemas de Matemáticas y las chicas mejores en Lengua e idiomas. Esta opinión parecía reflejarse, evidentemente, en las respuestas de la gente joven, ya que cuatro de los seis alumnos de la clase de este profesor aseguraban que los chicos suelen ser mejores en Matemáticas y las chicas mejores en idiomas.[16]

¿Cuántos de nosotros hemos dado inconscientemente un mensaje subliminal al 50 % de nuestros alumnos de que una asignatura específica (o un tipo de asignaturas) no es para los suyos? Si soy sincero, así a bote pronto, en varios momentos de mi carrera he cometido los siguientes errores:

- Hablar en el colegio de que no se me daban bien las Matemáticas (lo que no era cierto; era bastante bueno, pero rehuía el trabajo porque no me gustaba).
- Plantear la idea de las Matemáticas como castigo.
- Plantear la idea de una redacción larga como castigo.
- Cuando les hablaba a alumnos chicos de mi amor por la poesía, tener la sensación de que debía compensarlo con algo más típicamente masculino, como mi amor por el deporte.

- En las entrevistas para elegir optativas, animar ocasionalmente a algún alumno hacia asignaturas basándome en su género.
- Mostrar gestos de sorpresa a un alumno de género masculino que me dijo que iba a faltar a mi siguiente sesión porque iba a tomar parte en un espectáculo de danza.

La mentalidad del grupo inferior

Es el primer día del curso escolar. Acabas de empezar a trabajar en un centro y te han asignado dos flamantes clases de tercero de la ESO. No has revisado sus datos previos (nunca lo haces) ni sus informes de conducta anteriores. Todo lo que tienes es un par de listas de nombres, algunos datos básicos sobre grupos a los que pertenecen (becas de comedor, necesidades especiales, etcétera) y el convencimiento de que los han agrupado basándose en sus habilidades. Vamos a llamar a los grupos 3P1 y 3Q4. No estás acostumbrado a esto: los ocho años de experiencia que tienes hasta el momento han sido siempre en centros de capacidades mixtas, incluyendo situaciones como chavales de nivel A sentados al lado de alumnos que acaban de llegar al país y apenas saben hablar nuestro idioma. Antes de ponerles los ojos encima a los alumnos, notas las siguientes diferencias entre los dos grupos:

3P1	3Q4
Grupo grande (29 alumnos)	Grupo pequeño (14 alumnos)
Solo uno con beca de comedor	Casi todos con beca de comedor
La mayoría son chicas	La mayoría son chicos

Entonces los conoces. Primero al 3P1. Entran en silencio, inmaculadamente uniformados, se sientan donde les dices sin quejarse y empiezan a escribir inmediatamente cuando les pides que hagan un breve ejercicio preliminar de vocabulario. Al cabo de un rato, una mano tímida se levanta. «Señor, ¿qué grupo es este?» Por alguna extraña razón, decides parafrasear a Viper, el admirado instructor de vuelo de la película *Top Gun:*

> Damas y caballeros, me han dicho que son ustedes los mejores estudiantes del país que [nombre del colegio] puede ofrecer. La élite, los MEJORES entre los mejores. Tal vez sean el grupo superior, pero yo les voy a hacer mejores.

Un par de risitas. Algunas cejas arqueadas. Pero sabes que están impresionados por a) los halagos iniciales y b) tu arrogancia. El resto de la sesión transcurre sin incidentes. Hacen algunos trabajos de gran calidad. Justo después le llega el turno a 3Q4. O más bien, a algunos de ellos. Ruidosos, con uniformes desaliñados, unas cuantas protestas ante el plan de distribución de la clase y más protestas todavía cuando les pone la tarea. Cinco minutos después, entran en la clase atropelladamente tres de los chicos; uno de ellos ha entrado literalmente empujado por los otros dos. Les haces que se sienten (más quejas) y sigues la clase. Poco después una de las chicas, con una expresión malvada en la cara, levanta la mano. «Señor, ¿qué grupo es este?» Esta vez adoptas un enfoque diferente, imitando a Michelle Pfeiffer en la película *Mentes peligrosas:*

> No me importa lo que diga en el tablón de clases. No me importa el número que haya junto al nombre de nuestra clase. No me importa lo que pasó en la clase de Lengua del año pasado. No me importa cómo os portasteis o que notas sacasteis en el examen final de segundo. No me importa lo que otros profesores os hayan dicho y mucho menos lo que puedan decir vuestros amigos o los otros grupos. Alguien ha de-

cidido que no sois muy buenos en esta asignatura. Yo creo que se han equivocado. Creo que vais a sorprender a unos cuantos. Y creo que algunos de vosotros os vais a sorprender a vosotros mismos. Creo que, si trabajáis duro y me atendéis, vais a obtener unos resultados realmente buenos. Tal vez mejores que los de los estudiantes de los llamados grupos superiores...

Un cambio de mentalidad

Con el tiempo, el grupo inferior empieza a pensar menos como grupo inferior. 3Q4 hablan con sus amigos de 3P1 (asombroso, ¿verdad?, que los alumnos a menudo ignoren la «capacidad» como factor determinante de selección de amigos). Cuando hablan entre ellos del trabajo que están haciendo, descubren que no les estoy engañando: realmente están estudiando el mismo material, se les enseña cómo explicar el efecto de los mismos términos sofisticados y están utilizando los mismos recursos contextuales complejos. Después de recibir sus primeras evaluaciones, algunos de ellos empiezan a creerme cuando les digo que son buenos en Lengua. De hecho, algunos han sacado notas más altas que sus estimados compañeros del grupo superior. Algunos piden que se les suba de grupo. «¿Por qué ibais a querer cambiar con lo bien que os va aquí?», les pregunto. Tiene razón, me responden. Cuando se acerca el inicio de cuarto, empiezo a hablar al 3Q4 de presentarse al nivel A de Lengua. Unos cuantos se ríen, pero un par –un chico y una chica– se quedan atrás al final de la clase y me preguntan si lo digo en serio. Damos un salto de unos años y los dos se sientan en mi clase de Literatura de segundo de bachillerato, conversando sobre liminalidad e hibridación en el discurso postcolonial.

¿Qué pasa en los grupos inferiores?

En un estudio que investigaba el impacto de las expectativas de los profesores en las brechas de rendimiento entre los diferentes grupos étnicos de Nueva Zelanda Rubie-Davies, Hattie y Hamilton[17] argumentaban que las expectativas bajas de los profesores respecto a ciertos grupos llevaban a privarles de oportunidades para alcanzar una enseñanza de calidad y una atmósfera de excelencia académica:

> Como han demostrado los investigadores, a los estudiantes que pertenecen a minorías sencillamente no se les dan oportunidades para potenciar su aprendizaje de manera que pudieran menguar la brecha de rendimiento (Nichols y Good, 2004; Weinstein, 2002). Más aún, al ser ubicados sistemáticamente en grupos inferiores académicamente donde son públicamente etiquetados y categorizados, los estudiantes de minorías tienen pocas oportunidades de corregir sus desventajas raciales, sociales y económicas (Weinstein y otros, 2004).

Dado el pánico mediático a la «crisis de masculinidad» y el hecho bien documentado de que los chicos generalmente tienen peor rendimiento que las chicas, es posible apreciar este efecto Gólem tanto en los chicos como en los «estudiantes de minorías» que describen las investigaciones. ¿Cómo sería esta cultura de las bajas expectativas en los alumnos que se consideran de bajo rendimiento?

> Por ejemplo, los profesores pueden rebajar el ritmo de las clases con grupos particulares de estudiantes (Good y Weinstein, 1986) [...]. A los estudiantes se les da poca independencia, pocas tareas con exigencias cognitivas y pocas oportunidades para interactuar con sus pares.[18]

El vínculo entre el grupo en el que se sitúa a un estudiante y su autoeficacia se ha establecido en un estudio de Ireson y Hallam[19]. Ellas descubrieron que las bajas expectativas en los grupos inferiores conducían a un currículo flojo, a menos deberes para casa y menos comunicación de respuesta. Pero, argumentarán los defensores de la agrupación, seguro que a los alumnos se les pone en sus grupos basándose en sus capacidades y ponerles en un grupo que está fuera de su alcance los llevaría a sentirse peor, lo que tendría como resultado un progreso lento y sensación de inadaptación.

No es así. Recordamos del capítulo 2 la investigación de Hallam y Parsons[20] sobre el agrupamiento en las escuelas de primaria, que revelaba que ser un chico conducía a una probabilidad mucho mayor de ser ubicado en los grupos más bajos del colegio.

De manera consciente o inconsciente, a los chicos se les coloca a menudo en grupos inferiores por motivos todavía más perversos. Siendo el «modelo de déficit» del rendimiento masculino un factor destacado de la educación, los chicos con un rendimiento alto previo cuyos resultados no estén a la altura de las expectativas de la conducta del «grupo superior» se ven rebajados a grupos inferiores como castigo por su falta de cumplimiento, reforzando un círculo vicioso de bajo rendimiento masculino y empeorando las actitudes antiescolares en vez de contrarrestarlas.

Mary-Claire Travers del Instituto de Educación de la UCL ha escrito recientemente sobre las relaciones entre el agrupamiento y el bajo rendimiento académico de los chicos blancos de clase trabajadora.[21] Durante un estudio de 2016 entrevistó a un grupo de chicos blancos de clase trabajadora que habían obtenido un buen resultado académico y encontró que el agrupamiento se mencionaba con frecuencia como un aspecto de la educación que a menudo entorpecía las aspiraciones académicas de los chicos como ellos. Travers descubrió que, para los chicos blancos de clase trabajadora, estar en un grupo inferior significaba:

> no tener ninguna esperanza de alcanzar el éxito académico y, por lo que decían los participantes, los profesores tenían pocas expectativas de que esos chicos del grupo inferior lo alcanzaran.

Las soluciones

Consejos para los líderes escolares

Los colegios deberían evitar resaltar el atractivo de los beneficios milagrosos a corto plazo. La mayoría de los cursos, los libros y las sesiones de formación permanente sobre cómo implicar a los chicos, o mejorar sus resultados, están basados en lo que Jones y Myhill llaman el «modelo de déficit» por el que, cuando se trata de estudiar la mayoría de los chicos –en particular los de tipo «machote»– no pueden, no quieren o no van a hacer las cosas que hacen que las chicas estén mejor consideradas a ojos de los profesores. Como se demostraba en el capítulo 1, admitir supuestas diferencias entre chicos y chicas es una estrategia condenada al fracaso. Pero igualmente dañina, si no más, en mi opinión, son las bajas expectativas que muchos profesores tienen en el rendimiento de los chicos, mientras no dejan de hablar sobre la igualdad de oportunidades.

A. Organizar formación sobre temas de género

Por supuesto, no se puede culpar a los profesores de esto. Las investigaciones sugieren que la inmensa mayoría de los profesores consideran que su formación docente inicial no los preparó debidamente para tratar temas de género en el aula.[22] Puede que por esa razón los profesores también han explicado a los investigadores que se sienten incómodos e ignorantes a la hora de tratar los estereotipos de género dañinos que surgen en las clases, los debates y los comportamientos del alumnado.[23] La formación básica de los docentes –tanto en la universidad como en planes de prácticas en escuelas– debería dedicar mayor cantidad de horas a los temas de género en las aulas, yendo más allá de las ideas generalizadas de la brecha de rendimiento por género.

En todo caso, los temas de género deberían estar más arriba en la lista de prioridades en la formación permanente del profesorado. Como señalan Gray y Leith[24], el currículo en Suecia insiste en que «todos los profesores deberían formarse en las áreas de género [e] igualdad». Con el fin de gestionar las ideas estereotipadas perniciosas, otros países deben seguir su ejemplo. Donde el Gobierno no logre marcar el rumbo, los centros individualmente tienen que cubrir el vacío, como siempre. Podríamos plantearnos el siguiente cuestionario como punto de partida:

Cuestionario – Expectativas de los profesores sobre las chicas y los chicos

Edad:

Género:

Rol:

Departamento/Curso:

Afirmación 1: Los chicos son tan capaces como las chicas de alcanzar los mismos resultados académicos.

5 Totalmente de acuerdo	4 De acuerdo	3 No sabe/No contesta	2 Poco de acuerdo	1 Nada de acuerdo

Afirmación 2: Es más frustrante enseñar a los chicos que a las chicas.

5 Totalmente de acuerdo	4 De acuerdo	3 No sabe/No contesta	2 Poco de acuerdo	1 Nada de acuerdo

Afirmación 3: Referente a los resultados, los chicos son muchas veces su peor enemigo.

5 Totalmente de acuerdo	4 De acuerdo	3 No sabe/No contesta	2 Poco de acuerdo	1 Nada de acuerdo

Afirmación 4: A las chicas les falta confianza en la clase.

5 Totalmente de acuerdo	4 De acuerdo	3 No sabe/No contesta	2 Poco de acuerdo	1 Nada de acuerdo

Afirmación 5: Los chicos y las chicas son por naturaleza mejores en ciertas asignaturas académicas.

5 Totalmente de acuerdo	4 De acuerdo	3 No sabe/No contesta	2 Poco de acuerdo	1 Nada de acuerdo

Afirmación 6: En mi clase se trata igual a los chicos y a las chicas.

5 Totalmente de acuerdo	4 De acuerdo	3 No sabe/No contesta	2 Poco de acuerdo	1 Nada de acuerdo

Afirmación 7: Las chicas ponen más cuidado en la presentación de sus trabajos.

5 Totalmente de acuerdo	4 De acuerdo	3 No sabe/No contesta	2 Poco de acuerdo	1 Nada de acuerdo

Afirmación 8: Las chicas son más proclives a enfrentarse a la autoridad que los chicos.

5 Totalmente de acuerdo	4 De acuerdo	3 No sabe/No contesta	2 Poco de acuerdo	1 Nada de acuerdo

Afirmación 9: Me siento cómodo para enfrentarme al lenguaje o las actitudes sexistas en mi clase y en la escuela.

5 Totalmente de acuerdo	4 De acuerdo	3 No sabe/No contesta	2 Poco de acuerdo	1 Nada de acuerdo

Afirmación 10: Me siento cómodo hablando en clase de cuestiones de género.

5 Totalmente de acuerdo	4 De acuerdo	3 No sabe/No contesta	2 Poco de acuerdo	1 Nada de acuerdo

B. Elevar las expectativas

En el tema de las expectativas sobre lo que los chicos pueden lograr, es necesario tener algunas conversaciones difíciles. Los profesores tienen que formarse (o reformarse) para reconocer las ideas preconcebidas inherentes que puedan albergar sobre los chicos y su rendimiento. Muchos profesores pueden hablar alegremente de sus altas expectativas respecto a los chicos. Sin embargo, las pruebas muestran que hay un abismo entre lo que dicen y lo que hacen. Las bajas expectativas con los chicos es un círculo autodestructivo. Decir que los chicos pueden lograrlo no es suficiente. Creer que los chicos pueden lograrlo no es suficiente. Hacerlo de verdad y mostrarlo día tras día en cada una de las clases es lo que realmente marcará la diferencia. Porque, creedme, los chicos son muy buenos a la hora de captar rápidamente cuánto creen en ellos los profesores y las escuelas.

Por consiguiente, hay que buscar un delicado equilibrio entre tratar de contener la masculinidad no tierna, al mismo tiempo que se evita ofender y prejuzgar a los chicos con bajas expectativas. Como hemos visto en este capítulo, los chicos sienten que los profesores les tratan injustamente en comparación con las chicas. También muchas chicas sienten que ese es el caso. Pero también hemos visto en el capítulo 3 que algunos chicos van a armar follón en las clases y, alimentados por una actitud antitrabajo o antiescolar, van a frustrar los esfuerzos de los profesores por educarles.

C. Replantearse el agrupamiento

Como ilustraba el capítulo 2, muchos de los problemas causados por las expectativas respecto a los chicos se ven exacerbadas por el agrupamiento. En *Clevelands: el secreto detrás del éxito de los superpoderes de la educación en el mundo*[25], Lucy Crehan revela que la mayoría de los países con los sistemas educativos con mejor rendimiento –como Canadá, Japón y la omnipresente Finlandia– son lugares en los que las clases tienen mezcla de capacidades.

Es difícil no estar de acuerdo con Mary Myatt, quien sugería en *Gran desafío, pequeña amenaza*[26] que deberíamos descartar definitivamente la palabra «capacidad» en favor de la más neutra y ajustada «logro».

Muchos líderes escolares siguen sin convencerse. Pero si tenemos que atenernos a la perniciosa etiqueta de las «habilidades» y a los grupos jerárquicos, al menos hagamos algo para mitigar los problemas más grandes y generalizados del agrupamiento que ya apuntamos en el capítulo 2: la práctica común de: a) rebajar a alumnos brillantes pero difíciles y luego: b) poner a los profesores menos expertos en los grupos inferiores.

Consejos para los profesores

A. Ser autorreflexivos

Ser sinceros con nosotros mismos. ¿Te has sentido culpable en alguna ocasión por tener (esperemos que subconscientemente) diferentes expectativas sobre lo que pueden lograr chicos y chicas? ¿Impartes tu enseñanza con convicciones estereotipadas respecto al género? Una lista típica de autorreflexión podría ser algo parecido a esto:

Cosas que valoro en un estudiante	Los alumnos típicamente «masculinos» ¿encajan en este criterio?
Buena presentación	X
Buena letra	X
Gran sentido del humor	☑

Acaba los deberes a tiempo	X	
Obediente/sigue las instrucciones a la primera	X	
Participa en los debates de clase	☑	
Repasa para los exámenes	☑	– dicen que no pero los resultados de los exámenes sugieren otra cosa.

B. Elevar el nivel de dificultad

Si, por accidente o por elección, uno acaba en una clase con un montón de chicos, debe asegurarse de que sus expectativas respecto a lo que pueden lograr tienen que empezar arriba y mantenerse altas. En esto se incluiría:

- Plantearse el trabajo al nivel más alto y proporcionar apoyo para aquellos que lo necesiten. No estoy hablando de hacer cinco hojas de ejercicios diferentes para cada clase, sino simplemente de ofrecer andamiajes extra o ejemplos simplificados de las mismas tareas que están haciendo el resto de la clase.
- Desechar las tareas extraescolares. Una vez hablé con un grupo de chicos de otra escuela sobre estas «actividades adicionales». Me dijeron que les encantaría tener la oportunidad de hacer trabajos extras si las tareas principales fueran demasiado sencillas o las terminaran pronto. Entonces, «¿soléis hacerlas generalmente?», les pregunté. «No, no muy a menudo», contestaron. Para muchos chicos las tareas extraescolares les parecen trabajo opcional. El trabajo opcional, como hemos visto en el capítulo 3, no se hace.

C. Reaccionar con cuidado a los comportamientos en el aula

En un mundo ideal los alumnos sencillamente se comportarían. El aula es un mundo imperfecto en microcosmos. Los alumnos de ambos géneros vienen con sus mochilas. Además de todos los problemas habituales que los estudiantes traen a nuestras clases –vida familiar inestable, abandono o maltrato parental, bajos niveles de alfabetización y otros– los alumnos masculinos también pueden cargar con el peso agobiante de intentar estar a la altura de las destructivas expectativas de su grupo de pares respecto a cómo debe actuar un chico.

En el capítulo 9 observaremos con detalle cómo se puede establecer una relación efectiva con los chicos que caen en la trampa de exhibir una mala conducta para intentar impresionar a sus pares masculinos. Sin embargo, el primer paso para gestionar el comportamiento en el aula, como espero que haya demostrado este capítulo, es evitar la respuesta refleja de anticipar que los chicos van a ser un problema *per se*. Claro que algunos chicos van a ser revoltosos. Y habrá que ser capaces de enfrentarse a sus interrupciones. Pero también lo serán algunas chicas. Y no debemos olvidarnos de ser justos y ecuánimes cuando nos enfrentemos a las actitudes negativas de ambos géneros.

D. Buscar observaciones contrastadas

En el tira y afloja del aula, a veces a los profesores les cuesta darse cuenta de cómo interactúan con los alumnos. ¿Por qué no pedirle a un colega de confianza que observe tu forma de enseñar y que te haga un comentario sobre tu enfoque de género en la clase?

Podría echar un vistazo a las siguientes categorías, algunas de las cuales se basan en el trabajo de Becky Francis[27]:

- Voz: ¿cambia tu tono y volumen cuando hablas a los chicos y a las chicas? ¿Qué lenguaje utilizas para comunicarte con los diferentes alumnos?
- Atención: ¿a qué grupo de alumnos dedicas más tiempo? ¿Diriges la misma cantidad *y tipo* de preguntas a los chicos que a las chicas?
- Lenguaje corporal: ¿sonríes más a ciertos alumnos? ¿Queda claro por tus gestos que ciertos alumnos te gustan más que otros? ¿Qué claves da tu lenguaje corporal sobre cómo reaccionas a los comportamientos perturbadores?
- Gestión de comportamiento: ¿aplicas castigos con más facilidad a los chicos? ¿Es más probable que asignes sanciones a ciertos tipos de comportamiento disruptivo y que ignores otros? ¿Es evidente que ciertos comportamientos te hacen saltar más que otros? ¿Están estos asociados a estereotipos de género? ¿Se llevan más castigos los chicos que las chicas por las mismas conductas?
- Interacción con los alumnos: ¿cómo afrontas las relaciones dentro del aula? ¿Toleras que los alumnos chicos hablen de las chicas? ¿Permites que los chicos se queden en segundo plano en los trabajos de grupo? ¿Se les da siempre el papel de líderes en la clase? ¿Van siempre los chicos por delante? ¿Rechazas las actitudes sexistas?

E. Cuidado con el lenguaje

Piensa en el lenguaje que usas. ¿Alguna vez te has descubierto utilizando algunas de las expresiones siguientes (o similares)? ¿Qué impacto tendrían en los chicos y chicas de tu clase? ¿Qué impacto podrían tener en lo que piensan sobre el género otros profesores, en especial los que están en prácticas?

- «Es una clase plagada de chicos.»
- «Necesito un par de chicos fuertes para mover la mesa.»
- «Es todo un chicarrón.»
- «Buenos días, chicos.»
- «Ella no es carne de grupo superior.»
- «Los chicos no van a poder con tanta lectura.»
- «Un grupo de chicas chismosas.»
- «Una *drama queen*.»
- «Este tiene caligrafía de niña.»
- «Un grupo de chicos embrutecidos.»
- «Sé un hombre.»
- «Un chico quejica.»

La última palabra

Las palabras que uno usa pueden parecer triviales, pero pueden ser muy reveladoras de nuestras actitudes hacia los alumnos y las expectativas sobre cómo podrían comportarse y si van a alcanzar el éxito. Tener más cuidado con el lenguaje que usamos, reflexionar sobre nuestras convicciones e ideas preconcebidas y ajustar nuestra postura si es necesario son cosas que contribuyen a convertirse en un mejor profesor que da clases a niños, no a chicos bulliciosos y a niñas complacientes.

6. Sexo y sexismo

Matt Pinkett

La historia

Un alumno de segundo de la ESO le preguntó a otro, a una distancia a la que yo podía oírles, «¿Tú crees que la señorita ha hecho alguna mamada?»... Fue expulsado durante un día.

GEORGIA, MAIDSTONE

Un estudiante se apoyó en el quicio de la puerta mientras yo daba clase y dijo: «Hoy está muy bien, señorita».

AAFIYA, PLYMOUTH

Un alumno de cuarto de primaria me dijo una vez que tenía «unas tetas enormes».

LOUISA, PENZANCE

En mi primer año como docente, un estudiante me dijo que yo tenía «la raja floja». Me sentí vulnerable y asqueada... Se le expulsó durante un par de días y luego volvió a la clase.

JULES, BRADFORD

Un chico me arrojó un condón –tenía la mano sobre la mesa y me cayó encima–. Cuando ocurrió este incidente llamé al equipo de dirección de la escuela en busca de apoyo. El director vino, pero luego me dijo que le había hecho perder el tiempo y que debería habérmelo tomado como una broma.

ABEBI, NOTTINGHAM

Daba clase en primero de la ESO. Durante una sesión un chico de clase me metió un lápiz por debajo de la falda y me llamó «guarra» mientras trabajaba con el compañero de delante. Llamé a un miembro del equipo de disciplina que fue a buscarle y lo trajo otra vez a la clase.

ELLIE, CHOBHAM

Durante mi primer año de trabajo tuve que escuchar constantes comentarios sobre mi apariencia que denuncié, pero no fueron sancionados, salvo por los castigos que yo puse en clase. Un chico me preguntó si chupaba salchichas y, finalmente, ¡me tiró unas braguitas desde el otro lado del aula! En dirección me dijeron que no iban a tomar medidas porque aquello podía «explotar».

DANIELLE, OTTERSHAW

Un alumno me preguntó si tenía la «garganta profunda».

LAURA, FRONE

Daba clases a un chico de tercero de la ESO que simulaba tener una erección durante mis clases. Me pedía ayuda, pero luego utilizaba las miradas para animarme a que me fijara en su entrepierna. También hacía comentarios sexualizados y convertía lo que yo decía en insinuaciones.

FELICITY, WIGAN

En mi escuela anterior, un chico de catorce años me dijo que le gustaría «follarme por el culo». Se le puso un castigo muy pequeño.

CHARLOTTE, LINCOLN

Un chico de cuarto de la ESO me gritó desde el otro lado de un pasillo abarrotado: «Señorita, me encantaría follármela».

KATE, BRAMLEY

Un alumno de trece años le dijo a una colega mía que si quería «hacerle una mamada» mientras hacía un gesto que imitaba el acto de la felación.

ABI, EDIMBURGO

Los testimonios que se describen en las líneas anteriores no son más que una pequeña selección de un número mucho mayor que me contaron profesoras (los nombres se han cambiado) sobre su propia experiencia de acoso, abuso e intimidación sexual a manos de los alumnos chicos. Por lo general, todas las anécdotas que escucho tienden a centrarse en unos pocos temas comunes:

- Intimidación de las integrantes femeninas del equipo docente, en particular de aquellas más jóvenes o con menos experiencia.
- Referencias frecuentes a los actos sexuales, en particular a aquello que se pueden ilustrar utilizando gestos manuales.
- El uso informal, atrevido y regular de un lenguaje sexual fuera de lugar.
- Equipos de dirección que, o bien son reticentes, o sencillamente se niegan a tomar las medidas necesarias para gestionar todo lo anterior.

Las historias anteriores pintan una imagen deprimente –pero muy real– del acoso sexual que muchas profesoras sufren diariamente. Pero también suscitan otra pregunta: si este es el tipo de abuso que los chicos pubescentes están infligiendo a las adultas cuyo trabajo es cultivarles, ¿qué no estarán haciendo con las chicas con las que comparten la clase, los patios de recreo y los salones de reunión?

La investigación

Un informe reciente[1] del Comité de Mujeres e Igualdad encontró que:

- Casi un tercio (el 29 %) de las chicas de 16 a 18 años han experimentado contactos sexuales no deseados en el colegio.
- Casi tres cuartos (el 71 %) de los chicos de 16 a 18 años dicen haber escuchados los términos «golfa» o «guarra» para referirse a las chicas de manera regular.
- El 59 % de las chicas y las mujeres jóvenes entre los 13 y los 21 años decían en 2014 que se habían enfrentado a alguna forma de acoso sexual en el colegio o la universidad en el último año.

Otro informe[2], publicado en 2017 por la Unión Nacional de Educación y UK Feminista descubrió que:

- Más de una tercera parte (el 37 %) de las chicas que estudian en colegios mixtos han experimentado personalmente alguna forma de acoso sexual en el centro escolar.
- Casi la cuarta parte (el 24 %) de las chicas que estudian en colegios mixtos han sufrido tocamientos físicos no deseados de naturaleza sexual.

El acoso sexual en los centros de enseñanza no es solamente un problema, es una catástrofe. El comportamiento y el lenguaje sexual improcedentes son los cimientos tóxicos de la cultura de la violación que planea amenazadoramente por encima de nuestras cabezas. Hoy, en las escuelas de todo el mundo, los silbidos intencionados, los chistes sobre violaciones y los toqueteos se oyen, sienten y ven, pero no se denuncian.

El Centro de Mujeres de la Universidad Marshall define la cultura de la violación como:

> un entorno en el que la violación es dominante y en el que la violencia sexual contra las mujeres está normalizada y justificada en los medios y la cultura popular. La cultura de la violación se perpetúa mediante el uso del lenguaje misógino, la cosificación del cuerpo de la mujer y la glamurización de la violencia sexual, creando así una sociedad que desprecia los derechos y la seguridad de las mujeres.[3]

La cultura de la violación

Occidente tiene una cultura de la violación. Según Rapecrisis, ochenta y cinco mil mujeres son violadas en Gran Bretaña cada año.[4] Lamentablemente, de esas mujeres que sufren la violencia sexual, solo el 15 % lo denuncian a la Policía. En España según datos del Ministerio de Interior en 2002 se registraron dieciséis mil agresiones y abusos sexuales, nueve de cada diez a mujeres.[5] Y según la Encuesta Europea de Violencia de Género solo el 8,9 % de las mujeres víctimas de violaciones buscan apoyo acudiendo a la Policía.[6] Y lo que es más, mientras que obras sociales como Rapecrisis hacen todo lo que pueden por ayudar a las víctimas de violaciones, los sentimientos de vergüenza, culpabilidad, miedo e indefensión que experimentan muchas de las víctimas suponen que sencillamente no busquen la ayuda y la justicia que merecen. Como profesores, tenemos que reconocer la abrumadora realidad de que una de cada cinco chicas en nuestras clases –eso significa seis chicas de vuestra clase de séptimo– sufrirá violencia sexual en algún momento de su vida y que debemos hacer algo más para asegurarnos de que contribuimos a la erradicación de la cultura de la violación que tal vez hayamos estado ayudando a mantener inconscientemente.

Una lista del Centro de Mujeres de la Universidad Marshall detalla los rasgos de una sociedad en la que existe la cultura de la violación. Una sociedad con cultura de violación:

- Trivializa la agresión o los comportamientos sexuales inadecuados («¡Así son los chicos!»).
- Cuenta chistes sexuales explícitos.
- Tolera el acoso sexual.
- Define la «masculinidad» como dominante y sexualmente agresiva.
- Define la «feminidad» como sumisa y sexualmente pasiva.
- Presiona a los hombres para que sean sexualmente experimentados.
- Presiona a las mujeres para que no parezcan «frígidas».
- Enseña a las mujeres a evitar ser violadas en vez de enseñar a los hombres a no violarlas.

Todas estas cosas pueden ocurrir dentro del entorno escolar: los estudiantes cuentan chistes sexuales explícitos; los chicos compiten con relatos hiperbólicos de su destreza sexual; chicos y chicas se agarran de manera impropia. Muchos colegios son microcosmos de la cultura de la violación. Los profesores tenemos que hacer más.

En este capítulo vamos a centrarnos en las áreas de preocupación que centros de enseñanza y profesores pueden encontrarse más frecuentemente en sus esfuerzos por destruir los cimientos de la cultura de la violación que lleva siglos construyéndose. Empezaremos por abordar la pornografía, su impacto en los chicos y también la forma en que los colegios podrían controlarla definitivamente. Luego, repasaremos los enfoques que pueden adoptar los líderes escolares y los profesores en activo para gestionar el problema real del lenguaje sexual y las conductas sexistas normalizados en los colegios.

Las soluciones

Consejos para líderes y profesores

A. Asegurarse de que el centro proporciona educación frente a la pornografía

Antes de que intentemos buscar soluciones para el problema de la cultura de la violación, es importante que tratemos de comprender por qué los chicos exhiben los comportamientos sexualizados que observamos en las historias que abren el capítulo. En el siglo XXI la heterosexualidad sigue siendo un componente vital de la masculinidad hegemónica a la que muchos chicos se han visto empujados desde la cuna, consciente o inconscientemente. Los chicos tienen que demostrarse que son expertos, entendidos y seguros en el sexo, preferiblemente en el sentido heterosexual. Para los adolescentes, el triunvirato de la experiencia, el conocimiento y la seguridad en el sexo son (afortunadamente) difíciles de alcanzar, pero hay un sustituto de fácil acceso que puede proporcionar la experiencia sexual que en la vida real parece tan increíblemente difícil de lograr: la pornografía.

Pornografía y masculinidad no tierna

La pornografía está inextricablemente unida a la masculinidad no tierna. Que se centre en que los hombres dominantes consigan la gratificación sexual de mujeres sumisas refleja la necesidad patriarcal de la reafirmación del poder masculino. Lo mismo que este poder debe ser defendido en las oficinas, las escuelas y los estudios de televisión, tiene que ser defendido en el dormitorio. Para el chico adolescente, la pornografía sirve a un propósito doble: primero, es sexualmente excitante y le proporciona la gratificación física que necesita, aunque sea a un nivel superficial. Pero no menos importante es el papel que juega al investirle de una heterosexualidad que cree que necesita para ser un hombre como «hay que ser». De la A de anal a la Z de *zentai*[7], la pornografía le aporta al adolescente el vocabulario y la narrativa de la experiencia transferida, las posturas y las compañeras sexuales necesarias para exhibir todo lo largo y ancho de su sabiduría sexual, y le ayuda a hacerse con un trozo del tan importante pastel de la masculinidad.

Un estudio comparativo del Comisionado de la Infancia señala que la exposición de los jóvenes a la pornografía varía enormemente de un estudio a otro. Algunos estudios suecos sugieren que el 99 % de los adolescentes han visto pornografía, mientras que estudios de otras partes del globo bajan la cifra hasta los 43 %. Una cosa en la que coinciden las investigaciones del consumo de pornografía en adolescentes es en que los chicos ven considerablemente más porno que las chicas. Según un el informe del Comisionado de la Infancia «las cifras de exposición y acceso en los niños y jóvenes varones van del 83 % al 100 %», mientras «las cifras recogidas en las chicas van del 45 al 80 %». Naturalmente, estas estadísticas no se pueden tomar al pie de la letra; las chicas podrían ver tanta pornografía como los chicos. Sin embargo, es socialmente más aceptable que los chicos lo reconozcan, lo que es un problema en sí mismo, por supuesto. Tal vez no resulte sorprendente que el informe mostrara que los chicos tienen una actitud más positiva hacia la pornografía que sus equivalentes femeninas.

¿Conduce el porno a la violencia sexual?

Por decirlo claramente, una de las mayores preocupaciones sobre la exposición a la pornografía es que anima a los chicos a ser sexualmente violentos. Esta preocupación está justificada. Un análisis reciente de los cincuenta títulos más vendidos de pornografía en los Estados Unidos desveló que, de estas películas, «el 82 % contenían agresiones físicas, principalmente azotes, asfixias y bofetadas, mientras que el 48 % de las escenas contenían agresiones verbales, principalmente insultos»[8]. La mayoría de estos actos agresivos los realizaban los hombres contra las mujeres. Como señala Michael Flood de la Universidad de Queensland en un informe sobre los efectos de la pornografía en los niños: «Si un individuo viera los cincuenta títulos más vendidos de la pornografía en los Estados Unidos vería 3.375 actos agresivos». Vería que las mujeres son «amordazadas 756 veces, reciben 362 bofetadas con la mano abierta, les tiran del pelo en 267 ocasiones diferentes y las estrangulan 180 veces»[9].

Y, sin embargo, a pesar de la prevalencia de la violencia en la pornografía, no existen pruebas fiables que sugieran que la exposición a la pornografía violenta por sí misma convierta a los que la ven en personas que cometen actos de agresión sexual, violación incluida. Neil Malamuth, un destacado experto en pornografía y sus vínculos con la violencia, explica que «la exposición a la pornografía no tiene efectos negativos en las actitudes que sustentan la violencia contra las mujeres o en las tendencias sexualmente agresivas de la mayoría de los hombres»[10]. En el caso de esa minoría de hombres que han visto porno violento y luego han cometido actos de violencia sexual, esos actos en sí mismos no puede atribuirse legítima y exclusivamente a haber visto pornografía violenta. Como en todos los estudios de porno y sus efectos en nuestro comportamiento, el vínculo es más correlacional que causal. Más aún, en los hombres que ven porno violento y cometen actos de violencia sexual, hay en juego «otros factores de riesgo para cometer agresiones sexuales», como el narcisismo o una infancia violenta. Malamuth compara los efectos de la pornografía violenta en el comportamiento con los del alcohol. Para algunas personas, con cierta predisposición preexistente, la intoxicación etílica puede provocar que cometan actos frenéticos de brutalidad. Otros, por el contrario, pueden beberse una botella de vino (o dos) y acabar a la noche tirados en el sofá en un plácido estado de catatonia en vez de en un calabozo. La diferencia entre los que beben y comenten actos violentos y los que beben y se duermen no es el alcohol, sino otras facetas de su personalidad y sus vivencias.

¿Cambia el porno la manera de pensar de la gente?

Sin embargo, lo que sí es preocupante es el efecto de la pornografía en las actitudes del espectador, particularmente en relación con las actitudes que se refieren al género. Las pruebas que aportan estudios experimentales, más que los estudios correlacionales, sugieren que ver pornografía perpetúa la idea de que las mujeres son objetos sexuales y también que las mujeres deben tener un papel de sumisión frente el dominio del macho. Esto es significativo. Los estudios correlacionales se limitan a destacar vínculos entre dos variables. Por ejemplo, pueden identificar el vínculo entre la tendencia a cometer actos de violencia sexual y la tendencia a ver pornografía. Aunque pueda haber un vínculo entre las dos variables, nada indica que una pueda causar la otra. Un estudio experimental, sin embargo, se lleva a cabo en el espacio de un laboratorio y está diseñado sistemáticamente para comprobar el impacto de un estímulo en otra cosa. Por ejemplo, un estudio experimental podría plantearse evaluar el impacto de la exposición a la pornografía en las actitudes y el comportamiento de los participantes. En su informe, Flood hace referencia a una serie de estos estudios experimentales que demuestran que «se ha comprobado que el consumo de pornografía aumenta la idea de las mujeres como objetos sexuales»[11]. Es por lo tanto posible que, aunque la pornografía no esté convirtiendo directamente a nuestros chicos en violadores, sí los está convirtiendo en hombres jóvenes con convicciones sexistas, que a su vez podrían manifestarse de la desagradable manera que se menciona en el principio de este capítulo y que legitima la violencia contra las mujeres. El consumo excesivo de pornografía puede que sea lo que está causando que *algunos* de nuestros chicos abusen, sojuzguen e intimiden constantemente a las profesoras y a sus pares femeninas en las aulas, los pasillos y los comedores de los centros de todo el país.

Pornografía y educación sexual

Pauline Oosterhoff, especialista en género y sexualidad del Instituto de Estudios para el Desarrollo, cree que los colegios deberían luchar contra las actitudes negativas que parece provocar ver pornografía, incorporando la pornografía a los programas de educación sexual. «Muchos jóvenes están aprendiendo lo que es el sexo viendo porno. Eso es un problema –dice Oosterhoff–, porque les está dando una idea irreal de cómo debería ser y sentirse el sexo.» Según Oosterhoff, los centros escolares tienen el deber de mediar en la educación que los niños se están procurando solos viendo pornografía. Michael Flood está de acuerdo: «Teniendo en cuenta que es muy probable que los chicos y los jóvenes vayan a seguir consumiendo pornografía, una estrategia importante sería enseñarles las habilidades para entenderlo de manera más crítica». Flood declara que los experimentos sobre la educación en pornografía entre los adultos «han descubierto que los individuos a los que se muestra pornografía violenta pueden ser "vacunados" mediante sesiones informativas previas o "curados" con sesiones informativas posteriores»[12]. Otro estudio, con participantes en edad escolar, descubrió que los estudiantes que seguían un programa de «alfabetización mediática» (en el que se hablaba del porno), tenían:

> menos probabilidad de sobrevalorar la actividad sexual entre adolescentes, más probabilidad de pensar que podían retrasar la actividad sexual, menos probabilidad de esperar beneficios sociales de la actividad sexual, eran más conscientes de los mitos del sexo y tenían menos probabilidad de considerar la imaginería del sexo mediático deseable.[13]

Claramente, la educación en pornografía podría ser crucial para contrarrestar el impacto negativo que la pornografía tiene en las actitudes de los espectadores respecto al sexo.

Aunque incorporar la pornografía al programa de estudios contribuye a mejorar las actitudes frente al sexo y al género, también tiene otros beneficios, como hacer que los estudiantes se den cuenta de que el sexo es un acto que debería resultar placentero. Oosterhoff cree que el sistema de educación sexual se centra demasiado en la reproducción, el control y la biomecánica, y los estudiantes estarían mejor atendidos si participaran en conversaciones sobre el placer que el sexo puede proporcionar. Según Oosterhoff, prestar atención al placer podría hacer que los adolescentes dijeran «no» a actos sexuales dolorosos o incómodos. «Para decir "no" hay que decir "sí"», explica Oosterhoff. Los estudiantes necesitan que alguien les diga que las posturas imposibles que realizan las contorsionistas estrellas del porno no solo son con frecuencia degradantes, sino físicamente dolorosas. En una sociedad en la que algunos estudios sobre el sexo han mostrado que la mitad de los consumidores de porno jóvenes han practicado el sexo anal, uno no puede evitar pensar que si los estudiantes aprendieran que hay experiencias, posturas y posibilidades sexuales que pueden causar incomodidad o dolor, sería más fácil para ellos disfrutar de una vida sexual sana algún día. Una deconstrucción de las posturas que usan las estrellas del porno podría ser una manera útil e interesante de educar a los estudiantes respecto a cómo debería ser el sexo.

Porno venganza

Una preocupación final ante la pornografía es el ascenso de la «porno venganza». Como explica Oosterhoff:

> Las empresas de porno *online* como PornHub[14] han monopolizado la industria. La industria está en declive y ya no hay dinero para actores porno. Debido a esto, ahora estamos viendo un aumento de la pornografía *amateur* que cuelgan en las páginas gratis como PornHub. El peligro es cuando esto se vuelve porno vengativo.

Un estudio de la Sociedad Nacional para la Prevención de la Crueldad contra los Niños (NSPCC) descubrió que «el 44 % de los varones, comparado con el 19 % de las mujeres, declararon que la pornografía que habían visto *online* les había dado ideas sobre los tipos de sexo que querían experimentar»[15]. En la pornografía *amateur,* la cámara es una parte tan importante de la experiencia sexual como lo son el pene, la vagina o el juguete sexual. Muchas personas jóvenes graban sus proezas sexuales y tal vez lo hagan porque tratan de replicar la experiencia de pornografía *amateur* a la que tienen acceso gratuito desde sus teléfonos móviles. Hay más de tres mil sitios porno en la red. Muchos de estos vídeos se graban como parte de una experiencia sexual consensuada entre personas con una aparente relación amorosa, pero, cuando esas relaciones se rompen, los amantes furiosos cuelgan esos vídeos en internet como una forma de «venganza». Mi charla con Oosterhoff me ha dejado completamente convencido de que los colegios necesitan hablar de este tipo de pornografía sin rodeos, y no con el lenguaje eufemístico y confuso del *sexting* si queremos proteger a nuestros chicos y chicas de ser víctimas de este tipo de cosas.

Muchos estudiantes no son conscientes de que están infringiendo la ley si:

- Hacen un vídeo o una foto explícita de ellos mismos o de alguien que consideran amigo o persona cercana.
- Comparten una imagen o un vídeo explícito de un niño (aunque se trate de ellos mismos), incluso si la comparte con chicos de su edad.
- Posee, descarga o almacena imágenes y vídeos explícitos, aunque el niño de la imagen diera su permiso para que fuera creada.

El 15 de enero de 2018 se supo que «más de mil niños y jóvenes daneses habían sido acusados por la Policía de compartir un vídeo sexual en el que participaba una chica de quince años y varios chicos»[16]. Aunque en el Reino Unidos no se ha llegado a acusar a niños de estos delitos, el hecho es que la acusación pública tiene derecho a hacerlo, si así lo estimara oportuno. Los niños deberían saberlo. Por su parte, en España, a partir de los catorce años, se pueden pedir responsabilidades penales según la ley del menor.

Está claro que la pornografía es algo que debe ser discutido en el aula. Ed Davis, un director de estudios de Educación Personal, Social, de Salud y Económica (PSHE) en el Callington Community College de Cornualles con años de experiencia en la educación sexual de los alumnos, cree ciegamente que la pornografía debería formar parte del currículo y cita otras razones además de las que ya hemos visto:

Un problema que me preocupa es cómo la capacidad del cerebro y el deseo de aprender puede llevar a los buscadores de porno a ser cada vez más extremados. Además, la naturaleza de las búsquedas rápidas de vídeo en vídeo está tan alejada de la intimidad de una sola pareja sexual que problemas como la disfunción eréctil en hombres jóvenes está creciendo.

¿Cómo podría ser una clase de pornografía?

«En mi mejor clase sobre el tema utilizo como fuente el Planet Porn de Bish Training», dice Davis. Los recursos disponibles en en su web son excelentes[17]. Descrito en el sitio web como un recurso que «facilita conversaciones acerca de la autoestima, la imagen corporal, los límites, el placer, el consentimiento, la comunicación, el sexo seguro, la seguridad sexual, la ley, las emociones, las relaciones, el género y la diversidad sexual y la opresión», los gráficos estilizados y el elemento lúdico se combinan para crear una experiencia docente informativa. Aquí vemos un ejemplo de la clase de Ed que hace uso de los recursos que ofrece Planet Porn:

Lección

Preámbulo

Después de plantearnos la importancia y el significado de temas como el consentimiento y la contracepción, hoy vamos a explorar la pornografía, que puede tener relación con los dos anteriores y con alguno más.

Etapa 1 (15 minutos)

Plantea las siguientes afirmaciones aplicadas a la pornografía:

- Es un recurso educacional que enseña sexo a los adolescentes.
- Diversión inofensiva.
- Está bien si tienes cuidado con lo que ves y con qué frecuencia.
- Hace un daño grave a la sociedad y a las actitudes hacia el sexo y el género.

Los estudiantes tienen que decir cuál de ellas está más cerca de su visión actual de la pornografía y por qué.

Proyecta la diapositiva de PowerPoint con el «cuestionario de la pornografía» y que los estudiantes emparejen y compartan si cada una de ellas es verdadera o falsa.

El profesor comparte las respuestas y explica por qué todas son falsas. Se da tiempo a los estudiantes para que respondan si quieren hacerlo.

Etapa 2 (60 minutos)

De acuerdo con sus reacciones viscerales a cada una de las afirmaciones sobre la pornografía, haz que se levanten y se organicen según estén de acuerdo o no. Se puede organizar en dos zonas del aula con las etiquetas de acuerdo y desacuerdo o en cuatro zonas: totalmente de acuerdo, de acuerdo, poco de acuerdo y nada de acuerdo. Anímalos constructivamente a que discutan unos con otros si hay diferentes perspectivas en el grupo.

Otra forma de hacer esta actividad sería distribuir copias de las afirmaciones. Los estudiantes marcan con una «X» en el listado lo que más se acerque a su actitud personal, que luego pegan en el libro de ejercicios.

Juego de cartas de Planet Porn

- Dividir la clase en grupos de 4 o 5.
- Se da a cada grupo un juego de cartas de Planet Porn.
- Los estudiantes se reparten las cartas equitativamente y las van leyendo por turnos una a una y decidiendo si lo que pone en ellas tiene más posibilidades de ocurrir en el planeta Tierra o en planeta Porno y las ponen en un montón diferenciado.
- Si alguien del grupo no está de acuerdo con el lugar en el que se ha colocado la carta, pueden protestar y justificar por qué. Entonces, todo el grupo debería votar en qué montón habría que ponerla.

Una vez que el juego se haya completado, los estudiantes tendrían que hacer las siguientes actividades en su libro de ejercicios:

- Describir tres ejemplos de afirmaciones del planeta Tierra y del planeta Porno.
- Señalar una afirmación en la que los miembros del grupo no han estado de acuerdo y explicar por qué.
- Elegir la afirmación del montón del planeta Porno que sería más dañina si fuera cierta en el planeta Tierra y explicar por qué haría tanto daño.

Etapa 3 (10 minutos)

Plantear las siguientes afirmaciones referidas a la pornografía:

- Es un recurso educacional que enseña sexo a los adolescentes.
- Diversión inofensiva.
- Está bien si tienes cuidado con lo que ves y con qué frecuencia.

- Hace un daño grave a la sociedad y a las actitudes hacia el sexo y el género.

Los estudiantes regresan a este punto y reflexionan si ha cambiado o no su punto de vista, y cómo ha influido en ello la lección de hoy.

B. Ser claros en cuanto a lo que constituye sexismo y conducta sexista

Es difícil discrepar con UK Feminista cuando dicen que «el uso de lenguaje sexista y misógino –que denigra a las chicas y la feminidad– es algo común en las escuelas». Según su informe:

> Más de la mitad (54 %) de las chicas y un tercio de los chicos (34 %) aseguran que han escuchado a alguien usando lenguaje sexista en la escuela.[18]

De estos, «solo el 6 % de los estudiantes que han sufrido o presenciado el uso de lenguaje sexista en la escuela informaron a su profesor»[19]. Pero los docentes no son totalmente ciegos (ni sordos) a lo que pasa. El informe sigue diciendo que:

> El 64 % de los profesores de las escuelas mixtas de secundaria escuchan lenguaje sexista, al menos con una frecuencia semanal. Más de una cuarta parte de los profesores (el 29 %) informan de lenguaje sexista a diario.[20]

El lenguaje del sexismo

He dado clase a muchos chicos para los que el lenguaje sexualizado inapropiado es parte de su forma de hablar cotidiana dentro del grupo. Aunque el uso de las palabras «guarra» o «fulana» aplicadas a las chicas es profunda y realmente preocupante, más preocupante son las referencias informales a la pedofilia y la violación. En 2016 escribí el siguiente blog:

> El lenguaje que escucho en algunas aulas es espantoso. Las referencias a la pedofilia y la violación son realmente preocupantes. Algunos chicos se llaman en tono de broma «asaltacunas» o «violador», cuando el receptor de los insultos ha hecho algo vagamente relacionado con el acto de agredir sexualmente a una menor. «¿Te gusta esa como se llame de segundo de la ESO? Asaltacunas.» Hace poco estaba leyendo a la clase *El papel pintado amarillo* y uno de los chicos, al escuchar que la habitación en la que vive la protagonista tiene cadenas en las paredes, exclamó: «¡Agh! ¡Han comprado una casa de pedófilos! ¡Son todos pedófilos!». Y, naturalmente, algunos de los otros chicos lo encontraron tronchante.

Aunque algunos chicos usen la palabra «violación» con toda la violencia intencionada de su significado original, otras veces se usa de manera bastante informal y con una gran ignorancia de su significado real. Recuerdo que hace unos años, paseando por el patio de recreo, me encontré con dos chicos de primero de la ESO, amigables y agradables, que se peleaban en plan de broma. Cuando uno de los chicos le saltó sobre la espalda al otro, este me gritó: «¡Señor! ¡Socorro, señor! ¡Me está violando! ¡Violación! ¡Violación!». No tenían ninguna mala intención. «Violación» era sencillamente el término que aplicaba a la inesperada escalada de su amigo.

El uso de la palabra «violación» también suele hacerse con el significado de «derrota estrepitosa». Como en: «Te voy a violar totalmente cuando juguemos a *Call of Duty* en la X-Box esta tarde», o

«Los Spurs van a violar al Arsenal este sábado». Este uso es común en los dialectos sociales de muchos chicos. Para ellos, este uso de la palabra es un medio fácil para exhibir un desprecio rebelde por lo que el mundo adulto considera tabú y una bravuconería machista en la cara de algo que es increíblemente aterrador. De hecho, todo el lenguaje ofensivo que usan los chicos –términos despectivos como «guarra», «fulana» o «perra» para referirse a las chicas; los chistes sobre casos sexuales de famosos de los 80; los comentarios despreocupados sobre crímenes sexuales graves–, se usan con la intención de entrar en el mundo de una masculinidad anticuada pero aún deseable, en la que se puede hablar abiertamente del sexo en todas sus formas, con osadía y sin temor.

Existen algunas maneras de que los docentes y los directivos del centro puedan ayudar a combatir el problema del lenguaje sexualizado que normaliza la violencia sexual contra las mujeres.

Claridad absoluta

En primer lugar, es necesaria una claridad absoluta por parte de los líderes escolares en el tema del sexismo y la conducta sexista. Como dice Hannah Wilson, directora de la Aureus School y cofundadora del movimiento Women's Ed:

> Necesitamos situar a la tendencia sexista junto a la tendencia racista y la tendencia homofóbica. Si tenemos un plan nacional por la diversidad y las igualdades, es necesario que nos aseguremos de que impulsamos y estimulamos a las escuelas para que la interpreten y la apliquen.

Dada la falta de claridad en cuanto a lo que constituye exactamente el comportamiento sexista, los profesores seguramente agradecerían ese cambio. Según el informe de UK Feminista «más de la mitad (el

64 %) de los profesores de secundaria no están seguros o no son conscientes de la existencia de políticas y prácticas en sus centros dirigidas a prevenir el sexismo»[21]. Los colegios deben tener una política clara y concisa sobre el sexismo pública y accesible para el personal, los estudiantes y los padres. Esta política debería describir con exactitud lo que no es aceptable e indicar con claridad las sanciones que se aplicarían si se rompen las normas. En la actualidad:

> Los profesores señalan que no tienen claro lo que constituye sexismo o cómo pueden explicar a los estudiantes por qué es dañino. Esto perpetúa una falta de conciencia y comprensión del problema, además de la percepción de que no se toma en serio en el colegio.[22]

En diciembre de 2017 el Ministerio de Educación publicó una guía para que los equipos de dirección escolar combatan la violencia y el acoso sexual (del que forma parte el lenguaje sexualizado) en los centros de enseñanza. El consejo es inequívoco[23]:

> Es más probable que las chicas sean víctimas de la violencia y más probable que el acoso sexual sea perpetrado por chicos. Las escuelas y universidades tendrían que poner el énfasis en:
>
> - Dejar claro que la violencia y el acoso sexual no es aceptable, no será tolerado y no es una parte inevitable del crecimiento.
> - No tolerar o pasar por alto la violencia y el acoso sexual como «broma», «parte del proceso de maduración», «una cuestión de risa» o «cosas de chicos».
> - Enfrentarse a comportamientos (que son de naturaleza potencialmente delictiva) tales como agarrar culos, pechos y genitales. Ignorar o tolerar tales actuaciones lleva consigo el riesgo de normalizarlas.[24]

Lo que está sucediendo en la mayoría de los colegios es que los comportamientos sexuales inapropiados y el lenguaje sexualizado están incluidos en una política más amplia y genérica de *bullying*. Pero esto no es suficiente. Como señalaba Hannah Wilson, muchos centros han dedicado políticas al racismo y a la homofobia, pero no a la incorrección sexual. Esto es porque la incorrección sexual está normalizada. En muchos colegios es una parte cotidiana de la vida escolar y, por consiguiente, no se considera un problema. Para combatir esta normalización, las políticas de los centros tienen que describir con precisión al personal del colegio, a los estudiantes y a los padres lo que constituye exactamente acoso sexual. La guía del Ministerio de Educación proporciona un resumen práctico de lo que puede considerarse sexista o sexualmente inapropiado:

Lenguaje sexista o sexualizado

- Contar anécdotas sexuales.
- Hacer comentarios obscenos.
- Hacer comentarios sexuales sobre la ropa y la apariencia.
- Llamar a alguien por nombres sexualizados.
- Los «chistes» o las burlas sexuales.

Comportamiento físico

- Rozarse deliberadamente contra alguien.
- Manipular la ropa de alguien (escuelas y universidades tendrían que considerar cuándo esto cruza la línea de la violencia sexual; es importante hablar con la víctima y tener en cuenta su experiencia).
- Mostrar imágenes, fotos o dibujos de naturaleza sexual.

Acoso sexual *online*

- Compartir imágenes o vídeos sexuales no consensuados y compartir imágenes y vídeos sexuales (lo que suele conocerse como *sexting).*
- Comentarios sexuales inapropiados en redes sociales.
- La explotación, la intimidación y las amenazas.[25]

C. Sancionar el lenguaje sexualizado y el comportamiento sexista

Las sanciones tienen que ser severas. Muchas profesoras me han contado que los miembros de los equipos de dirección (tanto hombres como mujeres, pero mayoritariamente hombres) han socavado el derecho de la profesora a sentirse segura y cómoda en su aula al expulsar a los infractores de las clases en los que han tenido un comportamiento inapropiado, solo para dejarles regresar cinco minutos después. Peor que eso son las historias (sí, en plural) de profesoras a las que se les dice que están siendo «demasiado sensibles» en casos de mala conducta sexual de un estudiante; a menudo se les dice que ellas han provocado el acoso por su manera de vestir o su aspecto. A algunas se les ha dicho que tienen que aceptar este tipo de conductas simplemente porque forma parte de ser una mujer joven docente. Es necesario hacer algo con los estudiantes que cometen esas ofensas y con el personal que las trivializa o las ignora.

D. Educar a los estudiantes en cuestiones de género

La actual normativa jurídica del sexo y las relaciones expone que, en lo que se refiere a la educación sexual, «se ha puesto tradicionalmente el foco en las chicas»[26], dejando creer a los chicos que la educación sexual no tiene en cuenta sus necesidades. Esta afirmación ignora el hecho de que, a menudo, las charlas sobre masturbación suelen centrarse exclusivamente en la masturbación masculina, y hay un énfasis mucho mayor en el condón masculino como método anticonceptivo. Tal vez sea esta incongruencia lo que explica por qué se puso en marcha en julio de 2018 una consulta gubernamental que solicitaba una revisión sistemática del sistema de educación sexual. Esta consulta reveló que las clases de educación sexual tenían que ocuparse de «diferentes tipos de abuso, *grooming* y acoso además de dónde pueden acudir los jóvenes en busca de apoyo», y aseguraba que «enseñar sobre el género y la identidad sexual se consideraba algo importante»[27].

Aunque esto parezca ser un paso adelante más positivo en la educación sexual, creo que tiene que haber una incidencia aún más directa en que se discuta el género como constructo social en las escuelas. Tal como están las cosas, las escuelas tienden a tomar una postura reactiva ante el acoso sexual. Se comete el acto y se imponen las sanciones con la esperanza de que esto evite otra ofensa en el futuro. Pero, claramente, según muestran los datos de UK Feminista, este enfoque vago no está funcionando. La escuela tiene que adoptar una respuesta proactiva para prevenir el acoso sexual. Una manera de lograrlo es animando a los chicos y chicas a hablar de las expectativas creadas socialmente respecto al género que gobiernan las actitudes y conductas sexuales de la gente. Seguramente, si los chicos entendieran que los chistes sexistas y el uso despreocupado de un lenguaje sexualizado despectivo son productos de una masculinidad inventada que se les impone contra su voluntad, serían menos proclives a exhibir esos comportamientos en su vida diaria.

Educación de género: un caso de estudio

Recientemente los estudiantes de la segunda etapa de secundaria del Kings College de Guilford asistieron a una sesión de Educación Personal, Social, de la Salud y Económica que exploraba el uso masculino del lenguaje sexista en el centro. La sesión empezó pidiendo a los estudiantes que clasificaran una serie de términos en grupos de masculino y femenino. Los resultados fueron llamativos:

Masculino	Femenino
Riqueza	Confianza
Confianza	Timidez
Grosería	Frigidez
Bullicio	Cariño
Juego	Pobreza
Fuerza	Inteligencia
Proveer	Debilidad
Estupidez	Silencio
Rabia	Emoción
Ruido	Calma
Falta de emociones	

Después de separar las tarjetas siguieron con un debate que deconstruía las expectativas de la masculinidad. Se hicieron preguntas importantes: «¿Quién nos dice que tenemos que ser todas estas cosas? ¿Es posible ser todas ellas todo el tiempo? ¿Hay contradicciones en ellas?». Después del debate los estudiantes jugaron al juego de *Descubre el sexismo,* en el que se les pidió que descubrieran ejemplos de estereotipos masculinos negativos en una serie de anuncios, canciones e imágenes de catálogos de compras. A esto le siguió otro debate sobre cómo los estudiantes varones intentan ratificar el ideal de poder masculino día a día en el colegio. El comportamiento rebelde, los tacos y la destreza deportiva salieron a colación, pero pronto la discusión llevó al lenguaje sexualizado. En este punto se creó una lista de términos inaceptables y se aleccionó a los estudiantes sobre lo que constituye exactamente acoso sexual.

La sesión obtuvo evaluaciones positivas. Un estudiante escribió que la sesión «me hizo pensar en las mujeres mucho más porque no sabía toda la presión que tienen que soportar». Otro dijo que la sesión le había cambiado su manera de pensar en las mujeres porque hay «mucha gente que silva a las mujeres, pero eso puede hacer que se sientan inseguras», mientras otro decía simplemente que «ahora soy más educado [con las mujeres]». Una de las consecuencias más divertidas de la sesión tuvo lugar en el patio de recreo. Un miembro de la plantilla entró una mañana en la sala de descanso del personal felizmente abochornado. Mientras vigilaba en el recreo le había dicho a un chico que se había tirado al suelo en plan teatral tras recibir un ligero golpe cuando jugaba al fútbol: «Sé más duro, princesa». El chico se levantó y le respondió: «Eso no se puede decir. Porque sugiere que las mujeres son débiles y que los hombres tienen que ser fuertes. Es sexista».

E. Enfrentarse al lenguaje de los alumnos

Me gusta creer que, si los profesores observaran o supieran de algún acto de comportamiento sexual físico inapropiado, actuarían de acuerdo con la política de conducta escolar. De lo que estoy menos seguro es si llegarían a sancionar el lenguaje sexualizado que usan los chicos en las clases. Las razones por las que es poco probable que los profesores intervengan en este caso son múltiples:

1. **Para muchos chicos, el uso del lenguaje sexualizado es tan común que ha llegado a normalizarse.** Algunos profesores son «inmunes» a él.
2. **Muchos profesores no están seguros de qué es exactamente el lenguaje sexualizado o sexista** y, por consiguiente, no se atreven a intervenir.
3. **Muchos profesores temen una falta de apoyo del equipo de dirección en este tema.** Clive Rowett[28] es un directivo senior que me habló de cómo brinda apoyo a las mujeres de la plantilla de su centro en Lancashire:

Como miembro masculino del equipo de dirección, gestionar los casos de acoso sexual contra las profesoras ha sido la experiencia más difícil, pero esclarecedora, de toda mi carrera.

Al principio, hubo momentos en que me costaba saber qué decir o qué hacer. Mis torpes esfuerzos por empatizar dejaban a mis colegas femeninas comprensiblemente frustradas y heridas. «Tú no sabes lo que se siente»; «a ti no te ha pasado»; «no se atreverían a hacértelo a ti», decían entre lágrimas de dolor y rabia. Y tenían razón. Apenas puedo empezar imaginar lo que se siente; yo nunca he sufrido este tipo de agresión; no se atreverían a hacérselo a un hombre alto y fornido con una voz atronadora y una presencia física imponente. Así que he aprendido a pasar de los tópicos, concentrarme en escuchar con atención las angustias y miedos de mis colegas femeninas y me he convertido en una persona que actúa contundentemente en vez de intentar suavizar las cosas.

De lo que más he aprendido ha sido de observar cómo otros hombres del equipo meten la pata todavía más espectacularmente que yo. He alucinado al ver cómo le quitaban importancia a la gravedad de casos muy graves, cómo se quejaban de que la profesora en cuestión tenía que haber informado antes, cómo no conseguían entender por qué sus colegas femeninas estaban tan alteradas por estas «bromas» para empezar.

Yo, por mi parte, me he centrado en asegurarme de que los chicos reciben su castigo, son reeducados y expulsados de la clase de la profesora (permanentemente, si ella así lo desea). Esto me ha supuesto algunos conflictos ocasionales con los compañeros de la junta, pero duermo mejor todas las noches sabiendo que he dado ese paso. Sigo planteando propuestas estridentes sobre el tema en las reuniones del equipo, en especial cuando los miembros femeninos del comité no consiguen ofrecer el apoyo necesario a esas profesoras traumatizadas (y generalmente jóvenes). Todavía no lo tengo todo en orden, pero seguiré haciendo todo lo que pueda para ayudar.

4. **Los estudiantes pueden ser intimidantes.** Para cualquier profesor, independientemente de su edad o género, enfrentarse a un alumno, en particular si son de los mayores o pertenece a una «pandilla» de amigos, por su uso inapropiado del lenguaje sexualizado puede dar mucho miedo.
5. **Conmoción y vergüenza.** Las mujeres docentes me han contado que el lenguaje sexualizado directo casi les ha dejado paralizadas por la impresión. Se quedaban mudas por la sensación de vergüenza de verse asociadas con dicho lenguaje, hasta el punto de sentirse incapaces de contárselo a nadie durante un significativo plazo de tiempo.

No hace falta decir que una política escolar contra el sexismo y el comportamiento/lenguaje sexualmente inapropiado podría ser un gran avance para resolver muchos de estos problemas. Los directivos escolares tienen que darse cuenta de esto. Naturalmente, las políticas generales escolares no siempre reflejan nuestras propias convicciones. Así que, si alguna política se niega a reconocer este problema, ¿qué puede hacer el profesor de a pie con este asunto del lenguaje sexualizado?

Enfrentarse al lenguaje de los alumnos: un caso de estudio

Jordan Whale (nombre supuesto), un profesor de Cardiff, plantea una postura muy práctica:

> Estaba haciendo un trabajo de gramática con la clase de cuarto de la ESO y pedí a los alumnos que me dieran un ejemplo de verbo. Uno de los chicos gritó: «¡Violar! ¡Violar es un verbo!». Lamentablemente, esto provocó una carcajada general por parte de los demás chicos de la clase. Inmediatamente interrumpí la lección.
>
> –¿Qué has dicho?
>
> No hubo respuesta.
>
> –Justin, te lo estoy preguntando a ti. ¿Qué acabas de decir?
>
> Aún sin respuesta. Dije severamente al resto de la clase que permanecieran en silencio. Se daban cuenta de que estaba nervioso y lo comprobaron cuando pregunté:
>
> –Justin. Díselo a todos. ¿Qué es lo que acabas de decir?
>
> Al parecer, Justin no tenía interés en hablar de violación. Pero yo sí. Pedí perdón a la clase por haber parado la lección, pero quería hablar de algo serio. Pregunté a la clase por qué creían que todos los chicos se habían reído ante el comentario de Justin. Cuando vi que seguían sin enterarse, les expliqué que la sociedad hace que los chicos crean que los chistes sobre violaciones son una forma de reafirmar la masculinidad. Todos y cada uno de los chicos que se habían reído por el comentario, tanto si eran conscientes de ello como si no, intentaban demostrar a todos los demás que eran «un hombre de los pies a la cabeza». Les expliqué que, en realidad, la violación es una experiencia profundamente aterradora de la que nadie se recupera del todo. Les expliqué que los chistes sobre violaciones contribuyen a normalizarla.

Les dije a los chicos y las chicas de la clase que, a partir de ese momento, me lo dirían si volvían a escuchar chistes de ese tipo.

Dos semanas después, una estudiante vino a decirme que, a raíz de aquella conversación, pensaba que podía hablar conmigo. Me dijo que creía que una amiga suya había sido violada en una fiesta. Informé puntualmente al responsable de protección infantil de la escuela.

El contexto es esencial. Creo que la postura de Jordan era válida en su contexto y tenía una relación con su clase que le permitía mantener una conversación así de abierta y sincera. Yo adopto una postura similar. Si oigo que un chico (o una chica si se da el caso) usa palabras como «violación» o «pedófilo» de manera inadecuada, interrumpo la clase y explico a ese alumno el significado completo y real del término. Podría ser algo parecido a esto:

Daniel: Uf, James está saliendo con Susan del curso inferior. Es un pedófilo.

Profesor: Daniel, la pedofilia es un trastorno psiquiátrico por el que un adulto se siente sexualmente atraído por los niños. Un chico de quince años que mantiene una relación con una chica de catorce del curso inferior no es pedófilo, Daniel. ¿Entiendes lo que te digo? ¿Quieres que te lo explique otra vez?

O:

Ben: ¡Jo, tío! Anoche estaba jugando al *FIFA*. Me violaron del todo.

Profesor: Ben, la violación es cuando un hombre introduce su pene en la vagina, el ano o la boca de otra persona sin su consentimiento. Que te derroten en un videojuego no tiene nada que ver con la violación. La violación puede arruinar vidas y tener graves consecuencias para siempre en las víctimas. Utilizar la palabra irrespon-

> sablemente, como has hecho, es insensible e improcedente. ¿Lo entiendes? ¿Quieres que te dé más explicaciones?

Ese enfoque puede ser polémico, pero en mi experiencia, siempre tiene un impacto positivo doble. Primero, es educativo. Segundo, la prosaica franqueza del lenguaje usado en la explicación obliga al estudiante a conectar con el verdadero significado de las palabras. Según mi experiencia, los estudiantes cuyo uso del lenguaje sexualizado o de términos sexuales impropios han provocado esta reacción nunca han vuelto a repetir dichos términos, al menos que yo pudiera oírlos. Jessica Eaton, doctora, portavoz y escritora sobre el tema de la culpabilización de la víctima, está de acuerdo con este enfoque, en particular referido al uso erróneo de la palabra «violación»:

> Cuando las generaciones más jóvenes usan frases como «¡Anoche me violaron en el *FIFA!*» han llegado a un punto de trivialización total y se han desviado de la definición real de la palabra. Algunos podrían decir que entienden la palabra a cierto nivel, que saben que sería algo «malo» si les pasara. Pero, aquí lo más interesante es el paralelismo lingüístico con «ganar y perder». «¡Anoche me violaron en el *FIFA!*» significa que alguien les derrotó en el juego y que perdieron. Del mismo modo, «Anoche le violé en el *FIFA*» significa que ha ganado, generalmente con un amplio margen. Esto sin duda transforma la violación en un acto competitivo en el que se gana o se pierde. Tenemos que detener esta deriva del lenguaje tan pronto como sea posible.

La última palabra

Es tentador describir el acoso sexual en los colegios como el elefante en la habitación. Pero los elefantes son demasiado pequeños y la habitación es demasiado grande para describir con propiedad el problema que algunos centros tienen con las conductas y el lenguaje sexual inapropiado. En muchos de ellos, el acoso sexual es un mamut en una caja de cerillas. Metáforas aparte, el hecho es que el problema es grande y está ahí, y nosotros lo estamos ignorando. Lo estamos ignorando, no porque defendamos la humillación, el sometimiento y el desprecio rutinario, sino porque, hasta cierto punto, el sexismo masculino se ha normalizado. El acoso sexual es un problema que se manifiesta en el mundo adulto de muchas maneras desagradables: un tocamiento en la cocina de la oficina, una mirada lasciva en un club nocturno, una obscenidad gritada desde un coche en marcha. Pero todas estas cosas empiezan en el colegio. Los líderes escolares y los profesores tienen que hacer lo que puedan para combatir los inicios de una cultura tóxica de la violación que puede extenderse, como una niebla ponzoñosa, por las aulas y los patios de nuestros colegios.

7. En el aula

Mark Roberts

Parte A: representaciones de los géneros en los textos

La historia

Una editora de diseño está sentada detrás de su escritorio de metal cromado y cristal hojeando posibles cubiertas para el nuevo libro de texto del curso de Desarrollo Infantil del Consejo de Educación Empresarial y Tecnológica (BTEC). Tras tachar con una gran X la prueba de la portada verde, se decide por la de colores pastel con la imagen de una chica con chubasquero magenta que sirve una imaginaria taza de té.

A la bibliotecaria de la escuela se le ocurre renovar su mural en un intento de animar a los chicos a leer más. Retira la cronología de clásicos de la literatura y sustituye el cartel de aspecto ajado por carteles de temas deportivos que incluyen imágenes de estrellas de la Premier League con una novela que trata de un chico joven que sueña con convertirse en futbolista profesional.

Una abuela que busca en la red ideas para regalos de Navidad acaba haciendo las búsquedas «regalos para chicos de cinco años» y «regalos para chicas de siete años». Después de considerar las recomendaciones, se decide por comprar un Lego de *La guerra de las galaxias* para James y un ejemplar de *La telaraña de Carlota* para Jemima.

Un profesor de primaria, que escucha leer a un niño durante una clase, se muestra sorprendido por su elección de un libro de no ficción, *Mi primer libro de costura,* y le pregunta si no ha visto los libros sobre el espacio y los dinosaurios.

La investigación

Como veremos en el capítulo 8, la socialización para que los niños acepten las normas de género estereotipadas empieza pronto, con el uso de juguetes, disfraces y los comentarios sobre sentimientos. Sería tranquilizador pensar que, cuando se trata del serio asunto de la educación en los primeros años –como aprender a leer– se acerca a los niños a textos que evitan estos estereotipos. Lamentablemente, ese no es el caso.

Esto no se debe a una falta de conocimiento por parte de los editores. Los editores son conscientes de que propagan estereotipos de género. Macmillan, una de las principales editoriales de libros de texto a nivel mundial, ya en 1975 admitía que:

> A los niños no solo se les enseña matemáticas y lectura; también están aprendiendo, a veces subliminalmente, lo que piensa la sociedad de determinados grupos de gente.[1]

Macmillan reconocía que las fuentes de educación contribuyen al «currículo oculto» y, por lo tanto, enseñan a los niños tanto sobre actitudes hacia el género, las etnias o las clases sociales como sobre fracciones, comas y volcanes. En su estudio, que arranca con el repaso de veinticinco años de investigación sobre la masculinidad en los libros de texto para niños, Lorraine Evans y Kimberly Davies[2] encontraron los siguientes estereotipos negativos de hombres y mujeres en la década de 1970:

- Las mujeres aparecen muy rara vez en roles ocupacionales.

- Los hombres aparecen muy rara vez roles «de padres o cuidadores».
- A los chicos nunca se les ve con muñecas, flores, etcétera.

Pero ¿no han cambiado las cosas?

Naturalmente, estos retratos sexistas y unidimensionales son de esperar en una época menos progresista. Seguramente, si echáramos un vistazo a estudios con material más reciente, la situación sería diferente, ¿no? Tristemente, no. En un estudio del 2000 que analizaba los personajes de una amplia gama de libros de textos elementales, Evans y Davies encontraron que:

- Se mostraba a los varones como «significativamente más agresivos, argumentativos y competitivos que las hembras».
- Era mucho menos probable que los varones «fueran descritos como afectuosos, emocionalmente expresivos, pasivos o tiernos».

Lo cierto es que el *statu quo* se mantiene, y las autoras concluyen que «se retrata a los personajes masculinos de la misma manera que hace veinte años».

Otros investigadores han mostrado que las ilustraciones de los libros de texto para niños también contribuyen a la formación temprana de estereotipos de género. Narahara[3] defiende que las ilustraciones de los libros funcionan como una definición visual de los estándares preconcebidos del comportamiento masculino y femenino.

Tradicionalmente, se representa a los personajes femeninos como pasivos y obedientes, ocupando roles en la esfera doméstica/privada, mientras los personajes masculinos se retratan como dominantes y activos, tomando decisiones en la esfera pública. Por cierto, merece la pena señalar que Narahara cita estudios que han descubierto que los niños a los que se les dio literatura no sexista experimentaron efectos positivos que incluían la mejora del «concepto de sí mismos, las actitudes y el comportamiento»[4].

Libros para chicos; libros para chicas

Y entonces, ¿qué pasa cuando los autores hacen el esfuerzo de crear personajes no estereotipados, concebidos para interesar por igual a ambos géneros? Gabrielle Kent, autora de la serie *Alfie Bloom* de libros infantiles, cree que, con demasiada frecuencia, son los adultos los que «impiden a los chicos leer libros con protagonistas femeninas». Kent explicaba en una serie de tuits[5] que, durante el tiempo que pasó en librerías firmando ejemplares de su última novela *Knights and Bikes,* los chicos que pedían un ejemplar de su novela –y otros libros con la palabra «bruja» en el título– se encontraban muchas veces con que los padres les decían que no, porque «eso era de chicas». Ella plantea la siguiente pregunta: «¿Por qué los padres que están encantados de que sus hijas lean a Harry Potter tienen miedo de que sus hijos lean cosas de brujas?».

Kent cree que algunos editores son cómplices de esta orientación de género en sus libros:

> He visto a editores que elegían portadas demasiado siniestras y aterradoras en relación con el contenido del libro con el fin de engañar a los chicos para que los lean. Y las chicas me dicen que les han gustado, pero que casi no los leen porque creían que eran libros de miedo.

En concreto, Kent defiende que los chicos jóvenes se beneficiarían de leer sobre protagonistas femeninas representadas de una manera que no coincida con la imagen que se da de las chicas en los medios:

> Leer sobre chicas peleonas que viven aventuras increíbles, resuelven misterios y salvan el mundo ayuda a que los chicos vean a las chicas bajo una

luz diferente a la de las que chillan por una araña de goma en los anuncios de juguetes. Dejemos que los chicos lean las historias que quieran.

Hay un monstruo (macho) en tu libro

No es de extrañar que Kent se sienta frustrada con las descripciones de género de los libros infantiles. Tan solo en enero de 2018, una encuesta llevada a cabo por el periódico *The Observer* descubrió que los personajes masculinos antropomorfizados de los libros infantiles más populares de 2017 seguían describiendo estereotipos de género perniciosos. Los personajes masculinos se representan por lo general como «bestias poderosas, salvajes y potencialmente peligrosas, como dragones, osos y tigres», en contraste con los personajes femeninos que son más a menudo personificados en «criaturas vulnerables como pájaros, gatos e insectos». Al igual que en los textos de cincuenta años antes, es mucho menos probable que los adultos masculinos aparezcan en papeles de proveedores de alimento y cuidado.

O sea que, al parecer, en un período particularmente influenciable de su desarrollo, los niños son atiborrados con una dieta permanente de roles de género tradicionales en su material didáctico.

Representaciones de género en los libros de texto universitarios

¿Y qué hay de los libros de texto para los estudiantes mayores? ¿Es posible que ofrezcan una lectura más matizada de las expectativas de género?

En un repaso general de las investigaciones hechas sobre los textos dirigidos a los estudiantes de Psicología Educativa a nivel universitario, Yanowitz y Weathers[6] notaron que «las fotografías que ilustran la enfermedad mental y las situaciones de terapia representaban un número desproporcionadamente mayor de mujeres que de hombres». Por esta razón, podría deducirse que ciertos contenidos de los libros de texto contribuyen al estigma social y al silencio que envuelve los problemas de salud mental de los hombres. Además, los ejemplos ficticios para usar en las clases que son comunes en estos libros para profesores en prácticas también contienen situaciones que refuerzan las presunciones sobre los comportamientos estereotípicos de hombres y mujeres. Por ejemplo, en un supuesto «en el que un niño hace *bullying* a otro y le hace llorar», habitualmente será un perpetrador masculino, perpetuando en el futuro profesor la visión negativa del comportamiento de los chicos en el aula. Como dicen Yanowitz y Weathers:

> A medida que los estudiantes avanzan en el programa propuesto por un profesor, se van formando gradualmente un esquema o expectativa de cómo funciona una típica clase, incluyendo las ideas sobre lo que es el comportamiento apropiado de los chicos y las chicas en el aula.

Las soluciones

Consejos para los profesores

A menos que queramos organizar un boicot a los libros de texto con estereotipos de género, o encender una hoguera gigante delante del edificio de ciencias, vamos a tener que aguantarnos con los libros que están en el mercado. Después de todo, a lo largo de la mitad del siglo pasado pocos estudios han encontrado libros de texto que describieran el género de manera neutral y libre de sesgos. Esto es lo que se podría hacer:

- Ocuparse de que nuestros recursos propios no caigan en la (fácil) trampa del género estereotipado. Por ejemplo, ¿qué mensaje subliminal envía una imagen aparentemente inocente en la que se ve a un chico «empollón» que lleva una bata de laboratorio y gafas, pegada debajo del tablón de horarios de las clases de ciencias?

- Durante las lecciones, hacer notar los estereotipos de género de los libros cuando los encontramos. ¿Qué podríamos decirle a la clase cuando nos enfrentamos a estos extractos?

1. La mamá de Claire usa un espray para limpiar la cocina cuando hace la casa todos los días. Quiere comprar unos recambios. Hay dos precios en oferta:
   A. Tres botellas por 4,50 euros.
   B. Una botella por 1,99 euros.
   ¿Cuál es el mejor precio?
2. A continuación, vemos una lista con los cinco autores más importantes de la era victoriana. Elegir uno de ellos para estudiarlo como parte de los deberes, haciendo un resumen de su vida y sus mayores logros en un folio a una cara:
   A. Charles Dickens.
   B. Robert Louis Stevenson.
   C. Thomas Hardy.
   D. Lewis Carroll.
   E. Anthony Trollope.
3. Ser capaz de hacer un placaje es esencial en el rugby. Ayuda a recuperar el balón o a evitar que un jugador del equipo contrario marque. El tiempo y la técnica son esenciales para prevenir las lesiones.

   Paso A

   Por motivos de seguridad, situarse a la derecha del jugador contrario.

   A continuación, empujar el hombro derecho contra el muslo derecho del otro jugador.

Puede parecer pedante señalar el lenguaje de estos ejemplos aparentemente inocentes, pero me gustaría sugerir que, si queremos evitar incluir en las clases un currículum oculto perjudicial, se hace necesario un debate sobre los efectos de los estereotipos de género.

Lista de lecturas recomendadas

La página web Gender Equality Charter[7] tienen una lista excelente de textos no estereotipados, además de otros enlaces.

Estas son algunas sugerencias de su lista para los lectores más jóvenes, junto a otras que me gustan[8]:

- *Cuentos para niños que se atreven a ser diferentes* de Ben Brooks.
- *Cuentos de buenas noches para niñas rebeldes* de Elena Favilli.
- *Mujeres de ciencia: 50 intrépidas pioneras que cambiaron el mundo* de Rachel Ignotofsky.
- *Grandes mujeres que cambiaron el mundo* de Kate Pankhurst.
- *El lobo salvaje* de Katherine Rundell.
- *El último rebaño* de Piers Torday.

Unas recomendaciones para los estudiantes mayores:

- *Sexismo cotidiano* de Laura Bates.
- *How Not to Be a Boy* de Robert Webb.
- *La mano izquierda de la oscuridad* de Ursula K. Le Guin.
- *El poder* de Naomi Alderman.
- *Días sin final* de Sebastian Barry.
- *Las ventajas de ser un marginado* de Stephen Chbosky.

Parte B: ¿necesitan los chicos que les den clases hombres? ¿Cambiarían las cosas las clases segregadas por sexos?

Como ilustraba el capítulo 3, muchos chicos adoptan actitudes de trabajo antiescolares porque esforzarse por alcanzar el éxito académico se considera afeminado. Aún más, algunos cronistas[9] han declarado que los chicos han sufrido como consecuencia de las políticas que han empoderado a las chicas y mejorado sus resultados educativos, y que la «feminización» de la enseñanza necesita frenarse para buscar una mejora en los resultados de los chicos. El argumento es como sigue: los colegios están demasiado feminizadas, así que atraigamos a los chicos con la masculinidad, demostrándoles que los hombres de verdad pueden trabajar duro y sacar buenas notas. Una respuesta sencilla ante las corrosivas actitudes antiescolares de los chicos, de acuerdo con esta teoría, sería asegurarnos de que los alumnos chicos reciben clases de docentes hombres que se comportan y enseñan de manera diferente a las mujeres docentes y que, además, actuarían como modelos positivos de conducta masculina. Esta necesidad de «agrupar» parece ser particularmente relevante en asignaturas que se perciben como típicamente femeninas (como Lengua), y en la escuela primaria, que se suele ver como un entorno típicamente nutricio y acogedor –y, por consiguiente, femenino–.

La gran pregunta es: ¿funciona este punto de vista?

La historia

Hace poco visité un centro escolar en el sudoeste de Inglaterra. A pesar de dar una imagen de mejora general, los chicos daban resultados malos comparados con las chicas. Había una brecha de género grande en sus logros. Sin embargo, el Departamento de Lengua tenía más éxito. Los chicos seguían por detrás de las chicas en Lengua, pero la brecha era mucho menor que en otras asignaturas. Quise descubrir qué hacían los de Lengua que no estaba haciendo el resto de la escuela. Hablando con el coordinador de la asignatura me quedó claro que una de las cosas diferentes que estaban haciendo en Lengua era una clase solo de chicos. Antes, según me dijeron, los chicos alborotaban en clase, se esforzaban poco y se distraían a menudo con la presencia de las chicas. Confinarlos en una clase tenía sentido: menos interrupciones para las chicas (y los chicos que querían sacar adelante el trabajo), menos problemas en clase para los profesores y un grupo seleccionado de chicos capacitados pero de bajo rendimiento.

¿Funcionaba la estrategia?

Al entrar en el aula, me impresionó su atmósfera de concentración y estudio. Desde el primer momento, se les hizo preguntas complicadas sobre su conocimiento de los textos literarios que habían estudiado –incluidas algunas de temas que llevaban tiempo sin tocar en clase–. La mayoría de sus respuestas eran correctas. No había evasivas. El trabajo era difícil. Los chicos respondían. Pronto llegó el momento de recoger los deberes de casa. Anteriormente, estos chicos no hacían los deberes. Pero se había dado un cambio en las actitudes respecto a estudiar en casa: ese día solo dos de una clase numerosa no habían hecho los deberes. Se les dijo que los tendrían que hacer a la hora del almuerzo. Aceptaron el castigo sin rechistar. Miré sus apuntes. Tenían señales de productividad y de análisis de calidad. La previsión de notas había subido ostensiblemente desde el año anterior.

A lo largo del día tuve la oportunidad de entrevistar a un grupo de chicos de la clase. Adoraban a su profesor de Lengua. Era divertido. Se podían reír con él. Les entendía. Sabía cómo sacar lo mejor de cada uno. Se notaba que amaba los libros que estaban estudiando. Conocía la asignatura de pe a pa. Con él sabías a qué atenerte. No permitía la menor tontería.

¿Había sido testigo de una estrategia clave para aumentar el rendimiento de los chicos? ¿Trabajan mejor los chicos en grupos de chicos solos? ¿Los chicos prefieren hombres como profesores? ¿Y obtienen mejores resultados cuando el docente que tienen de pie ante ellos resulta que tiene un cromosoma Y?

La investigación

Regresaremos a la clase de los chicos superestrellas en breve. Pero antes, veamos lo que dicen las investigaciones de su triunfo.

Una encuesta a gran escala hecha en 1988[10] por el National Educational Longitudinal Study se centraba «en cómo los profesores se relacionan y evalúan subjetivamente a sus estudiantes y en cuánto aprendían, medido con unos test estandarizados». Apoyándose en amplias muestras de población, los investigadores descubrieron que «no había pruebas de que, comparado con los profesores blancos, las profesoras blancas subieran o bajaran las calificaciones ni de los estudiantes blancos ni de las estudiantes blancas en ninguna asignatura»[11]. En otras palabras, el género del docente no suponía ninguna *diferencia* en la puntuación académica entre chicos y chicas.

Estudios posteriores añadieron peso a la teoría de que a los estudiantes no les preocupa el género de los profesores. Becky Francis y otros[12] encontraron que «una abrumadora mayoría de los alumnos encuestados consideraban que el género de los docentes era intrascendente y un gran número de encuestados opinaban que hombre o mujer es "lo mismo"». Con esto querían decir que la naturaleza de su labor profesional como profesores ejerce mayor influencia que sus características personales:

> Los niños entienden mayoritariamente que el propósito, o el «rol», del profesor es enseñarles; lo que les preocupa es la capacidad del profesor para hacer su labor de manera eficaz, más que lo que consideran que son factores irrelevantes, como el género.[13]

Otros estudios realizados en Inglaterra[14], Finlandia[15] y Australia[16] también han desvelado que los alumnos de ambos sexos le dan muy poca importancia al género de su docente, aunque estudios posteriores sí han encontrado una notable excepción: los alumnos que quieren hablar de asuntos personales prefieren con diferencia hacerlo con un docente de su propio género.

¿Un profesor hombre típico?

Dejando a un lado los asuntos de intimidad personal, ¿por qué otra razón podría darse que a los alumnos no les importe el género de sus docentes? En otro trabajo de investigación sobre las prácticas en el aula de los docentes hombres en la escuela primaria, Francis[17] destaca que «es absurdo esperar que los docentes hombres enseñen o se relaciones con los alumnos de manera previsible o uniforme simplemente basándose en su "masculinidad"». De hecho, los profesores que estudió Francis en su trabajo desarrollan «prácticas pedagógicas, eficacia disciplinaria y actitudes ante los alumnos y hacia el rol del docente marcadamente opuestas». Y, bien pensado, por supuesto que tiene sentido. Después de todo, ya hemos visto en el capítulo 1 que no existe el alumno masculino típico. Los chicos tienen tantas diferencias entre ellos como las tienen con las chicas. Así que, ¿por qué íbamos a suponer que existe la figura del hombre docente típico? E incluso, si existiera, ya sabemos que la búsqueda de la relevancia es fútil, que no podrían justificar los diferentes intereses, aspiraciones y necesidades de los alumnos que casualmente comparten la designación de «chico». Por eso no es de extrañar que la investigación de Francis encontrara profundas contradicciones en las declaraciones de los alumnos en las que calificaban a los docentes hombres al mismo tiempo de «más estrictos» y «más amables» que sus homólogas femeninas.

Por lo tanto, es difícil garantizar que los alumnos masculinos vayan a identificarse y admirar a un docente del mismo género. En realidad, algunos investigadores[18] han aseverado que la intención de algunos hombres docentes de establecer una buena relación con su «fraternidad» puede favorecer, involuntariamente, las ideas de masculinidad estereotipada, exacerbando las actitudes antiescolares ya existentes. Para un profesor es bastante fácil ganar popularidad entre los chicos alborotadores burlándose de uno de ellos. Por ejemplo, podría hacerles reír fácilmente haciendo un comentario sarcástico sobre la bolsa rosa de uno de ellos («Josh, ¡qué complemento tan masculino ese que llevas!») pero ¿a qué precio? Y ¿qué mensaje implícito trasmitiría? Christine Skelton señala la lógica contradictoria del impulso de masculinizar la mano de obra en la escuela primaria:

> Los Gobiernos no han sido claros sobre el tipo de profesores de primaria que son necesarios para motivar a los chicos a trabajar más en la escuela. Si el «machotismo» de los chicos es identificable con las actitudes antiescolares, entonces los docentes hombres tienen que ser la antítesis a esas construcciones masculinas, pero, si no recurren a formas hegemónicas de masculinidad (tales como «echarse unas risas», ser competitivos, disfrutar del deporte) es muy probable que los chicos no consigan identificarse con él.[19]

Aulas de un solo género

O sea que, si los docentes hombres como modelos de conducta no son la respuesta, ¿lo son las clases de un solo género? Después de todo, las escuelas de un solo género con frecuencia copan titulares[20] por ocupar los puestos más altos de las calificaciones en los exámenes. ¿A lo mejor un poco de segregación con horario regulado lleva a unos resultados positivos similares en entornos mixtos?

Durante al menos la última mitad de siglo o así, las clases de un solo sexo en escuelas mixtas han sido una estrategia recomendada regularmente, en uno u otro momento, por políticos, departamentos gubernamentales y expertos en educación. Entre las razones más repetidas para separar a los chicos y las chicas se incluyen:

- Eliminar la distracción del flirteo con el sexo opuesto.
- Que las chicas se sienten menos tensas y son más capaces de aportar respuestas sin la presencia de los chicos.
- Ayudar a que las chicas intenten tener éxito en asignaturas consideradas «masculinas» como las de ciencias, tecnología, ingeniería y medicina, y acercar a los chicos a asignaturas «femeninas» como la lengua y los idiomas extranjeros modernos.
- Los chicos alborotan más que las chicas; las clases de chicas solas evitan que el aprendizaje de estas se vea injustamente entorpecido por los chicos.
- Los grupos de chicos solos permiten que los profesores se centren en estrategias que interesan más a los chicos.

Un estudio muchas veces citado que llevaron a cabo Rowe y otros en 1986[21] concluía que los chicos y las chicas en clases de un solo sexo eran más seguros y rendían mejor que sus equivalentes en clases mixtas. De hecho, Rowe y los demás aseguraban que «la mejora más notable entre las dos pruebas se notaba entre las chicas de clases en las que solo había chicas, seguidas de los chicos de clases solo de chicos». Sin embargo, Marsh y Rowe revisaron los datos en 1996 y se dieron cuenta de que el efecto de las clases de un solo sexo era menos destacado de lo que se había indicado al principio. Esto se debía a que «las mejoras significativas que hacían los alumnos en las clases mixtas habían sido descaradamente ignoradas en el primer análisis»[22].

Incluso si los impresionantes resultados pregonados en el estudio original de Rowe hubieran sido correctos, bien pudiera haber otras variables que arrojarían dudas sobre el remedio milagroso de la educación segregada para mejorar los resultados de chicos y chicas. Harker argumenta que, debido a que son estadísticamente mucho más selectivas, «las escuelas de un solo sexo acaban reuniendo un grupo de alumnos socialmente más exclusivo, que tienen niveles de rendimiento anterior considerablemente más altos que los alumnos de escuelas mixtas»[23]. Por ejemplo, Harker cita un estudio de Bell de 1989 que asegura que las mejoras de resultados en ciencias eran principalmente una consecuencia del hecho de que, en su muestra, «el 40 % de las escuelas de un solo sexo o eran privadas o *grammar schools* elitistas, mientras que solo el 3 % de las escuelas mixtas entraban en esas categorías»[24]. De hecho, Harker asegura que, en los estudios que mejores resultados atribuyen a las escuelas mixtas, «cuando se ejerce un control adecuado sobre los distintos niveles de habilidades y la mezcla social y étnica de los dos tipos de escuela, las diferencias iniciales desaparecen».

Un estudio australiano[25] de 2004 desveló que, aunque los resultados en Matemáticas no mostraban diferencias significativas, los de Lengua mejoraban en los alumnos que asistían a clases de un solo sexo. Los grupos solo de chicas conseguían mayores avances que los de chicos, pero, aun así, los grupos de chicos solos aventajaban a los chicos de clases mixtas. Sin embargo, los investigadores admitían que es difícil esgrimir un estudio pequeño como prueba de que las clases de un solo sexo mejoran los resultados. Como explican, «otros factores importantes como la calidad y naturaleza del currículum, la pedagogía, los niveles de madurez psicosexual en las relaciones hombre/mujer, la presión de los pares masculinos [...] son variables significativas que tienen impacto en los logros de resultados educativos tanto de los chicos como de las chicas»[26].

Un patrón conocido

Este es el patrón que se encuentra en muchos estudios clásicos y que han utilizado como prueba muchos defensores de la educación segregada frente a las escuelas mixtas: unos impresionantes resultados que no pueden demostrar su certeza en que la ausencia del otro género haya causado realmente alguna diferencia. Otro problema asociado con los estudios es que se centran estrictamente en los resultados como medida del valor de los grupos segregados. Como decía Carolyn Jackson[27] en 2002: «Hay una tendencia creciente entre los investigadores educativos con interés en el género de centrarse casi exclusivamente en el logro y descuidar los problemas de interacción en la clase». En otras palabras, las afirmaciones sobre si el agrupamiento por sexo único es efectivo se basan en los resultados, sin considerar las relaciones.

Afortunadamente, un completo metaanálisis de 184 estudios realizado en 2014 por Pahlke y otros, en el que se recogían datos de más de millón y medio de estudiantes, aclaró un montón de afirmaciones y estrechó el campo de investigaciones previas. Analizando una amplia variedad de asuntos –entre ellos el logro académico, las actitudes hacia la escuela y las relaciones– encontraron que en estudios de dudosa metodología y poco control (los que a menudo citan los abogados de la educación de un solo sexo), en los grupos estudiados se encontraban grandes cifras a favor de la educación de un solo sexo. Sin embargo, en los estudios controlados (los que tomaban en cuenta otros factores como el entorno socioeconómico, las políticas de admisión selectivas o las aulas de menor número), encontraron que los grupos afectados se «acercaba a cero». Esto llevo a Pahlke y sus colegas a una conclusión evidente: no existe una prueba clara para indicar que las escuelas o las clases de sexos separados aporten ninguna clase de ventaja educativa.

¿Hay más desventajas en la educación segregada?

Halpern y otros[28] manifiestan que los entornos de un solo sexo aumentan en el alumnado la conciencia de diferencia de género. Este estereotipo surge, según declaran, «porque el contraste entre la clase segregada y la estructura de clase mixta del mundo que les rodea proporciona a los niños una prueba de que el sexo es una característica humana esencial por la que los adultos organizan la educación». En otras palabras, al separar a los niños por género para su educación, los adultos refuerzan su idea de la diferencia sexual, limitando «las oportunidades de los niños para desarrollar un abanico más amplio de comportamientos y actitudes»[29]. Esto es particularmente cierto en el caso de las aulas de un solo sexo en las que los profesores intentan recurrir a las supuestas preferencias didácticas de un género. Como destacaba el capítulo 1, enseñar ateniéndose a estereotipos de «lo que les gusta a los chicos» (moverse por la clase, deportes, competición, libros para chicos, etcétera) es contraproducente porque refuerza los estereotipos de género y deja a algunos chicos académicamente atrás. Un estudio australiano realizado por Martino y otros[30] documenta algunos ejemplos inquietantes de lo que puede pasar cuando los profesores bienintencionados pero equivocados recurren a ideas estereotipadas sobre la masculinidad:

> [Un docente hombre de una clase solo de chicos] puso en marcha un plan de estudios para los chicos basado en actividades que incluía la «participación activa» [...] a los chicos se les daba permiso para que salieran de clase entre tres y cinco minutos para correr por el campo de deportes. Se refería a esto como «sesiones de subida de testosterona»

> y aseguraba que esto ayudaba a los chicos a gestionar sus altos niveles de energía. También creía que «los chicos son muy competitivos» y «les encanta el deporte». También se consideraba que eran más activos que las chicas en su postura ante el aprendizaje.

Por supuesto que los chicos disfrutaban de esos interludios en las clases. ¿Cómo no les iba a gustar una buena «subida de testosterona» para romper la monotonía de la rancia y aburrida aula? Desgraciadamente, como descubrieron los investigadores, la clase empezó a notar que, a pesar de la felicidad que les daban sus juergas pedestres, estaban muy lejos de cubrir el kilometraje académico:

> la pedagogía y el currículum en las clases de género mixto eran más exigentes intelectualmente que las separadas por géneros. Aunque aparentemente eran menos divertidas, los chicos de las clases mixtas tenían la sensación de que se les estaba preparando mejor para enfrentarse a las exigencias futuras de los estudios superiores.[31]

La atmósfera de las clases solo para chicos

Además de los peligros de enseñar en las clases segregadas con una diferencia de género reconocida, Jackson[32] señala el argumento mantenido a lo largo de la historia de que enseñar a los alumnos en clases mixtas es eficaz debido a los efectos positivos de tener compañeras femeninas en el aula. Como destaca Jackson, «la idea de que las chicas actúan como influencia civilizadora sobre los chicos y, por consiguiente, realzan su rendimiento viene desde Dale (1969, 1971, 1974) y antes».

Las pruebas de otros estudios respaldan la idea de que el comportamiento en el aula puede deteriorarse en ausencia de las chicas. Un estudio de Gray y Wilson[33] centrado en estudiantes del primer curso de secundaria de una escuela norirlandesa situada en una cuenca hidrográfica con población mayoritaria de clase trabajadora, descubrió que las clases de un solo sexo no gustaban nada a los profesores. Cuatro años después de la iniciativa de agrupar por sexos, el 77 % de los docentes sentían que «las clases de un solo género no tenían un efecto positivo en la conducta de los chicos», mientras que el 61 % pensaba que no había mejorado el rendimiento académico de los chicos. Las razones eran evidentes: un aumento de la competitividad y el matonismo, especialmente entre los chicos; clases de grupos inferiores solo para chicos «altamente estresantes»; un declive en los resultados académicos comparado con los años anteriores. El estudio de Carolyn Jackson desveló preocupaciones similares, esta vez desde la perspectiva de los estudiantes. Los chicos sentían que se les castigaba más duramente en los grupos de chicos. Entre otras preocupaciones estaban «las peleas y la hostilidad», y casi un tercio de los chicos apuntaban a la violencia y a una actividad física excesiva como «las peores características de las clases de chicos nada más». Halpern y otros están de acuerdo y citan estudios que muestran que los chicos que pasan más tiempo con otros chicos «se vuelven más y más agresivos» y pueden «exponerse a un mayor riesgo de problemas de conducta», mientras que las chicas que más tiempo pasan con otras chicas «se vuelven más estereotipadas en su género»[34].

La presencia de las chicas y el «papel de cuidadora»

Asimismo, un estudio[35] de 2007 de Lavy y Shlosser descubrió que el aumento de la proporción de chicas en las clases de las escuelas israelíes originaba una «mejora significativa en los resultados cognitivos de los estudiantes». Lo que es más, los autores encontraron que una subida en la ratio hombres/mujeres reducía «el nivel de interrupciones y de violencia en la clase», mejoraba «las relaciones entre estudiantes y con el profesor además de la satisfacción general de los estudiantes con la escuela y disminuía la fatiga de los docentes». Es interesante que el comportamiento de los alumnos a nivel individual no cambió. La reducción de los jaleos era el resultado de un «cambio compositivo». Para decirlo claramente, tener más chicas en las clases significaba que el mal comportamiento rara vez llegaba a producirse.

Aunque poner más chicas en el aula no funciona como una varita mágica del comportamiento, tenerlas en clase con los chicos contribuye a una disminución de las interrupciones. Y las clases tranquilas con un mínimo de interrupciones son buenas para mejorar los resultados de los chicos y de las chicas. Pero la idea de utilizar a las chicas de esta manera incomoda legítimamente a muchos docentes. Sí, la neutralización del mal comportamiento es un bien universal, pero utilizar a las chicas en las clases como «influencia civilizadora» –en lo que Jackson califica de «rol de cuidadora»– supone el riesgo de mantener un entorno en que se espera de las chicas que, gracias a su «mejor naturaleza», pongan orden entre los chicos. Como veíamos en el capítulo 6, las chicas son a menudo víctimas de acoso sexual por parte de los chicos; utilizar a las chicas como influencia civilizadora no es suficiente. Los chicos tienen que ser educados de manera que cambien sus actitudes, dejando libertad a las chicas para sentarse junto a los chicos con seguridad, sabiendo que su aprendizaje no va a ser interrumpido ni que van a ser objeto de abusos y toqueteos durante las clases.

Las relaciones en la clase entre chicos y chicas, sin embargo, no son tan claras como podríamos imaginar en principio. Los grupos de chicas solas podrían ofrecer un santuario ante la distracción y el abuso, pero como han mostrado Kenway y Willis,[36] «las chicas quieren que la reforma de género cambie a los chicos, para que intenten ver las cosas desde la perspectiva de las chicas, para que los chicos se enfrenten a sus sentimientos y para que sean emocionalmente más maduros». Ha llegado el momento de aclarar algo que puede parecer obvio, pero se podría olvidar en el clamor de «proteger» a las chicas: a pesar de las conductas problemáticas de algunos chicos, lo cierto es que a las chicas les gusta estudiar con ellos. Los chicos tienen que cambiar. Las chicas quieren que cambien. Las chicas quieren trabajar con ellos. La segregación empeora las cosas.

¿Qué es más importante, el género del docente o sus expectativas?

Volvamos a la escuela de la que hablamos antes. La del tan prometedor grupo lleno de chicos. ¿Cómo es posible que esa clase solo de chicos, que yo conocí de primera mano, estuviera floreciendo? ¿Cómo es que habían subido las notas? ¿Cómo habían mejorado sus actitudes? ¿Cómo es que les iba mejor que a los chicos de las clases mixtas? Bueno, hay una plétora de variables que se podrían tener en cuenta. Dinámicas de clase. Influencia positiva de los pares. Niveles de desarrollo de madurez. Mejores enfoques al embarcarse en los cursos finales de secundaria. Pero, bien pensado, desde mi punto de vista había una cosa que era la principal responsable de sus mejoras en resultados y comportamiento: su profesor. El hecho de que fuera un hombre es irrelevante. Era divertido, lo que ayudaba a establecer una buena relación, pero –y la verdad es que esto no debería hacer falta que se diga– una profesora podría haber desarrollado una relación similar basada en el humor sin problemas. Como hemos visto antes, el National Educational Longitudinal Study de 1988[37] estableció que «el género del docente no supone *ninguna diferencia* para los chicos y las chicas en cuanto al logro académico». Recordemos también que la investigación de Francis y otros[38] referente a la percepción de los alumnos desveló que una mayoría aplastante de los alumnos entrevistados consideraban irrelevante el género de su enseñante. Sin embargo, lo que era extremadamente relevante en este caso era la experiencia, el conocimiento y las habilidades didácticas del docente. Dylan Wiliam[39] sostiene que, en la conquista de un rendimiento mejor «lo único que importa es la calidad del docente». Y explica:

> En las aulas de los mejores profesores, los estudiantes aprenden el doble que en las clases del profesor medio [...]. Más aún, en las clases de los profesores más eficaces, los alumnos de entornos desfavorecidos aprenden lo mismo que los de entornos privilegiados y los que tienen dificultades de comportamiento aprenden tanto como los que no las tienen.

El profesor que yo vi con esta clase de chicos había proporcionado a sus alumnos, con su capacidad, las siguientes cosas:

- **El repaso constante:** revisando las cosas que habían estudiado antes para garantizar que se fijaban en la memoria a largo plazo.
- **Hacer los deberes:** desarrollando el conocimiento de los temas que estudiaban en ese momento, además de los contenidos que no habían visto desde hacía algún tiempo.
- **Poner un esfuerzo total en su trabajo:** la caligrafía desaliñada y la ortografía y la puntuación chapuceras no obtenían respuestas. Si ellos no se molestaban en intentarlo, él no se molestaba en calificarlo. El reto era fuerte, el apoyo estaba disponible para algunos y la clase en su totalidad estaba a la altura.
- **Ganar respeto para su asignatura:** este profesor conocía su materia y le encantaba enseñar Lengua. Su entusiasmo se contagiaba a los alumnos.
- **Concentrarse y escuchar las instrucciones**: entre chistes,

anécdotas entretenidas y un claro cariño por sus alumnos, había un sentido de autoridad tácita pero palpable. Aquella era su clase y en ella no se toleraban las interrupciones de ningún tipo.

- **Tratarse unos a otros con respeto:** el humor era afectuosamente chusco, pero no había «burlas». El comportamiento cortés se favorecía y aplaudía. Los alumnos hablaban con respeto a sus pares.
- **No tolerar las actitudes sexistas:** el profesor es un modelo de conducta. No solo un modelo masculino para los chicos, sino un modelo general para adolescentes de cualquier género.

Sus alumnos prosperaban. Pero también lo habría hecho cualquier otro alumno –chico, chica, negro, blanco, de clase media o de clase trabajadora– en este entorno. El efecto de este profesor en concreto probablemente habría logrado cambiar las cosas.

Las soluciones

Consejos para los líderes escolares

Gran parte de las investigaciones que hemos citado en los capítulos anteriores sostienen que es más fácil que la enseñanza con habilidades mezcladas lleve a mejoras en los resultados de los chicos que el agrupamiento por «habilidad». Pero muchos directores y subdirectores aseguran que las pruebas respecto a los agrupamientos no son definitivas y prefieren seguir con lo que creen que es lo más eficaz en el contexto de sus escuelas. Aunque nosotros sugerimos que los grupos de habilidades mixtas de todas las asignaturas son el método más eficaz y equitativo, alguien podría sentirse más cómodo, digamos, usando el agrupamiento en asignaturas que se consideran jerárquicas por su contenido, como las Matemáticas, la Lengua y las Ciencias. En cualquier caso, es esencial que los directores presten una cuidadosa atención a los grupos que se montan y se piense largo y tendido sobre las razones para hacerlo así. Entre los factores que hay que estudiar están:

- ¿Cuáles son las proporciones hombre/mujer, especialmente en los grupos superiores/inferiores (si los hay)?
- ¿Cuántos chicos hay en los grupos superiores?
- ¿Qué proporción de estudiantes en desventaja hay en los diferentes grupos?
- ¿Estamos agrupando por habilidades reales o por habilidades *potenciales?* Es necesario ser concienzudo y totalmente sincero en este punto de reflexión: revisemos las puntuaciones de primaria, no solo las que obtuvieron en el examen final del primer año de secundaria. ¿Se refleja su habilidad real en su «habilidad» actual o solo es un reflejo de su desinterés por el currículum/grupo al que se les ha condenado o de la actitud del profesor?
- ¿Hay un sesgo involuntario (espero) contra algunos chicos que crea una atmósfera de bajas expectativas y bajos incentivos?
- ¿Se pone a los «chicos difíciles» con profesores que consideramos que pueden enfrentarse a ellos a su nivel? Sean hombres o mujeres, ¿se ven estos profesores obligados a recuperar estereotipos y convertirse en «cómplices culturales» que tienen que recurrir a su faceta «masculina» asertiva y agresiva para hacer frente a su comportamiento? Si es así, ¿qué mensaje estamos enviando a los otros profesores y a los alumnos?

Consejos para los profesores

A. Pensar bien la distribución del aula

Independientemente del rango de edad de los alumnos, de si impartimos clase en una escuela privada de mil euros al mes, una escuela de primaria o un centro de recuperación de alumnos[40], necesitamos maximizar el aprendizaje decidiendo dónde se sientan los alumnos. Aquí tenemos algunos errores comunes que he visto a la hora de distribuir a los chicos (y a las chicas):

1. **Intentar prevenir el contagio:** así llamo yo a la táctica que usan muchos profesores de intentar minimizar el mal comportamiento en clase poniendo a todos los alumnos alborotadores juntos en una mesa o una fila. La teoría dice que, localizando en un grupo pequeño a los estudiantes difíciles en un área limitada, se puede restringir el mal comportamiento, generalmente «no quitándoles el ojo de encima». Según mi experiencia, esto funciona muy rara vez y, por el contrario, amplifica la mala conducta. Cuando se profundiza un poco más, normalmente se descubre que esta medida, en realidad, la han sugerido los propios estudiantes a menudo por un «período de prueba» indeterminado. En vez de tratar de prevenir el contagio, lo que hay que hacer es separar y contener la mala conducta de cada individuo. Parece evidente, pero resulta sorprendente la cantidad de profesores que no defienden «es mi clase; yo decido dónde se sientan».
2. **Mantener el plan de distribución de clase contra viento y marea:** le has dedicado horas a decidir dónde se van a sentar. Tu distribución es perfecta. Para organizar la clase has tenido en cuenta las siguientes variables: género, capa-

cidad académica, estatus socioeconómico, media de notas de conducta en el curso académico anterior, signos del zodíaco, lo ariscos que parecen en su foto de la escuela... Pero al cabo de unos minutos queda claro que Iqbal y Abdul no se llevan bien. Uno de ellos explica educadamente que han tenido roces en el pasado y ponerles juntos no es buena idea. O Sarah va a hablar contigo al final de la clase y te cuenta que acaba de romper con Jake y se siente muy rara. Pero tú has dedicado siglos a hacer el plano –si hasta has usado un código de colores y lo has plastificado, por Dios bendito– y te niegas a cambiarlo. No hay flexibilidad: «Es mi clase y yo decido dónde se sientan», te repites unas semanas después, cuando Iqbal se echa a llorar y Sarah le da una bofetada a Jake.

3. **Suponer que los planos de distribución chico/chica son una panacea para evitar problemas en el aula:** según una encuesta[41] de Teacher Tapp[42] los planes de distribución chico/chica son populares. El 47 % de una muestra de más de 2.298 profesores decían que usaban las distribuciones chico/chica, y un cuarto de los encuestados decían que lo hacían «frecuentemente» o «casi siempre». En una encuesta posterior[43], solo el 3 % de los encuestados decían que su plano de distribución por género estaba dictado por las políticas generales de la escuela. Por consiguiente, los profesores que recurren a este tipo de distribución de clase lo hacen presumiblemente por una convicción personal de que contribuye a un clima positivo en el aula.

Los planos chico/chica son mi modelo de distribución preferido. Antes incluso de leer el estudio de Lavy y Schlosser[44] sobre la influencia de las chicas en la clase, siempre he creído que la mezcla de los géneros supone menos interrupciones y un entorno de trabajo mejor. Aun así, como muestran una gran parte de los estudios vistos en este capítulo, a veces las chicas pueden sufrir como consecuencia de ser utilizadas para «civilizar» a algunos de sus compañeros de clase masculinos.

Hace poco tiempo tuve un fascinante debate en Twitter con un grupo de profesoras que me contaban lo hartas que estaban sus hijas de que se les pidiera que actuaran como influencia tranquilizadora sentándolas todo el tiempo al lado de los mismos chicos difíciles en primaria o repetidamente en algunas asignaturas de secundaria –particularmente debido a lo que alguna llamó «la tiranía del orden alfabético»–. Estas chicas trabajadoras y dispuestas a agradar no se habían quejado, en parte porque reconocían que se les pedía algo conveniente, y querían ayudar. Los profesores que asumían que la falta de noticias son buenas noticias, mantenían este arreglo tanto como fuera posible. Así que, como he empezado a hacer desde el año pasado más o menos, hay que pensar con calma si las chicas de nuestra clase –y los chicos educados y estudiosos– que usamos como cortafuegos están realmente encantados de sentarse junto a determinados alumnos, digan lo que digan. Podría ser que algunos alumnos difíciles necesitan que se les siente separados en beneficio de todos.

B. Mantener las expectativas altas en todos

Recordemos la práctica ejemplar del profesor (que daba la casualidad de que era hombre) con su «grupo de chavales». Ponía el listón por las nubes, sin tener en cuenta que se le había asignado una clase de chicos no demasiado buenos. Funcionaba con chicos «difíciles y hostiles» pero –como señalaba Dylan Wiliam– habría funcionado con cualquiera. Recordemos sus expectativas:

- Acabar los trabajos –incluidos los deberes– al máximo de su capacidad.
- Actuar de acuerdo con el *feedback,* esforzándose por mejorar continuamente.
- Aceptar el reto de memorizar el conocimiento y de asimilar conceptos difíciles.
- Escuchar al profesor y a los demás con respeto todo el tiempo.

La última palabra

La parte A de este capítulo ponía la atención en cómo se representa a los hombres y las mujeres en los libros de ficción y de no ficción que leen los niños en casa y en la escuela, y en los libros de texto que usamos para enseñarles en las aulas. Cuestionándose públicamente los tópicos desgastados sobre el género que se pueden encontrar en las páginas de estos tomos, los docentes pueden avanzar mucho en combatir el ruido ensordecedor de los estereotipos de género en todas las facetas de la vida de los jóvenes.

En la parte B de este capítulo, hemos revisado los argumentos para la educación segregada por sexo, las clases de chicos solos y la idea de que los docentes hombres son los mejores modelos de conducta para los chicos. Las pruebas sugieren que estas estructuras y estrategias no funcionan en aislamiento. Cuando los alumnos (de ambos géneros) obtienen buenos resultados bajo estos modelos, probablemente se deba a muchos otros factores incluyendo, muy significativamente, la maestría, la experiencia y el conocimiento de los docentes con los que tratan los alumnos día tras día en las clases.

La receta para el éxito con los chicos en clase es clara:

Se coge un entorno ordenado sin olvidar añadirle unas rutinas claras. Se espera a que repose. Se le añade un profesor cálido, instruido y exigente, que entienda cómo aprenden mejor los alumnos. Mantener el nivel de dificultad alto, pero incluyendo un andamiaje cuando sea necesario. Desechar el género de los alumnos. Descartar las ideas estereotipadas que parecen inofensivas, pero pueden dejar un sabor amargo. Repetir hasta que los resultados empiezan a subir (Figura 7.1).

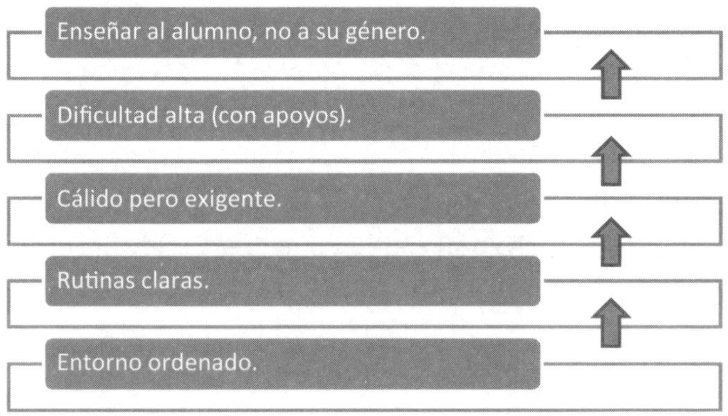

Figura 7.1 Enseñar a los chicos eficazmente.

8. Violencia
Matt Pinkett

La historia

Se puede encontrar cierta poesía en el recuerdo de un kebab abandonado a medio comer en una mesa de formica. Desde hace más de quince años, los flácidos restos de lo que me vendieron espuriamente como «carne», envuelta en unas cuantas virutas húmedas de lechuga y enrollada en un pan pita, han sido para mí una metáfora de la masculinidad solo parcialmente realizada: un recordatorio simbólico de mi propio fracaso al intentar cumplir las expectativas de un tipo de masculinidad que se me impuso desde la primera infancia; la encarnación física de mi propia impotencia para demostrar que mi yo de quince años era el hombre que la sociedad me había empujado a creer que tenía que ser.

Estaba solo cuando tres chicos mayores de bachillerato entraron en el kebab en el que estaba comiendo y se les ocurrió burlarse a lo bestia de mi ropa, mi pelo y mi aspecto general. Como pasa a menudo en estas situaciones, nadie intervino. Los presentes observaban mientras se me ridiculizaba hasta ponerme al borde de las lágrimas y, en cuanto mis torturadores recibieron sus pitas y sus patatas fritas, se marcharon, no sin que antes uno de ellos me diera una toba en una de las orejas (reconozco que de soplillo) mientras se iba, solo para asegurarse de que la paliza verbal que me habían dado quedaba reforzada con un poco de humillación física. Cuando se habían ido, dejé de comer y esperé cinco minutos mirando fijamente entre lágrimas el kebab medio comido que había comprado con el dinero que mi madre me había dado como premio. Luego, me fui.

En casa lloré mientras me miraba al espejo del cuarto de baño. Me sentía furioso. Humillado. Recuerdo que me alegré de que mi hermano pequeño de siete años no hubiera sido testigo del momento en que su hermano mayor había sido acosado hasta las lágrimas. Recuerdo que pensé que tenía que hacer algo; que un acto de reparación violento y sanguinario era lo único que podría reparar mi masculinidad que, horas antes, se había visto arrastrada por el suelo grasiento de un kebab.

Pero no hice nada. Me daba miedo hacer cualquier cosa. Y así, me fui a la cama sintiéndome un fracasado. Un fracasado que no era ni valiente, ni fuerte ni lo bastante hombre como para hacer pagar a los chicos malos con una violenta venganza.

Por supuesto, ahora me doy cuenta de que, si aquella noche hubiera buscado un arma y cometido un acto de reparación sanguinaria, con el fin de hacerme sentir mejor conmigo mismo, no solo habría sido un error, sino también inútil. Pero, años más tarde, el recuerdo de este incidente sigue haciéndome sentir una aguda punzada de vergüenza. Todavía me siento furioso por la injusticia de todo aquello. Cuando pienso en aquel kebab a medio comer, me pica la piel y me sudan las palmas de las manos. A pesar de todos los libros que he leído; a pesar de todo lo que sé sobre las peligrosas consecuencias de la violencia machista; a pesar del hecho de que fui educado en la idea de que hay que ser mejor hombre y retirarse. A pesar de todo esto, todavía sigo avergonzado del momento en que no fui capaz de actuar como la sociedad me había hecho creer que un hombre debe actuar en dichas circunstancias: con violencia y venganza sanguinaria.

La investigación

Violencia: un fenómeno masculino

Por supuesto, es natural que me sintiera avergonzado si uno considera el hecho de que yo había fracasado en un área en la que muchos hombres antes que yo habían tenido éxito. En su excelente tratado sobre la violencia y su evolución, *Los ángeles que llevamos dentro,* Steven Pinker explica que «en todas las sociedades son los varones más que las hembras los que juegan a pelearse, acosan, se pelean de verdad, llevan armas, disfrutan con las diversiones violentas, fantasean con matar, matan de verdad, violan, declaran guerras y combaten en ellas»[1]. La asociación de los hombres con la violencia está respaldada por datos sólidos: un extenso metaanálisis sobre la agresividad masculina llevado a cabo en 2004 por John Archer, de la Universidad de Lancashire, descubrió que «los hombres están sobradamente representados en las formas más peligrosas de agresión física»[2]. Los datos de la *Encuesta sobre el crimen en Inglaterra y Gales* muestran que, en 2016, el 76% de las personas que cometieron crímenes eran varones.[3] En España las estadísticas son similares. En 2022 el Consejo del Poder Judicial registró que el 82 % de los delitos fueron cometidos por hombres.[4]

Violencia en los centros escolares

Un informe de 2017 del Sindicato Nacional de Profesores comentaba:

> Una encuesta de la Asociación de Maestros y Profesores de 2016 descubrió que el 40 % de los docentes habían sufrido violencia por parte de sus alumnos en el último año. De aquellos que la habían sufrido, cerca del 80 % contaban que los habían empujado y a casi la mitad les habían propinado patadas o les habían arrojado objetos.[5]

Datos recientes sobre las expulsiones apoyan esto y confirman el hecho de que la violencia es una amenaza muy real en algunas escuelas: según los datos de la Oficina Nacional de Estadística, en 2016 el 78 % de los estudiantes expulsados permanentemente de la educación eran chicos, y de estas expulsiones el 43 % lo fueron por violencia física. De hecho, en algunas zonas del Reino Unido, la violencia en las escuelas está en ascenso. En Escocia en 2014/2015 el 24 % de las expulsiones se debieron a actos de violencia física. Para 2016/2017 esta cifra había ascendido al 28 %. En España, los casos de acoso y maltrato también han aumentado un 44 % entre 2019 y 2023. El *Informe de Prevención del Acoso Escolar en Centros Educativos* señala que más de la mitad del profesorado (53,9 %) ha tenido constancia de algún caso de violencia y acoso escolar.[6]

El profesor Malcolm Wilson escribe en su blog una excelente evocación de lo que es ser un hombre joven que se pelea en el patio de recreo[7]:

> Allí estaba yo, a solas con él dentro del círculo de chicos. Sus ojos me miraban fijamente con intensidad, esperando mi reacción ante el puñetazo que acababa de propinarme en la nariz. Una ligera sonrisita traicionaba su excitación. Era unos 15 centímetros más bajo que yo y estaba disfrutando de la pelea. De cargarse al flacucho. De probar la sangre.
>
> Le devolví el golpe, pero fallé el objetivo. Su cara sonriente esquivó mi puño. Ahora estaba casi bailando. Los demás chicos jaleaban, abucheaban. Solo había dos maneras de salir del círculo: una humillación bañada en lágrimas o una pelea sangrienta y sudorosa hasta el agotamiento.
>
> Sabiendo que solo mis puños no iban a servir de mucho, me lancé sobre él. Nuestros brazos se entrelazaron, las cabezas chocaron. Una de mis orejas se calentó al frotarse contra su cuero cabelludo. Con un

> brazo tanteaba para conseguir un buen agarre, alguna manera de tenerle bastante cerca y por debajo de mí. Con el otro, intentaba lanzar puñetazos a cualquier parte vulnerable: los lados de la cabeza, la entrepierna, el estómago. Él hacía lo mismo, solo que desde abajo. Me atizaba con el puño, me empujaba con el hombro; sus dedos se aferraban a zonas de carne blanda. Estábamos de pie, pero con las piernas entrelazadas en un intento de derribarnos mutuamente. De repente, estábamos sobre nuestras rodillas desnudas, aún en brazos del otro, luchando por ganar alguna ventaja. No sé cómo, conseguimos ponernos de pie otra vez.
>
> Y entonces noté que había liberado una pierna y su cuerpo se doblaba delante de mí, sujeto por mi brazo libre. Sin pensarlo más, le aticé con la rodilla en la cara. Una vez, y otra, y otra. Él dejó de luchar, sentí que su brazo se aflojaba. Le había herido en serio.
>
> Al separarnos, estaba llorando y su cara era un amasijo de sangre y mocos.

Como mencionaba Anthony Ellis en su libro *Hombres, masculinidades y violencia,* «la mayor parte de la violencia "real" [es] una contienda desesperada y dolorosamente inexperta»[8] muy lejos de los duelos de kung-fu metódicamente ejecutados que libran en la gran pantalla los héroes de acción machotes. La pieza de Wilson resume esta «violencia real» de maravilla.

Leamos otra vez las primeras líneas:

> Allí estaba yo, a solas con él dentro del círculo de chicos. Sus ojos me miraban fijamente con intensidad, esperando mi reacción ante el puñetazo que acababa de propinarme en la nariz.

El estudiante Malcolm tiene ante sí dos posibilidades: marcharse o devolver el golpe y desatar la inevitable violencia que acabará derramando sangre adolescente. Sabemos que Malcolm adopta esa última opción, pero ¿qué le empuja a hacerlo?

El cuento de la testosterona

El folklore popular nos dice que la testosterona es la causa de que el estudiante Malcolm se lance sobre su oponente, lo mismo que explicaría mi propia reacción inicial ante la humillación que tuve que soportar en el kebab hace tantos años. La testosterona, la llamada «hormona masculina» (los hombres tienen hasta trece veces más que las mujeres[9]) ha sido desde hace mucho tiempo el chivo expiatorio biológico de turno para justificar la violencia machista con el apoyo que proporcionan los «datos científicos»:

- «Bah, ya sabes cómo son; estos chicos adolescentes están cargados de testosterona.»
- «¿Jack ha dado otro puñetazo a la pared? Pobre, es que debe ser muy difícil, con toda esa testosterona que le corre por las venas.»
- «Mira a esos dos, machacándose enloquecidos hasta dejarse hechos una pulpa sanguinolenta. ¡Otra vez nuestra querida testosterona!»

Digámoslo ya alto y claro: no se puede atribuir seriamente la violencia a los efectos de la testosterona. Como explica Cordelia Fine en su polémico pero lúcido libro *Testosterona Rex,* el papel de la testosterona como influencia en la conducta masculina no es tan grande como nos han hecho creer.

El problema de los análisis de riesgos

Fine pone en tela de juicio la creencia largamente sostenida de que la testosterona es la responsable de una mayor tendencia hacia comportamientos de riesgo como la violencia. Según Fine, los estudios de comportamiento de riesgo tienen un fallo a un nivel básico, porque la mayoría de los estudios de riesgo tienen un sesgo de género en sí mismos. Los riesgos hipotéticos que se plantean a los participantes, tanto hombres como mujeres, en los estudios de riesgo –*¿Te lanzarías en paracaídas? ¿Cuánto te atreverías a apostar en tal o tal juego? ¿Tendrías sexo sin protección?*– están sesgados a favor de los hombres. Es decir, las situaciones de riesgo que se proponen están relacionadas con experiencias más comúnmente practicadas por hombres como consecuencia de su socialización de género. Por ejemplo, la sociedad anima a los hombres a participar en elaboradas demostraciones de machismo tales como saltar desde objetos metálicos a miles de metros del suelo; también es más probable que encontremos a hombres sudando en una sala de apuestas; y, debido a que los hombres no cargan con el lastre de llevar a un ser humano vivo dentro de ellos durante nueve meses, el sexo sin protección es mucho menos arriesgado para ellos.

Fine cita estudios que muestran que la tendencia humana al riesgo está basada en el contexto. Por ejemplo, en China las mujeres son punto por punto tan arriesgadas como los hombres mientras no sepan que se las observa. Según el mismo estudio, los hombres se vuelven *más* arriesgados cuando tienen un observador. El riesgo es un tema escurridizo e intangible y, como tal, es muy difícil decir que la tendencia al riesgo es un comportamiento masculino creado por la testosterona.

La compleja biología de la testosterona

El argumento más convincente de Fine para desmontar el mito de la testosterona llega con el debate del papel de la testosterona en los procesos biológicos y conductuales del cuerpo, que, según ella dice, es sencillamente el proceso más fácil de evaluar entre un sinfín de otros más difíciles de medir como:

> la conversión (de la testosterona) en estrógeno, cuánto aromatasa hay por ahí para que esto ocurra, la cantidad de estrógeno que produce el cerebro, el número y la naturaleza de los receptores del andrógeno y el estrógeno, dónde están localizados, su sensibilidad...[10]

Todo esto significa que, en realidad, «el nivel absoluto de testosterona en la sangre o la saliva es probablemente una guía enormemente rudimentaria de los efectos de la testosterona en el cerebro»[11].

Monos cachondos y muñecas lloronas

Como si esto no fuera suficiente para arrojar algunas sombras sobre la extendida creencia de que la testosterona actúa como una especie de tirano hormonal que arrastra a los hombres a toda clase de peligros y criminalidad, hay una evidencia creciente de que las hormonas realmente no *causan* ningún comportamiento; más bien se limitan a dar una respuesta conductual ante estímulos externos, de una manera u otra dependiendo de un contexto social más amplio. Una serie de estudios sobre la testosterona en animales, como uno en el que se daba a monos Rhesus supresores de la testosterona, demuestran que el comportamiento sexual de los machos más dominantes no se veía afectado por la supresión de la hormona, mientras que el de los machos de menor rango sí.[12] Todo ello apunta al hecho de que el contexto social tiene mayor impacto que la testosterona.

Aunque el criterio ampliamente aceptado es que la testosterona influye en el comportamiento social, algunos estudios han demostrado justo lo contrario: el comportamiento social influye en los niveles de testosterona. Por ejemplo, en los humanos, convertirse en padre hace que baje la testosterona en los hombres. Sin embargo, hasta qué punto bajan estos niveles depende del contexto. Las tribus en las que el cuidado paterno es la norma experimentan una mayor reducción en los niveles de testosterona que en las tribus en las que el cuidado paterno es mínimo.[13]

En otro estudio fascinante[14] se entregaba a los participantes masculinos un bebé de mentira para que lo cuidaran. En el caso de algunos hombres, el bebé estaba programado para que llorara insistentemente, sin hacer caso de los cuidados que le brindaran los participantes. Los que recibieron el bebé que lloraba tuvieron una subida de los niveles de testosterona, mientras que los que cuidaban de bebés que dejaban de llorar tuvieron un descenso de testosterona. Una vez más, esto viene a decir que la testosterona está controlada y estimulada por estímulos externos (en este caso, el bebé llorón), en vez de que la testosterona tenga un impacto en la capacidad de los hombres para cuidar de un niño, como cabría esperar.

Los estudios citados por Fine están respaldados por el metaanálisis de John Archer anteriormente mencionado sobre las diferencias sexuales de la agresión. Archer deja muy claro el asunto de la testosterona y la agresividad masculina, en concreto la agresividad de los hombres *adolescentes:* «No [hay] un aumento de la diferencia de sexo en la agresividad física en la pubertad, como se podría esperar si la testosterona facilitara la agresividad en los varones [...] la testosterona no tiene ningún efecto en la agresividad humana»[15].

La teoría de la selección: ¿la mayor coartada de los hombres?

La testosterona es una bestia complicada y la agresividad de los chicos y su tendencia a los comportamientos de riesgo (como la violencia) no puede atribuirse con certeza a los efectos de la testosterona solamente. Los profesores deberíamos buscar consuelo en este hecho: después de todo, es más fácil revertir un comportamiento social que los efectos de miles de años de biología.

Si no podemos culpar a la testosterona de la violencia machista, ¿a qué podemos culpar? John Archer afirma que «estudios observacionales muestran una diferencia de sexo en la agresividad física en los primeros años de vida, de los dos años o menos»[16]. Según Archer el hecho de que las diferencias estadísticamente significativas en los niveles de agresividad entre los hombres y las mujeres se observen a tan temprana edad secunda lo que él llama teoría de la selección sexual (TSS) que como mejor se explica es con las siguientes palabras de Steven Pinker:

> En la mayoría de las especies animales la hembra tiene una dedicación mayor a la prole que el macho. Esto es particularmente cierto entre los mamíferos, donde la madre gesta a su prole dentro de su cuerpo y los cuida después de que hayan nacido. Un macho puede multiplicar su descendencia apareándose con varias hembras, lo que dejaría sin progenie a otros machos.[17]

En otras palabras, los hombres son capaces de producir millones de espermatozoides en una eyaculación y no cargan con la tarea de llevar a una criatura durante nueve meses después. Debido a esto, son libres para copular una y otra vez con cualquier mujer que consienta en hacerlo. Y, según esta teoría, *con todo ese esperma,* es comprensible que los hombres estén más que dispuestos a aceptar ese reto. En efecto, la TSS asegura que el mundo está lleno de hombres cachondos en loca competición con otros hombres cachondos para soltar todo ese esperma sobre el universo femenino. En nuestros días más primitivos –días en los que no teníamos un lenguaje con el que comunicar nada que pudiera definirse someramente como personalidad–, la única manera de vencer a un rival era machacarle la cara. Machácale la cara y conseguirás a la chica. Sin embargo, la TSS como forma de explicar (o excusar) la violencia machista no se puede tomar como algo fiable. Después de todo, si la violencia está profundamente arraigada en el hombre, ¿por qué no todos los hombres se pasan la vida dándose porrazos unos a otros con el fin de conquistar el afecto de aquellas personas con las que quieren tener sexo? ¿Por qué hay noches de citas rápidas en elegantes restaurantes en vez de circos de gladiadores? ¿Por qué hay hombres que pierden el tiempo escribiendo poesía cuando deberían estar perfeccionando sus puñetazos? ¿Por qué hay hombres que llevan al cine a las mujeres en vez de eliminar a los pretendientes rivales con un buen porrazo en el cráneo? La cuestión es que la mayoría de los hombres son capaces de seguir las reglas, tanto si las dicta la ley como la etiqueta, que consideran totalmente improcedente ganar el afecto de su pareja mediante la destrucción de otro ser humano por medios violentos.

En el contexto educativo, si los profesores ven la teoría TSS como algo en lo que creer a ciegas, ¿por qué son profesores para empezar? ¿No consiste la enseñanza en cambiar a mejor la forma en que los estudiantes se implican, interactúan y experimentan el mundo en el que viven? Creer firmemente en las teorías evolutivas de cualquier comportamiento, no solo en la inclinación a la violencia, es lo mismo que decir: «Buenos, no hay nada que *yo* pueda hacer para cambiar a estos chicos tan brutos, así que ¿por qué molestarme en intentarlo?».

El problema somos nosotros

Si no se puede atribuir sensatamente la violencia machista a los efectos de la biología y la evolución, ¿qué nos queda para echarle la culpa? ¿Qué lleva a un estudiante a usar la violencia hasta convertir a otro en un amasijo sangrante, jadeante y mocoso? Me temo que la respuesta es: nosotros. Nosotros y la incondicional adhesión de la sociedad a la idea dominante de que los hombres deberían ser capaces de defenderse en una pelea.

Imaginemos que se lanza una piedra a un lago; las ondas que

parten de la piedra se abren desde ella más y más lejos, hasta que, en la orilla contraria, espanta a un pájaro que levanta el vuelo con una escandalosa explosión de plumas y graznidos. La pequeña piedra representa las teorías biológicas y evolutivas sobre la violencia machista que se basan en una enorme cantidad de estudios contradictorios y, a menudo, poco fiables. Las interminables ondas que se multiplican en número y tamaño como resultado del impacto de la piedra son las expectativas sociales en la violencia machista provocadas por esas endebles teorías biológicas y evolutivas. El frenético revuelo del pájaro en el otro lado del lago representa el impacto caótico y dañino de las nocivas expectativas sociales sobre la violencia machista.

Las expectativas sociales sobre la violencia machista se manifiestan en una miríada de maneras sutiles y no tan sutiles. Se muestran en los soldados de juguete y las fundas de edredón con estampado de camuflaje que encontramos en las secciones de «Chicos» de los grandes almacenes, en las pistolas de plástico que regalamos a los niños en Navidad y en los huevos de chocolate con superhéroes que les damos en Pascua, en el juego de ordenador de tiroteos dominados por «héroes» masculinos que disparan y apuñalan y mutilan y matan, y en las películas de Hollywood dominadas por hombres de acción musculados que arreglan todos los problemas del mundo con los nudillos en vez de con la mollera.

Una verdad incómoda

Los padres empujamos a nuestros chicos hacia actividades que se basan en una actividad física brutal mientras preferimos que nuestras niñas se queden encerradas y jueguen a casitas. No es fácil imaginar que haya muchos chicos que no hayan oído, de unos padres o cuidadores bienintencionados, el consejo: «Si te pega, tú se la devuelves». Hasta al más pacíficos de los padres le preocupa que su hijo, o hijos, parezcan débiles a ojos de los demás chicos. «Si no te enfrentas a la debilidad, van a abusar de ti toda la vida.» Como dice Anthony Ellis, «la violencia representa un recurso típicamente masculino [...] y un medio con el que defenderse que, con frecuencia, se trasmite de padres a hijos»[18]. La incómoda realidad es que, aunque no queramos admitirlo, a veces la violencia *funciona*. Para muchos chicos, enfrentarse al *bullying* usando la violencia física cumple su cometido. Y, si tú eres uno de esos a los que les ha funcionado, ¿cómo no darles ese consejo a tus hijos? Hablé con John y Adam, padres de dos chicos de primaria, y les pregunté qué consejos darían a sus hijos si se enteraran de que otro chico se había metido con ellos en el recreo. «Le diría que le diera un mamporro –dice John–, porque si no lo hace, abusarán de él otra vez y otra y otra. Es el animal que llevamos dentro. Algunos solo reaccionan cuando se les atiza.» Adam contestó de forma similar: «Le diría que se lo contara al profesor y si no fuera suficiente, le diría que le zurrara». Le pregunté a Adam, que también es padre de dos chicas, si les daba el mismo consejo a ellas. «Para nada. Nunca.» Tanto John como Adam son profesores.

Lamentablemente, como profesores, también formamos parte del problema. El estudio de Susan Jones y Debra Myhill, que ya vimos en el capítulo 5, descubrió tendencias preocupantes en la forma en que los profesores perciben los comportamientos de los chicos: «Un simple recuento de comentarios sobre los chicos y las chicas respectivamente revelaba cincuenta y cuatro comentarios positivos sobre las chicas frente a los veintidós negativos, y treinta y dos positivos sobre los chicos frente a los cincuenta y cuatro negativos»[19].

Entre estos comentarios negativos estaban «Los chicos pueden ser agresivos» y «Los chicos son más físicos». Los profesores tenemos que ser sinceros. Evitemos esa fachada «fíjate lo liberal y abierto que soy» que algunos nos empeñamos en exhibir, sobre todo cuando hablamos de género, y preguntémonos: «¿De qué maneras empujamos a los chicos a la violencia?». ¿Alguna vez has dicho a un estudiante que «sea un hombre»? ¿Te has burlado de un estudiante, o de un compañero, por quejarse de estar malito? ¿Alguna vez has seleccionado un poema o una obra de teatro que hablaba de guerra o de muerte porque tenías una clase con mayoría de chicos? Si has hecho alguna de estas cosas, es posible que estés reforzando el apetito de la sociedad por la dureza masculina, algo que como mejor se demuestra es a través de la violencia.

Las soluciones

Consejos para directivos escolares y profesores

A. Ser realistas

Es importante que los profesores reconozcamos que estamos perdiendo el tiempo si nos negamos a entender que a muchos chicos pelear –tanto si ganan la pelea como si la pierden– hace que se sientan bien. Acertar con un puñetazo bien dirigido que inmoviliza al oponente puede hacer más por su autoestima que leer cualquier libro o resolver cualquier ecuación. Tenemos que entender –no, solo tenemos que *aceptar*– que a veces una pelea, tanto si se gana como si se pierde, es en definitiva lo que hace que un chico se sienta como el hombre que se le ha hecho creer que debe ser. Aceptar no significa ni consentir ni ignorar. En cambio, la aceptación juega a favor de la empatía. Y si podemos empatizar con nuestros alumnos, podemos abrir un diálogo basado en la confianza y la comprensión, en vez del sermoneo mojigato.

B. Dar una respuesta proactiva

En este momento, la violencia en los colegios se trata de manera reactiva. A pesar de las alarmantes estadísticas que rodean la violencia machista, esta sigue siendo algo sobre lo que solo se habla *después* del hecho. Es decir, que hay una pelea y *entonces* se plantea el problema. Se ponen castigos, se mantienen conversaciones «restaurativas» y luego se olvida la violencia hasta que, inevitablemente, vuelve a ocurrir. Los centros escolares se beneficiarían de una reacción proactiva ante la violencia machista. Los directores tienen que poner en marcha un programa sistemático de estudio, facilitado y dirigido por profesores en una posición de responsabilidad, que les conciencie de la violencia para la que les han predispuesto.

Michael Flood es una de las máximas autoridades del mundo en violencia machista. Un informe de Flood sobre los programas de intervención en la violencia en el colegio declara que «los programas educativos intensivos, de larga duración y que utilizan diversos enfoques pedagógicos han demostrado que provocan cambios positivos y duraderos en las actitudes y los comportamientos»[20]. Flood subraya a continuación las características de un programa de estudios eficaz dirigido a prevenir la violencia en la escuela. Son estas:

1. **Un enfoque integral de la escuela**
   Funcionar como una comunidad escolar asegura que *todos* los miembros de la plantilla del centro están comprometidos en reducir incidentes de violencia dentro y fuera de la escuela. Es una misión de paz compartida en la que todos tienen responsabilidad. Para Flood esta perspectiva de escuela total es más importante para un programa eficaz que cualquier otro criterio.

2. **Un programa lógico y con estructura**
Flood nos dice «los programas de prevención de la violencia en las escuelas deben basarse tanto en una equilibrada comprensión del problema –los mecanismos y las causas de la violencia– como de las formas en que se puede cambiar»[21]. El diseño y el cumplimiento del programa deben estar sostenidos por un sólido conocimiento de los motivos que causan la violencia y de cómo se puede combatir. Además, el programa debe diseñarse con una idea clara de lo que este se propone lograr.
3. **Ejecución de un currículo eficaz**
Como con cualquier currículo, el de la intervención contra la violencia debe diseñarse de manera que incorpore unos principios pedagógicos firmes. A la exploración de la violencia debe seguirle patrones lógicos y permitir a los estudiantes implicarse en el contenido de manera interactiva. Se ha comprobado que los planteamientos a base de conferencias resultan ineficaces. Como en toda enseñanza, el currículo debe permitir revisar el material didáctico que se ha estudiado anteriormente. Los estudiantes deberían tener una idea clara de *por qué* están implicados en el programa y con qué fin. Los programas más efectivos garantizan que los debates sobre violencia sean relevantes para los estudiantes; no tiene sentido centrarse en la violencia de las bandas si no hay bandas en la comunidad escolar.

Una importante cuestión que hay que tener en cuenta para ejecutar un currículo eficaz es el tema de un público objetivo óptimo. ¿Son los grupos de un solo sexo o los mixtos lo más convenientes para una intervención efectiva? Creo que los grupos monogénero son mejores para discutir sobre la violencia machista por estas razones:

- Las charlas sobre género con grupos mixtos pueden perderse en discusiones caóticas y pullas personales entre los sexos.
- Las experiencias violentas son diferentes para los hombres y para las mujeres y, en consecuencia, los grupos de chicos solos permiten una experiencia más ajustada y beneficiosa.
- Los chicos pueden mostrarse más abiertos en los grupos de chicos solos y menos inclinados a «pavonearse delante de las chicas».
- Los grupos de chicos solos facilitan un debate de género menos diluido. Los chicos son capaces de centrarse en la masculinidad y en nada más.
- Los grupos de chicos solos permiten a los estudiantes que se utilicen mutuamente como punto de partida para sus propias experiencias e ideas de género.

Por supuesto, esto no significa de ninguna manera que los chicos deban descartar las experiencias violentas femeninas. Por el contrario, debe hacerse un esfuerzo común para que los chicos se familiaricen con las experiencias y el conocimiento de la violencia de las mujeres. Los chicos empáticos son chicos menos violentos.

También debemos tener en cuenta el tema de quién es la persona más indicada para dirigir estos programas de intervención contra la violencia. Sin lugar a duda, los facilitadores de este programa deben tener un conocimiento sólido de la violencia machista, sus causas, efectos y cómo se puede prevenir. Lo mismo que en cualquier programa de enseñanza, los alumnos aprenden más con profesores expertos. Pero ¿qué hay del género de los docentes? Flood señala las ventajas de las mujeres educadoras en estos programas. Emplear a mujeres docentes demuestra un enfoque igualitario y representa un interés compartido en derrotar la violencia. Sin embargo, Flood apunta que hay ciertas ventajas en usar educadores masculinos:

- Los educadores hombres y los participantes pueden actuar como modelos de comportamiento para los demás.
- Los educadores masculinos poseen un conocimiento interno de cómo funciona la masculinidad y pueden utilizarlo como ventaja crítica ante un público masculino.
- Los participantes masculinos tienden a percibir a los educadores masculinos como más creíbles y persuasivos.
- La elección de educadores masculinos personifica el reconocimiento de que los hombres deben aceptar la responsabilidad de ayudar a acabar con la violencia machista contra las mujeres.[22]

4. **Práctica relevante, inclusiva y sensible culturalmente**
   Los programas de intervención contra la violencia son más efectivos cuando reflejan las preocupaciones de un público concreto. Como destaca Flood:

> Entre los varones [...] hay una diversidad significativa en cuanto a las construcciones de la masculinidad que son dominantes en contextos sociales y comunidades en particular. Esta diversidad sin duda está marcada por diferencias étnicas, pero también por muchas otras formas de diferenciación social. Hay grupos sociales, lugares de trabajo y redes sociales de chicos y hombres en los que la violencia contra las mujeres es frecuente y se ve como legítima, y otros contextos en los que la violencia es rara y se considera inaceptable.[23]

Por ejemplo, los estudiantes de familias blancas de clase media de Londres tienen problemas muy diferentes con relación a la violencia comparados a los de un grupo de chicos blancos en situación precaria de Sheffield. Del mismo modo, un grupo de chicos mayoritariamente afrocaribeños de sexto en primaria puede tener una experiencia y una idea de la violencia muy diferente a la de un grupo de chicos con mayoría polaca de cuarto en secundaria. El programa debe ajustarse a las necesidades específicas de la comunidad escolar y a los problemas con la violencia que le rodea.

5. **Evaluación del impacto**
   Para que cualquier programa de intervención contra la violencia tenga éxito necesita someterse a un proceso de revisión constante. Esto puede ser una evaluación formativa para saber dónde el curso necesita adaptarse para futuros programas. Por ejemplo, se podría descubrir que el análisis de la violencia en el cine de Hollywood distrae demasiado a los alumnos y les aparta del problema central. En ese caso, tal vez el año siguiente podría cambiarse esta parte del programa. El curso también necesita evaluaciones continuadas de su impacto mesurable. Por ejemplo: ¿ha reducido el número de expulsiones en la escuela? ¿Se ha notado en la escuela un descenso de peleas en el patio de recreo?

A continuación, incluyo una sugerencia de programa de intervención contra la violencia para que se use en las escuelas. Cada sesión sigue una estructura que yo he llamado explicación, reflexión y expresión (ERE). El modelo ERE supone que cada sesión incluye los siguientes componentes claves:

- EXPLICACIÓN: se explica a los estudiantes un aspecto clave de la violencia mediante una charla y unas actividades que les interesen, diseñadas para facilitar una mayor comprensión.

- REFLEXIÓN: la reflexión les da a los chicos la oportunidad de pensar en sus propias actitudes y experiencias a la luz de lo que se ha dicho en la explicación. Esta sección incluye preguntas rápidas para estimular una reflexión más profunda y comprometida.
- EXPRESIÓN: la fase de expresión, un componente vital del modelo, les da a los estudiantes libertad para expresar sus propias ideas y puntos de vista sobre el contenido de lo que se ha tratado en la sesión. Empieza con el profesor diciendo sencillamente: «Por favor, iniciad una conversación sobre todo lo que hemos visto hoy». Esta tarea requiere que todos los participantes dejen de juzgar para permitir que los chicos expresen sin trabas cualquier preocupación que tengan.

Número de sesión	Explicación	Reflexión	Expresión
1	Se les da a los chicos estadísticas sobre la violencia machista. Se les dice que la razón para ella es la testosterona. Apoyarlo con ejemplos de los medios que culpan a la hormona de la violencia machista. Se presenta a los chicos la idea de que, en realidad, lo más probable es que el argumento de la testosterona sea un mito.	• ¿Qué opinas de la idea de que tienes una hormona que te hace más proclive a la violencia que las chicas? • ¿Eres más fuerte que tus hormonas? • ¿Recuerdas algún momento en que la testosterona haya hecho que te pongas violento? • Si todos los hombres tienen cantidad de testosterona, ¿por qué no todos cometen crímenes? • ¿Por qué crees que a la gente le gusta echar la culpa de la violencia a la testosterona? • La idea de que el argumento de la testosterona sea un mito ¿te tranquiliza o hace que te preocupe más la violencia machista? • Si la testosterona no tiene la culpa de la violencia machista, entonces ¿qué la tiene?	Charla sobre… la testosterona y la violencia machista.
2	Se plantea a los chicos la idea de que el género es un constructo social que empieza en la cuna y que las expectativas estereotípicas las perpetúan los medios de comunicación ***mainstream.*** Preguntar a los chicos detalles de comportamientos típicos de hombres y mujeres. Examinar los juguetes de un catálogo y preguntar a los estudiantes cómo creen que los juguetes que nos dan en nuestra infancia pueden contribuir a los comportamientos masculinos y femeninos mencionados antes.	• Haz una lista de veinte personajes de dibujos. ¿Cuántos de ellos son varones y violentos? • ¿Qué piensas de los personajes de dibujos que son violentos? • ¿Comprarías un videojuego protagonizado por un hombre cuyo trabajo consista en difundir la paz y la comprensión? ¿Por qué o por qué no? • ¿Debería prohibirse la violencia en los dibujos animados? • ¿Deberían prohibirse los juguetes violentos?	Charla sobre… los juguetes, la televisión y la violencia machista.

Número de sesión	Explicación	Reflexión	Expresión
2	Se puede hace lo mismo con los dibujos animados de la tele: ¿Cuántos de ellos los protagonizan personajes que contribuyen a los estereotipos de género? Dirigir la atención a la violencia pidiendo a los alumnos que se fijen en cuántos juguetes para chicos incluyen armas o tienen relación con la violencia. Se puede hacer lo mismo con una lista de dibujos animados para niños, libros, películas de Hollywood o juegos de ordenador.		
3	Se plantea a los chicos la idea de que algunas expectativas de género las perpetúan las familias. Los estudiantes tienen que hacer una lista de «trabajos masculinos» y «trabajos femeninos». Clasificar cada trabajo en una escala de fisicidad. ¿Puedes ordenarlos en una escala según la agresividad que se necesita para realizarlos? ¿Qué nos dice eso? Preguntar a los estudiantes por los consejos que les han dado sus padres. ¿Perpetúan estos las expectativas de género basadas en la violencia?	• ¿Deberían los chicos imitar a sus padres violentos? • ¿Qué hace fuerte a un padre? • Si tu propio hijo te dijera que le han pegado en el patio, ¿qué consejo le darías? ¿Es el mejor consejo posible? • ¿Se le ocurre a alguien alguna manera en que los miembros femeninos de la familia animen a sus hijos a ser violentos, tanto explícita como implícitamente? *(Evidentemente, esta sesión requiere sensibilidad y una planificación concienzuda.)*	Charla sobre… las familias y la violencia machista.
4	Se les plantea a los chicos la idea de que algunas expectativas sociales de género las perpetúan las escuelas y los profesores.	• Pensad en los textos que estudiáis en literatura y haced una lista de los personajes principales. ¿Cuántos de ellos son violentos y varones?	Charla sobre… las escuelas y la violencia machista.

Número de sesión	Explicación	Reflexión	Expresión
4	Pedir a los estudiantes que piensen cómo sus escuelas de primaria y secundaria empujaban a los chicos y a las chicas a comportamientos de género. Podrían hacer una encuesta sobre «asignaturas optativas» y la ratio de chicos y chicas en ellas. ¿Se decantan más los chicos por asignaturas «físicas» o «prácticas»? Explicar a los chicos que algunos profesores eligen estudiar poemas bélicos con los chicos en vez de poesía amorosa. ¿Qué les parece eso?	• Pensad en las figuras violentas que se estudian en Historia. ¿Cuántos de ellos son hombres? • ¿Tiene la escuela la responsabilidad de incluir más «hombres pacíficos» en el plan de estudios, aunque eso signifique ignorar algún conocimiento clave? • ¿«Hacen» los profesores más violentos a los chicos? • ¿«Hacen» los profesores menos violentas a las chicas? • ¿La violencia aumenta o disminuye al pasar de primaria a secundaria? ¿Por qué crees que puede ser eso? • ¿Quiénes tienen la mayor responsabilidad en la violencia machista? ¿Las escuelas de primaria o las de secundaria?	
5	Los chicos tienen que pensar en las consecuencias de la violencia. Se les muestra una escena de una pelea en una película de Hollywood y se compara con una escena o idea de violencia real. ¿Qué diferencia notan entre los perpetradores de la violencia en estos dos supuestos y en las víctimas? Mostrar a los estudiantes un artículo de prensa sobre una pelea entre dos chicos en edad escolar que acaba con el desenlace trágico de la muerte de uno de ellos.	• ¿Es realista la versión de la violencia de Hollywood? • ¿A quién le afecta la violencia? ¿Solo al perpetrador y a la víctima? • ¿Qué es el efecto dominó de la violencia? • ¿Qué daño irreparable puede causar la violencia? • ¿Qué le pasa a la gente que «sale impune» de la violencia?	Charla sobre… las consecuencias de la violencia machista.

Número de sesión	Explicación	Reflexión	Expresión
6	Los chicos tienen que ejercitar habilidades en no-violencia y resolución de conflictos. Esto tendrá que llevarse a cabo durante una serie de sesiones. Las sugerencias detalladas para las actividades se pueden encontrar en *Involucrar a niños y hombres en la transformación de género: manual de educación de grupo,* publicado por UDSAid, y se puede encontrar en internet en inglés y en español.		Charla sobre… cómo se puede gestionar la propia ira. Charla sobre… lo que es la auténtica valentía.

Nótese que en todas estas sesiones existe un riesgo de limitarse a repetir e intensificar las ideas de género estereotipadas. El educador tendrá que trabajar duro para enfrentarse a esto y necesitará buen material didáctico para hacerlo. Se pueden encontrar ejemplos de guías, manuales y material educativo en España en la web del Ministerio de Educación y Formación Profesional y Deportes.

C. Ofrecer apoyo a los que se pelean

Los chicos se autolesionan de manera diferente a las chicas. Ceder a la violencia física –como dar puñetazos en las paredes o las caras– debería considerarse una forma de autolesión y cualquier chico que tenga un comportamiento violento no solo tendría que ser castigado; es necesario que se lleven a cabo conversaciones de seguimiento con un miembro apropiado del equipo de orientación, para valorar si ese comportamiento violento es en realidad una forma de autolesión. Si lo es, se deben tomar las medidas oportunas en consonancia con las políticas de autolesión de la escuela.[24]

También debemos ser conscientes del impacto que tiene la presión de los pares en reforzar las actitudes sociales respecto a la violencia. La sociedad establece los parámetros de la violencia machista: los grupos de pares los refuerzan. Es una ingenuidad creer que decir a los chicos «sé el mejor y retírate de la pelea» va a servir de algo para prevenir la violencia. Se puede encontrar un análisis más profundo de la influencia negativa de la presión social en los comportamientos de los chicos en el capítulo 3.

D. Ofrecer apoyo a los que se retiran

Hay chicos en nuestras escuelas que, cuando un compañero de clase les reta a una pelea, «hacen lo que deben», «son el mejor hombre» y se retiran (salen corriendo). Aunque es agradable para los profesores atribuir esta retirada de una pelea de patio a una noble fuerza de carácter, para muchos chicos que se retiran de una pelea a puñetazos en el patio, la verdadera razón para hacerlo es sencillamente que están aterrados. Están totalmente petrificados por la idea de salir magullados o humillados y, como Paris frente a Menelao, escuchan la voz interior interesada y protectora que les dice «paso de esto» y huyen por el camino de los cobardes: abandonan. Y desgraciadamente, a pesar de cómo lo veamos los adultos, para los chicos adolescentes, poco tiene de heroico o noble huir de una pelea.

Empecé este capítulo con un relato sobre mi propia experiencia cuando elegí el camino del cobarde. ¿Me siento mejor ahora por haberlo hecho? No, la verdad. Después de todo, estoy escribiendo sobre ello años después en un intento desesperado de adormecer a mis demonios. *Todavía* siento amargura al recordar el episodio. *Todavía* siento vergüenza cuando voy por la calle con mi hijita de la mano y me cruzo uno de aquellos chicos, hoy un adulto con sus propios hijos. Tenemos que reconocer que, para los chicos a los que se les ha enseñado desde el nacimiento que la verdadera medida de un hombre es su capacidad física para la violencia, la huida lleva a agudos sentimientos de vergüenza, inutilidad y bochorno. Las escuelas tienen que ser conscientes de esto y proporcionar apoyo integral a los que se retiran. Porque si no lo hacen, tal vez un día estos chicos intenten expiar los «fracasos» de su pasado buscando situaciones en las que, esta vez, no se retiren y en las que ejerzan la violencia a la que sienten que deberían haber recurrido en aquella ocasión.[25]

La última palabra

La violencia machista es un problema social y un problema contra el que las escuelas deberían estar haciendo más. Los estudiantes perpetradores de violencia, por muy horribles que sean, también son víctimas. Son víctimas de una sociedad que enseña a los chicos, desde edad muy temprana, que la capacidad de causar daño físico a otros es una señal de fuerza de la que estar orgulloso. Como profesores, tenemos que cambiar esto anticipando la violencia machista y enfrentándonos a ella de manera directa y proactiva.

9. Relaciones
Mark Roberts

La historia

Acabé los estudios de secundaria a los dieciséis años. A pesar de haber estudiado muy poco para mis exámenes finales y de haber pasado la mayor parte del último curso haciendo pellas, saqué unas cuantas notas decentes. Algunos de mis profesores me hablaban de «estudios superiores» y de «ir a la universidad». Pero el *tinnitus* de la apatía sonaba fuerte en mis oídos. Ninguno de mis colegas iba a seguir estudiando. Uno de ellos ya había encontrado trabajo en una fábrica que hacía cajas de cambios automáticas. Yo no quería estudiar. Solo quería salir a beber con mis amigos. Un trabajo me proporcionaría dinero. Dinero para cervezas. Una soleada tarde de viernes fui a una entrevista rutinaria y me ofrecieron un puesto de trabajo para empezar el lunes por la mañana. Al final de la primera semana me dieron mi nómina –metida dentro de un precioso sobre beige– donde se me informaba de que habían ingresado 141 libras en mi cuenta bancaria. Yo pagaba la primera ronda.

La vida en la fábrica era dura: una dieta cíclica de trabajo sucio, pesado y monótono. Más dura todavía fue la bienvenida de mis compañeros de trabajo, hombres grandes, rudos y bebedores. Las «pullas» eran frecuentes y al menor signo de vulnerabilidad se te echaban encima. Viniendo de la escuela donde libraba mis propias batallas con las burlas, los insultos y la violencia física, estaba seguro de que me las arreglaría con unos cuantos tíos en una nave industrial. Y podía, pero aun así me quedé impresionado por la ferocidad de los chistes. Gente que llevaba años trabajando codo con codo y eran aparentemente los mejores colegas, se saludaban con una variante extrañamente afectuosa de maltrato vitriólico que, por lo general, incluía palabrotas de todo tipo. Si eso lo hacían con sus amigos, es fácil imaginar lo que le hacían a un chaval engreído, guapito y de pelo largo, cuya madre trabajaba en las oficinas. Ay, el pelo. Hasta los hombros y recogido detrás de las orejas, el pelo me señalaba como alguien diferente, a pesar del uniforme azul y las botas con punteras de acero. Desde el momento en que uno de ellos gritó: «¡Eh, chico gay, pásame un perno de una pulgada!», el mote estaba destinado a pegarse a mí como la grasa de los rodamientos a mis pantalones. La fatal decisión de hacer a toda velocidad un crucigrama del *Daily Star* que alguien no conseguía acabar, lo que me ganó el mote (no irónico) de «Palabrero», me proporcionó un respiro temporal. Pero, aparte de ese interludio literario, era Chico Gay. Raparme el pelo al 2 y comentar que no era homosexual y que aspiraba a acostarme con chicas reales no cambió las cosas. El razonamiento contradictorio de la fábrica dictaba que, si tenías el pelo largo, eras «mariquita», aunque no lo fueras.

Exclusivamente masculino

Cuatro años después, me despedí. Tras un período breve y perfectamente desastroso en un centro de atención telefónica, el *tinnitus* había cambiado su insistente timbrazo de la apatía al tedio. Más que aburrido, me matriculé en el curso de acceso a la universidad.

No había ningún alumno masculino en mi clase de Lengua y Literatura y muy pocos en las demás clases. Dos años después, con esa clase de calificaciones que le sitúan a uno en los periódicos locales, aunque no sea una chica ágil que lleva camisetas cortadas, me fui a la universidad.

Si lo pienso, mis relaciones con amigos –y hasta el bachillerato mis amistades eran casi exclusivamente masculinas– se basaban en cuatro temas: los deportes, la bebida, las peleas y el sexo (o más exactamente, pensar en el sexo).

La maldición de la inteligencia

Hasta los veintidós años no me dio clases de Lengua un hombre. Hasta los veintidós años nunca había hablado de literatura con un ningún varón. Hasta los veintidós años evité usar palabras cultas en compañía de hombres.

Hasta los veintidós años, y ocasionalmente después, pensaba que ser inteligente era una maldición. No una bendición. Ni un don. Ni algo por lo que sentirme afortunado o genial. No. Ser listo, durante las dos primeras décadas de mi vida, era un chiste malo, un dolor recurrente, un peso insoportable. Ser inteligente era una maldición. Esta maldición no lo era en plan «¿Por qué no reconoce nadie mi genialidad?», sino más bien en plan «¿Por qué tengo que ocultar que me sé todas las respuestas? ¿No sería maravilloso ser un zoquete? ¿No sería genial ser estúpido?». Así no tendría que ocultar que entendía la poesía o que podía recordar fórmulas químicas. Los zoquetes tienen una vida más fácil, me decía. La gente lista que conocía tenía que soportar más bromas crueles. Y las bromas les angustiaban y les hacían vivir con miedo a las burlas, el ridículo y el ostracismo.

¿Qué impacto tienen las bromas en la forma de interactuar de los chicos entre ellos? ¿Qué implicaciones puede tener en las actitudes de los chicos hacia la escuela y al trabajo en ella? ¿Deberían las escuelas, o los profesores individualmente –como algunos ya han hecho[1]–, intentar desterrar por completo las bromas?

Parte A: las relaciones de los chicos entre ellos

Escena:
Chico A: Bonitos zapatos, colega.
Chico B: Gracias, tío.
Chico A: ¿Te los ha vuelto a elegir tu mamá? Son muy gais.
Chico B: ¡Eh!
Chico A: Es broma[2], tío.

La investigación

La «broma» puede definirse como:

1. Reírse de una persona con buen humor; hablar en tono divertido.
2. Acción, ademán o palabras con las que se procura poner en ridículo a alguien o algo.[3]

Retrocediendo unos trescientos años en sus orígenes inciertos, el término empezó su vida como verbo, provocando inmediatamente la ira de Jonathan Swift, quien condenó el término que consideraba «tomado en primer lugar de los abusones de White Friars»[4], un área del Londres del siglo XVIII conocida por ser una zona sin ley. En los últimos años el uso del término ha cobrado una gran popularidad, quizá a la sombra de las revistas para chicos de la década de 1990. Según Ngram Viewer –un motor de búsqueda con fallos, pero interesante, que rastrea una enorme base de datos de recursos escritos para identificar con qué frecuencia se usa una palabra–, la palabra se utilizaba en 2008 el doble de veces que en 1980. Paralelamente al aumento de su uso, parece darse un cambio en su significado: la erosión gradual del elemento de «buen humor» de la definición. Desde el inicio de los tiempos, a los seres humanos les ha gustado tomarles el pelo a sus amigos. Y los hombres británicos siempre se han considerado a sí mismos unos expertos en picarse los unos a los otros de manera afectuosa y divertida. Sin embargo, últimamente, y a menudo en nuestras escuelas, aunque no exclusivamente, se pone el énfasis en la ridiculización. Para decirlo claro, ahora la broma se utiliza a menudo como un eufemismo para todo aquello que cubre una amplia gama de maneras en las que los adolescentes –en especial los chicos– pueden humillarse unos a otros: insultos, burlas, «bromas» maliciosas, maltrato verbal y físico.

Tu madre

Una pregunta –retórica y acompañada de un suspiro de exasperación– que se hace con frecuencia en las salas de profesores de casi todas partes del mundo es: ¿por qué los chicos se tratan tan mal unos a otros? Y con esto, los profesores no se están refiriendo necesariamente a la animosidad entre chicos que sencillamente no se llevan bien. No, el interrogador retórico probablemente esté evaluando la tendencia de los jóvenes a comportarse de una manera horrible con otros jóvenes que ellos consideran sus *amigos.* En la *Encuesta Anual sobre el Acoso* de 2018, realizada por la asociación benéfica antiacoso Ditch the Label[5] un joven que había sido acosado durante los doce meses anteriores declaró que el abusón era un «amigo íntimo».

Un ejemplo clásico de esta maldad son las pueriles y omnipresentes bromas peyorativas respecto a las madres de otros chicos. Estos insultos maternos, en la superficie, no parecen más que una parte del crecimiento; infantiles, pero de naturaleza genérica, son bastante inocentes. Después de todo, Shakespeare, que era muy aficionado a una réplica cáustica, usaba los chistes de «tu madre» como parte de su repertorio humorístico, sobre todo en *Tito Andrónico:*

Demetrius: Canalla, ¿qué has hecho?
Aarón: Lo que tú no puedes deshacer.
Quirón: Has deshecho a nuestra madre.
Aarón: Villano, me he hecho a vuestra madre.

Sin embargo, los chistes juveniles sobre acostarse con la madre de un amigo (o las variantes en las que se la describe como gorda, estúpida o carente de una serie de refinamientos deseables) sirven a un propósito diferente, que llega al fondo de la cuestión de ser aceptado o rechazado por los pares masculinos de uno. En su brillante libro sobre cómo usan los chicos el humor para reforzar el estatus basado en la perpetuación de los valores masculinos tradicionales, Mary Jane Kehily, del Instituto de Educación de la Universidad de Londres, y Anoop Nayak, de la Universidad de Newcastle, explican cómo el maltrato verbal dirigido a las madres de otros chicos funciona como una prueba de resiliencia «masculina» a las pullas humillantes:

> La mención a la madre de un chico en el discurso del grupo de pares masculinos entra en el terreno de las emociones «privadas» del afecto materno y la negación de lo «femenino» [...]. Esto crea las jerarquías entre los tíos «de verdad» y aquellos susceptibles de una sensibilidad «femenina» y capaces de llorar.[6]

Cuando la broma se vuelve altamente sexualizada, personalizada y competitiva, los chicos que muestran signos de vulnerabilidad se convierten en blanco de un examen más profundo a base de la ridiculización. Al mismo tiempo, la broma actúa como un agente de conformidad de género. En la encuesta mencionada el 20 % de los que sufrieron acoso dijeron que les habían «acusado de ser gais cuando no lo eran». No ser capaces de encajar los chistes sobre su madre puede ser visto como un deterioro del estatus heterosexual de un chico.

¿Hay lugar para las bromas en la escuela?

Ben Lovatt, director ejecutivo de The Training Effect, una organización que diseña, desarrolla e implanta programas de salud y resiliencia emocional en las escuelas, me dijo que reconoce la presión de los chicos para que se unan a la broma ofensiva:

> El riesgo de enfrentarse a comportamientos como la cosificación de la mujer supera al de las peligrosas repercusiones de no hacerlo [como el ostracismo del grupo]. ¿Los chicos entienden que lo que hacen está mal? Sí. Pero las consecuencias de plantarse ante su grupo de pares y decir que está mal son peores.

A algunos le puede parecer que preocuparse por las bromas es como la corrección política llevada al límite, unos cuantos enfrentamientos sanos entre chicos que revientan tabúes y a los que se está prestando demasiada atención. ¿Qué puede ser tan dañino en unas inverosímiles insinuaciones de que un compañero se ha acostado con la madre de otro, de que «tu madre es una golfa»? Bueno, como muestran Kehily y Nayak, muchas veces esos «chistes» alcanzan un nivel de degradación que raya en actitudes misóginas, simbólicas pero profundamente perturbadoras, como en el siguiente ejemplo que aparece en su estudio:

- «A tu madre la han violado tantas veces que se pone un candado en el chichi».

Sin tener en cuenta lo horribles que sean las humillaciones personales, se espera de los chicos que las acepten sin mover un músculo. Como me explica Martha Evans, coordinadora nacional de la Alianza Antibullying: «Los chicos tienen que demostrar que no les duele: *somos hombres y no sentimos, digas lo que digas*». O sea que, al parecer, los chicos hacen chistes de madres por un par de razones. En primer lugar, porque la madre es algo que todos tienen en común. En vez de picar a los demás metiéndose con su equipo de fútbol favorito, se pican unos a otros metiéndose con su madre. A algunos chicos no les interesa el fútbol, pero a todos les importa su madre. De esta manera, los chistes de madres se convierten en una prueba de tornasol de la masculinidad «fuerte». En segundo lugar, si algún chico no puede encajar la broma, significa –a los ojos de sus pares– que es blando y emocional como las chicas. Claro que en esto hay una clara contradicción: los insultos a la madre se usan como una demostración de una despiadada ausencia de sentimientos. Y, sin embargo, la razón para elegir a la madre como objetivo es que existe un profundo y genuino afecto por ella. Mientras se mantenga la fachada de indiferencia, también se mantiene el estatus de «hombre de verdad».

Los ejemplos de insultos personales vengativos pueden pasar de una generación a otra. Pero la actual obsesión por las bromas machistas desagradables tal vez se vea amplificada por los ejemplos en los medios de una masculinidad hosca y brutal. Según Martha Evans, las expectativas en la masculinidad y la necesidad de ser visto como un machote impregnan los programas de televisión y medios sociales:

> programas como *TOWIE*[7], en los que los hombres bromean constantemente y se dicen cosas crueles unos a otros. O descripciones en los medios de deportistas, que muy a menudo muestran a hombres tratándose horriblemente mal y se supone que ellos tienen que quitarle importancia.

Los profesores y las bromas: cuando los colegas se vuelven unos traidores

Durante mi charla con Evans, charlamos de los límites imprecisos entre la broma y el *bullying*, la diversión y el acoso, el humor y el maltrato. Un comentario en concreto hizo que me planteara si algunos profesores pudieran estar contribuyendo a una cultura tóxica de la broma. Evans me dijo que «los adultos pueden ser sus peores enemigos y son muy capaces de utilizar mal las bromas». Me pregunté si esto pasaba en nuestras escuelas. ¿Los colegas de la enseñanza hacen bromas inoportunas delante de los alumnos? Pregunté a los profesores a través de las redes sociales y recibí una gran cantidad de respuestas positivas. Estas son algunas de las anécdotas:

- Falté a clase para asistir a un funeral. Un estudiante de mi grupo preguntó dónde estaba cuando se pasaba lista. El profesor que me sustituía –un chico joven que quería caer bien– dijo que me habían pillado haciendo algo con una oveja. Mi familia es galesa. El alumno se quedó boquiabierto y me lo contó a la mañana siguiente. Se lo dije a la dirección y le obligaron a pedir perdón, pero sugirieron que el estudiante tal vez habría oído mal. *Peter, Hull.*
- He sido acosado sexualmente de forma leve por mis colegas femeninas delante de los chicos. Cosas como que me digan en los pasillos que soy guapo al mismo tiempo que, por ejemplo, me tocan el pecho o los bíceps mientras los alumnos cambian de una clase a otra. Una línea frágil entre la broma y el acoso. *Toby, Margate.*
- Una vez fui de refuerzo de vigilancia a una clase de Ciencias y la docente (una mujer) dijo, delante de treinta alumnos de séptimo año: «La señorita no entiende nada de ciencias, así

que también puede aprender algo con nosotros». Tengo un grado en Biología. Afortunadamente, se volvió contra ella cuando uno de los alumnos dijo: «¡Sabe más que usted, así que a lo mejor podía darnos la clase ella!». *Sally, Nottingham.*

- Un colega masculino entró en mi clase y dijo: «¿Así que la señorita es vuestra profesora de Lengua? Siempre he odiado la Lengua. Y no mejora si os la da una profesora gruñona (señalándome), ¿eh?». Un alumno salió en mi defensa diciendo que yo no «era siempre gruñona». *Charlotte, Cornualles.*
- El coordinador del curso entró en mi clase y yo le comenté lo decepcionada que estaba porque algunos de los estudiantes no habían leído *El gran Gatsby* durante las vacaciones, como les había pedido. Él dijo que lo entendía, porque leer novelas era muy duro y me preguntó, delante de la clase, si no había una versión cinematográfica que les pudiera recomendar. *Jenny, Chichester.*

Estos ejemplos (con nombres supuestos) siguen un patrón constante en las anécdotas que me contaron. El uso equivocado de la broma en público entre colegas de la enseñanza se puede categorizar así: a) comentarios y atención sexual no deseada; b) insultos personales «en broma» que incluyen estereotipos basados en el entorno familiar, una supuesta falta de inteligencia o de sentido del humor; y c) comentarios negativos sobre las asignaturas que enseñan los colegas. Estos incidentes fueron, presumiblemente, con intención humorística, pero cada uno de estos ejemplos funciona como un modelo no deseable y posiblemente peligroso para los impresionables adolescentes. En este caso, los mensajes no verbales van de lo aparentemente trivial a lo claramente ofensivo. Primero, la presunción enormemente dañina (como ya vimos en el capítulo 5) de que ciertas asignaturas solo son adecuadas para un género. Segundo, que es mejor evitar el trabajo serio y la aplicación. Tercero, que está bien tocar y sobar a otra persona sin su consentimiento. Y por último, que ese lenguaje zafio sexualizado que degrada y cosifica a otra persona es una forma de humor aceptable. Todos los profesionales, hombres y mujeres, que recurrieron a la broma en estos ejemplos estaban intentando asumir el papel de lo que Jeffrey Smith llama el «cómplice cultural»[8]. En otras palabras, intentaban ganarse el favor y la popularidad de los alumnos de su escuela degradando, burlándose o humillando a un colega de una manera estereotipadamente masculina.

Las soluciones

Consejos para los equipos directivos escolares

Gestionar las bromas

Dado el efecto indeseable de las bromas ofensivas y el rol corrosivo a la hora de animar a los chicos jóvenes a perpetuar ideas perniciosas sobre la masculinidad, es tentador prohibir todas las bromas directamente. Martha Evans lo considera un error. «Algunas escuelas –me informó– tienen una política de tolerancia cero a las bromas. Pero es poco práctico.» Si no se tiene cuidado, explica, puede ser contraproducente y, al prohibir algo, «lo pones bajo la luz del foco», creando un incentivo perverso para sumarse a un comportamiento tabú. «Si se trata de una palabra de uso ampliamente extendido será necesario hablar de ella, pero, desde luego, no introducirla como palabra si los alumnos no la están usando ya. Es necesario llegar a las razones detrás de ella y trabajar dónde trazar las líneas en el plan de estudios.» Ben Lovatt está de acuerdo cuando me dice: «No creo que se puedan prohibir las bromas, son muy subjetivas.

Además, las escuelas ya tienen bastante con lo que tienen». Por otra parte, como aclara Evans, las bromas no tienen por qué ser una experiencia negativa; con la intención correcta pueden ser divertidas y entretenidas para las dos partes. Hay que centrarse en explicar la diferencia entre la broma, la burla y el *bullying* descarado. Lovatt coincide: «La mayoría de los niños implicados en el *bullying* no ven lo que hacen como un abuso. Es una cuestión de educación. No se puede pedir a los alumnos que dejen de hacer cosas que no saben que están haciendo».

Combatir las bromas

Entonces, ¿qué pueden hacer los directivos escolares para gestionar la broma mal enfocada? «Necesitamos ser más listos sobre cómo nos enfrentamos a este tema», aconseja Lovatt. «El *bullying* no existe en aislamiento. Los enfoques punitivos solo añaden estrés al perpetrador» que generalmente lo hace debido a problemas que tiene en su propia vida. «Tiene que haber un cambio en el espíritu y la cultura dentro de los centros escolares, mejor que sesiones en solitario. Los enfoques restaurativos sí que ayudan a los que perpetran el *bullying* a ver el impacto de sus palabras.»

Duncan Byrne, director de la Loughborough Grammar School, está de acuerdo con que una prohibición estricta es inútil. En su blog[9] defiende que intentar persuadir a los chicos de que eliminen las bromas de sus vidas es un error. En su lugar, recomienda enseñar a los chicos la delgada línea entre aprender cómo reírse de nosotros mismos y reconocer cuándo nuestros intentos de humor perturban y hieren a nuestros pares.

Los profesores de chicos sabemos que no vamos a conseguir que dejen de intentar tomarle el pelo a otros. Lo que necesitamos que entiendan es que las bromas solo son bromas si las dos partes las encuentran divertidas y que «solo era una broma» no es una excusa aceptable para el *bullying*. En cualquiera de sus formas, se les dice a los chicos que hablen y avisen a un adulto si están siendo víctimas de abusos. Por supuesto, es un buen consejo. Sin embargo, creo que la mayoría de los chicos que llevan demasiado lejos sus bromas se moriría de vergüenza si se le acusara de *bullying*. Tenemos que recordarles que todo el mundo tiene una tolerancia diferente a las bromas y que tienen que llevar las antenas muy alerta a las señales de incomodidad en sus amigos y compañeros de clase. En una asamblea reciente, aconsejé a los chicos que la respuesta adecuada a un abroma que ha ido demasiado lejos es «ya es suficiente; no me parece divertido», y que todo el mundo debe respetar estos límites. Seguir con una broma una vez que se sabe que la víctima se siente incómodo es adentrarse en el terreno del *bullying*.

Gestionar las bromas inoportunas de la plantilla

Sin embargo, los dirigentes escolares deben ponerse serios ante el uso de «bromas» entre profesores que provoquen dolor, vergüenza o que refuercen los estereotipos negativos sobre la enseñanza. Es revelador que no muchos de los casos que se pusieron en mi conocimiento llegaron hasta la dirección del centro. Y es todavía más revelador que en los ejemplos que me contaron, cuando se elevaban quejas al equipo de dirección senior, eran claramente minimizadas o silenciadas. Con o sin intención, cuando un profesional ridiculiza o sabotea pública y abiertamente a un compañero, se hacen necesarias unas palabras de orientación. En incidentes graves, deben seguir un procedimiento disciplinario. Solo cuando se cree un espíritu de apertura y accesibilidad se sentirá cómoda la plantilla para discutir sus sentimientos sobre las bromas inoportunas. Si esto no se consigue, que no nos sorprenda que tales actitudes se normalicen y caigan sobre nuestros alumnos.

Las bromas: otras consideraciones

Aquí tenemos algunas consideraciones más de mis conversaciones con Evans y Lovatt:

1. **Permitir que los alumnos establezcan el tono de la conversación y usen el lenguaje que quieran.** Evans dice: «Ellos saben lo que creen que son las bromas. Pero en cuanto se analiza cómo las bromas pueden convertirse en *bullying,* empiezan a darse cuenta de que la broma puede usarse como un término paraguas para cubrir cualquier humor».
2. **Empezar por centrarse en el impacto y las consecuencias de lo que dicen y cómo lo dicen.** Como recomienda Lovatt, hay que conseguir que se planteen si importa la intención de la broma.
3. **Dar apoyo a los jóvenes, pero sacarles de sus zonas de confort.** Lovatt me pone un ejemplo de una tarea sencilla pero efectiva de sus sesiones de equipo: «Hacemos un ejercicio en el que retamos a los jóvenes a decirse entre ellos un piropo que no tenga que ver con la apariencia. Es algo muy difícil para la gente joven, en particular para los hombres jóvenes».

Consejos para los profesores

Evans recomienda las siguientes estrategias prácticas para ayudar a que los alumnos puedan discernir las diferencias entre *bullying* y broma:

1. **Usar ejemplos de los medios:** «Los ejemplos de la vida real ajustados a su edad con los que ellos se puedan identificar son mucho más útiles que hablar de las bromas y el *bullying* en términos abstractos».
2. **No adoptar un tono condescendiente o censurador:** «Es necesario tener una conversación abierta sin ser paternalista. En cierto sentido, ellos entienden las bromas mejor que nosotros. Solo que no tienen la capacidad de desmenuzar los ejemplos y necesitan que se les ayude a hacerlo».
3. **Adoptar una postura paciente, a largo plazo.**

Lovatt anima a los profesores a centrarse en un esquema mental positivo:

> Se amable. Persevera. La cuestión es crear un entorno de aprendizaje favorable. Si los alumnos se concentran en aprender es menos probable que se distraigan y se dediquen a las bromas.

Parte B: las relaciones de los chicos con los profesores

Como dejé claro en el capítulo 1, he cometido muchos errores a la hora de enfrentarme a comportamientos problemáticos de algunos chicos, en particular, intentando «implicarles», en un inútil esfuerzo para evitar problemas de conducta. En colegios bien provistos, con sistemas de comportamiento centralizados eficaces, con un excelente apoyo de orientación de amplia gama, el comportamiento no debería ser el punto principal de nuestra actividad. Sin embargo, yo diría que incluso cuando los colegios priorizan –o tienen los fondos para priorizar– la provisión de un destacado apoyo a sus profesores en cuanto al comportamiento, muchos docentes aún pueden beneficiarse de tener conocimiento de algunas herramientas de gestión de comportamientos que pueden ayudar a mejorar las relaciones con sus alumnos para desarrollar un entorno más favorable en el aula.

«Pero, un momento –oigo decir a alguno de vosotros–, ¿por qué tendrían que necesitar los profesores trabajar sus habilidades de gestión de comportamiento? ¿No tendrían los alumnos que atenerse a las mismas expectativas? Hay reglas, si las rompes te vas fuera. Nuestro trabajo es educar; ellos solo tienen que comportarse.»

Comprendo esa sensación de frustración. Sin embargo, en última instancia, sigo creyendo que el papel del profesor es encontrar medios para organizar una clase ordenada y estricta al mismo tiempo que se reconoce que algunos alumnos necesitan el clásico palo, mientras que otros necesitan más trabajo, cariño y disciplina planteada con sensibilidad y juicio. Muchos de ellos serán chicos. Pero ¿sabéis qué? También muchos otros serán chicas…

La investigación y las soluciones

Consejos para los profesores

Creo que ciertas posturas ante el comportamiento ayudan a desarrollar relaciones positivas con los chicos, sin dejar al mismo tiempo de poner en ellos las expectativas más altas. Y creo que también funcionan bien con las chicas y otros seres humanos. Pero ¿secunda la investigación mi experiencia basada en anécdotas? Estos son mis cinco principios del comportamientos para chicos:

A. Evitar la confrontación y las reprimendas en público

Los chicos suelen quedar impresionados si uno es capaz de mantenerse tranquilo. Esto no significa que se ignoren los comportamientos provocadores. Pero dar a los chicos tiempo para pensar, tiempo para calmarse, y la oportunidad de echarse atrás sin quedar como un rajado es muy importante. Una expresión que me gusta para describir este planteamiento es la de profesor como «exigente y cálido». Por ejemplo, cuando se le pide a un alumno alborotador que haga algo, darle las gracias, que lleva implícita la expectativa de que lo cumpla, tal vez sea más eficaz que decir por favor, lo que sugiere que se le está pidiendo algo.

Hay que ser conscientes del lenguaje corporal y la postura. Es fácil, sobre todo para los hombres docentes, utilizar la envergadura física o el hecho de hablarle a un alumno para intimidarle para que haga lo que se le ha dicho. Sin embargo, como recordaremos del capítulo 3, adoptar el rol de «cómplice cultural»[10], a través de demostraciones de masculinidad tradicional dominante, puede funcionar a corto plazo, pero al final refuerza los comportamientos agresivos que queríamos evitar en primer lugar. Yo acostumbro a contener mi impulso de controlar a los chicos que buscan la confrontación mediante la presencia física o levantando la voz en situaciones en las que los alumnos podrían estar en peligro: peleas de patio, carreras por los pasillos, tonterías durante las alarmas de incendio. Porque los gritos habituales sencillamente no funcionan. Permanecer tranquilo no solo es bueno para nuestros niveles de estrés; además te da una posición moral elevada cuando los demás gritan. Una de mis frases recurso es: «Yo no te estoy levantando la voz; ¿por qué me estás levantando la voz tú a mí?». He descubierto que esto lleva invariablemente a que se baje el volumen a dos o tres, en vez de subir a once. Adoptar esta postura también supone que, cuando explotas, se quedan realmente pasmados. «¡Debemos haber hecho algo muy malo para que la señorita Clark esté enfadada!»

Reid[11], que estudió a alumnos de ocho a once años, descubrió que consideraban que los gritos no solo eran ineficaces, sino también perniciosos para las relaciones a largo plazo entre profesores y alumnos. Creo que es nuestro trabajo como profesores, por muy irritado que se esté, intentar implementar la cortesía, la dignidad y el respeto.

B. Despersonalizar la conducta y tratarla de la manera más discreta posible

Un fascinante estudio australiano de Josephine Infantino y Emma Little[12] sobre la percepción de los alumnos del comportamiento en el aula desveló que el 78 % de los 350 alumnos del muestreo consideraban que una charla en privado era más efectiva para corregir conductas inadecuadas. Solo el 12 % creía que una bronca pública era más eficaz. Esto corrobora los postulados de anteriores estudios[13] que encontraron que los alumnos se sienten menos incentivados para mejorar su conducta cuando la disciplina incluye algún tipo de vergüenza pública.

Las instrucciones no verbales son muy poderosas. Porque a) evitan que el curso de la clase se interrumpa y b) no llaman la atención sobre la conducta problemática. Este es un punto importante que a menudo se pasa por alto. Muchas veces, la intención del chico alborotador es que se note su comportamiento disruptivo, en su afán de exteriorizar su espíritu antiescolar tradicionalmente masculino.

Como observan Infantino y Little «los [estudiantes] varones son más propensos a comportarse de manera impropia y a enzarzarse en comportamientos arriesgados si creen que van a recibir gratificaciones sociales de sus pares cuando se les riñe en voz alta»[14]. Montar una escena o salir corriendo aumenta la diversión. Decir sus nombres –a no ser que hayan fracasado todos los intentos anteriores para llamar la atención del alumno– aumenta la sensación de que se destaca al alumno. Un estudio anterior[15] revelaba que más de la mitad de los 99 profesores encuestados confesaban recurrir a las reprimendas públicas, a pesar de ser conscientes de que suelen ser contraproducentes. ¿Eres uno de esos profesores que no pueden evitarlo? Si es así, haz la prueba con «Estoy esperando a que algunos de los del fondo hagan caso de mis indicaciones», aunque solo sea un alumno. Esto evita la respuesta «¡Yo no estaba haciendo nada!» y elimina la posible percepción de que se ha señalado a un chico.

Las estrategias que intentan sofocar problemas de comportamiento –tales como una señal no verbal a un alumno para que deje de escribir– tienen un beneficio adicional para los profesores. Un estudio australiano[16] sobre la relación entre el comportamiento y el estrés del profesorado descubrió que «un predictor significativo del estrés del profesor era el uso de estrategias reactivas para gestionar el comportamiento» que se «utilizan en respuesta a los comportamientos inconvenientes». En contraste, «estudios proactivos [que] previenen que el comportamiento inadecuado se produzca o prospere» parecían que tenían más probabilidades de mejorar el bienestar del profesor.

C. Implicar a los padres y ofrecer recompensas inmediatas

Con los chicos difíciles, sobre todo con aquellos que muestran (o intentan ocultar) una baja autoestima, creo que es vital dedicar un momento, lo antes posible, para llamar a su casa y dar informes positivos. Esto puede requerir tiempo, pero los estudios han demostrado insistentemente que el contacto positivo con el hogar es «universalmente efectivo»[17] para promover el buen comportamiento, al contrario que un contacto negativo con el hogar. Creo que no podemos subestimar el poder del apoyo familiar.

Recuerdo haber llamado una vez a casa de un alumno con dificultades al que llevaba dando clase un par de semanas para hablar con su madre. «¿Qué ha hecho ahora?», me gritó. «Nada», le dije yo.

«Solo quería decirle lo impresionado que estoy por sus esfuerzos en la clase de Lengua.» Tras pedirme perdón, me explicó entre lágrimas que estaba harta de la avalancha de llamadas sobre peleas, castigos y deberes pendientes. Después de eso, la llamé regularmente. A veces el mensaje no era bueno, pero a través de las ocasionales frustraciones consecutivas, se mantuvo una relación de apoyo mutuo.

Una razón por la que las llamadas a los padres –o las notas en la agenda si falta tiempo– pueden tener tanto éxito es que a los alumnos, y yo sugeriría que especialmente a los alumnos masculinos, a menudo no les gusta nada que se les halague en público. Además de resaltar los peligros de las reprimendas en público, Infantino y Little también encontraron que los estudiantes «prefieren que se les halague discretamente por su buen trabajo y comportamiento». Esta investigación secunda las conclusiones de Houghton y otros[18] quienes describieron que el halago en privado les daba «menos vergüenza» que el reconocimiento en público y no «señalaba a un estudiante para que los demás se fijen en su comportamiento». Si pensamos en el capítulo 3 y nos acordamos de las presiones muy reales con las que se tienen que enfrentar los chicos para adaptarse a un espíritu antiescolar, tiene todo el sentido que se muestren reacios a que un profesor les sitúe bajo la luz del «empollonismo».

Por supuesto que tenemos que cambiar la cultura de nuestras escuelas para que los chicos se sientan libres de regodearse en la gloria de un éxito académico ganado a pulso, y para permitirse que les premien con una palabra amable por un trabajo bien hecho. Pero, mientras tanto, un aparatoso halago en voz alta durante la clase podría ser contraproducente para los chicos.

Los profesores asumen muchas veces que la motivación lleva al éxito en educación. Sin embargo, numerosos estudios muestran que, aunque la relación funciona en las dos direcciones, lo más probable es que el éxito lleve a la motivación. Investigaciones de 2016 sobre la motivación y el rendimiento en Matemáticas en alumnos de primaria realizadas por Garon-Carrier y otros[19] encontraron un vínculo direccional entre el logro previo y la motivación intrínseca subsiguiente. Defienden que este crecimiento de la motivación intrínseca podría explicarse posiblemente por el hecho de que «el éxito en Matemáticas se refuerza a sí mismo».

La **motivación intrínseca** sale de dentro del individuo cuando encuentra algo naturalmente satisfactorio.

La **motivación extrínseca** se basa en alguna clase de gratificación o exigencia externa.

Para decirlo de manera más sencilla, hacer algo bien le hace a uno disfrutarlo más y desear hacerlo más veces. Con este pensamiento en mente, encontrar recompensas inmediatas con chicos aparentemente desinteresados se vuelve todavía más importante. Buscar sin dilación oportunidades para establecer un contacto positivo con el hogar puede generar nuevos niveles de esfuerzo.

Más aún, un reciente artículo de Bugler y otros[20] cita estudios que han demostrado que la motivación de los chicos para lograr el éxito académico está «relacionada más íntimamente con los resultados que en las chicas» porque los chicos «necesitan, en mayor medida que las chicas, tener éxito académico para sentirse motivados»[21]. En otras palabras, una mejora en la media de las notas posiblemente haga más para animar a los chicos a trabajar duro que cien reuniones de crecimiento mental. De hecho, como ha explicado el profesor y autor Andy Tharby, las intervenciones psicológicas que exhortan a los alumnos de bajo rendimiento a trabajar más pueden tener el efecto contrario:

> Uno de los errores más comunes es animar a los alumnos a hacer un esfuerzo mayor cuando, en realidad, lo que necesitan es una estrategia mejor. De esta manera, los estudiantes se desaniman rápidamente cuando se dan cuenta de que hacer un esfuerzo mayor no siempre los lleva a un éxito mayor.[22]

Entonces, ¿qué se puede hacer? Bueno, los mensajes para que los alumnos aumenten sus esfuerzos deberían ser específicos y vinculados a objetivos claros. Por ejemplo, en vez de decir: «Jack, no te puedes olvidar de repasar antes de tus evaluaciones de Geografía», es más fácil que Jack se sienta estimulado si se le dice: «Necesitas revisar el proceso de erosión en casa, Jack. Veo por tu libro que esta es un área que te cuesta entender en las clases».

D. Centrarse en la productividad

Una vez que hayamos logrado que los alumnos saboreen las mieles del éxito académico, es importante mantener unas expectativas muy altas para que no caigamos en la complacencia. Aparte de mostrar respeto cuando el profesor, o sus pares, están hablando, yo diría que la cosa más importante que hay que inculcar a los chicos aparentemente difíciles es la necesidad de ser productivo en las clases.

Una pregunta interesante que hay que hacerse es: ¿dejamos a veces que determinados chicos se salgan con la suya de no hacer su trabajo mientras estén callados y no molesten a los demás? Aunque esta parezca una decisión pragmática cuando uno se enfrenta a una clase difícil, sobre todo cuando uno es un profesor con poca experiencia que todavía busca su sitio en el dominio del aula, yo diría que estamos mandando una señal subliminal de que no trabajar está bien. Y será difícil rectificar esa actitud una vez que se estabilice el resto de la clase.

El ensayista educativo David Didau ha acuñado una frase sucinta y rotunda que resume este tipo de error egregio: «Lo que permites, promueves»[23]. Ignorando la pereza estás diciendo que a veces es aceptable. Y no lo es. Pero, en el fondo, ya lo sabes, por supuesto. Porque negarse a trabajar –que no es lo mismo que no poder hacer el trabajo– es un acto de rebeldía que es tan serio, a su manera, como hacer novillos o decirte que te calles. Los profesores pueden eludir este tema porque una negativa a trabajar silenciosa pero categórica puede ser difícil de tratar. Después de todo, no se le puede obligar físicamente a Tyrone a que coja el bolígrafo si no quiere hacerlo, ¿verdad? No, no se puede, pero tienes otras armas en el arsenal para los trabajadores más reacios.

Primero, averiguar si ese alumno trabaja en otras asignaturas y no en la tuya. Si es así, ¿se está aprovechando de tu poca disposición a castigarle por ello? Los profesores de chicos (y de chicas) más eficaces no aceptan esfuerzos incompletos, desacertados o a medias. ¿Qué supone esto en la práctica?

Un sencillo truco para que los alumnos sepan que tú eres uno de esos profesores es *el punto.* Cuando te encuentres con un caso de escaqueo, todo lo que tienes que hacer es, sin decir nada, dibujar un punto en el margen junto a la mínima cantidad de trabajo que el alumno haya hecho. Es omnisciente. Le dice al alumno:

> Te tengo vigilado. Puede que seáis 29, pero sé exactamente hasta donde has llegado tú en esta tarea. Cuando vuelva dentro de cinco minutos, mi amigo *el punto* me dirá exactamente lo que has avanzado.

Invariablemente, al cabo de un tiempo se llega al estadio en que solo mencionar *el punto* provoca un frenesí de trabajo. Si esto no funciona, insiste en que trabajen en silencio hasta que los holgazanes adopten hábitos mejores.

¿Y si eso no tiene el efecto deseado? El paso siguiente es que acaben los trabajos en el tiempo no lectivo, o castigados después de clase o en casa como deberes extra. Si no los acaban, utilizar el principio de la clase siguiente, mientras los demás alumnos empiezan por el repaso. ¿Y si fracasa todo lo demás? Aislarlos durante el tiempo de clase. Hacer que acaben el trabajo retrasado en otra aula, fuera del despacho del director de departamento, en cualquier sitio donde se sientan especialmente incómodos. Dejar que se ganen con trabajo la vuelta a la clase. Solo así se darán cuenta de verdad de que nunca vamos a tolerar una falta de productividad en la clase.

E. Demostrar confianza, conocimiento y humildad

Cuando se trata de mejorar los resultados de los chicos (y las chicas) es muy importante que se conozca la asignatura, asignaturas según el caso, con profundidad. Las investigaciones han encontrado un vínculo positivo entre un conocimiento profundo de la asignatura y los logros de los estudiantes.[24] Como ha defendido Rob Coe[25], una estrategia clave para mejorar los resultados es «dirigir el apoyo de los profesores a áreas concretas en las que tienen menor comprensión y conocimiento de los errores de los estudiantes». Esto significa que, como profesores de chicos, uno no solo debería ser capaz de proporcionar instrucción y explicaciones efectivas, sino ser capaz también de anticipar posibles errores que uno podría cometer en la aplicación de este conocimiento.

Por ejemplo, un profesor de Educación Física podría ser un experto en las sutiles variaciones de método de entrenamiento *fartlek,* pero es todavía más importante tener una visión clara de cómo los alumnos pueden confundir y evaluar erróneamente estos diferentes elementos. Según mi experiencia, a veces hay que hacer una exhibición de pasión y experiencia para impresionar a un grupo difícil. Decirles que eres un experto –«Deberíais prestar atención a lo que estoy diciendo: tengo un máster en historia de Rusia»– no es suficiente en sí mismo.

Por eso es tan importante –además de ser una excelente herramienta educativa– ser un modelo de vida. Desplegando ante sus ojos la maestría sobre un tema, estamos ilustrando nuestro conocimiento y ayudándoles a mejorar. La combinación de autocrítica y reafirmación es muy potente.

En realidad, el humor se cita a menudo como un requisito clave en la construcción de una relación positiva con los alumnos. La investigación elaborada por la revista *TES*[26] en 2017 pidió a más de tres mil estudiantes del Reino Unido que enumeraran las características que más valoraban en sus profesores. Entre los estudiantes de primaria y secundaria «"divertido" ganó por mayoría aplastante». A nivel anecdótico, puedo confirmar que el humor bien medido es muy eficaz para acercarse a los chicos y puede proporcionar formas memorables de comprobar que se inculcan conocimientos. Un estudio norteamericano de 2006 de R. L. Garner[27] aseguraba que el humor puede tener un efecto positivo a la hora de retener y recordar información. Sin embargo, es significativo que Garner coincide con otros investigadores[28] en que el humor debe estar vinculado al contenido del currículum:

> Para que el humor sea más efectivo en un entorno académico, debe ser específico, orientado y adecuado a la asignatura.

Si recordamos la explicación de Daniel Willingham del aprendizaje –«la memoria es el residuo del pensamiento»[29]– podemos entender cómo los alumnos, si los profesores no tienen cuidado, pueden recordar los chistes y olvidar el contenido, a menos que los primeros sean relevantes para lo segundo, en cuyo caso es mucho más probable que se les quede.

Además de mejorar la memoria, el humor también puede funcionar bien para aliviar a los chicos de sus preocupaciones sobre su capacidad para tener éxito. Sabemos por el capítulo 5 que los chicos son más propensos a abandonar su trabajo académico si sienten que tienen pocas posibilidades de éxito. Tras revisar cuatro décadas de investigación, Banas entre otros[30] asegura que «el uso del humor instructivo para aliviar tensión puede ser especialmente útil para enseñar temas que suelen ser percibidos por los alumnos como causas de ansiedad».

Por ejemplo, si estoy enseñando a los chicos una poesía basada en el amor y las relaciones, puedo optar por compartir un poema de amor mío deliberadamente horrible para hacerle reír con el nivel de mi obra (animándolos a que se arriesguen con su propia escritura creativa) y darles un punto de referencia para la auténtica calidad de la poesía que vamos a estudiar.

El problema del sarcasmo

No obstante, los profesores con experiencia habrán visto innumerables situaciones en las que un intento de humor mal calibrado ha causado conflictos, resentimiento y pérdida de confianza. Por ejemplo, el uso del sarcasmo –una tentación comprensible ante una clase frustrante– puede volverse contra uno mismo de mala manera. Yo diría que hay que evitarlo a no ser que se conozca al grupo muy bien y se haya creado con él un espacio seguro para la broma comedida. Aun así, aunque no ofenda ni altere a los alumnos, el sarcasmo puede tener otros efectos perniciosos. Una vez escuché decir a un profesor que estaba en la puerta de su clase esperando a que entraran unos alumnos rezagados: «Venga chicos, ya sé que os morís por entrar en la clase de Historia. Ya sé que os gusta tanto la asignatura que no podéis evitar entrar corriendo». Desde mi punto de vista, este sarcasmo aparentemente benévolo estaba mal orientado por las siguientes razones:

1) **No tenía gracia.** Si se va a recurrir a chistes irónicos, al menos pensemos en algo que provoque una carcajada.
2) **Da por supuesto que la asignatura no gusta a ningún alumno.** Puede que a algunos de ellos no les guste, pero ¿sienten la necesidad de llegar tarde *en masse* para evitar que se les etiquete de empollones?
3) **Refuerza el estereotipo de que los chicos son reacios al estudio.** ¿Y si llegaran tarde porque se han retrasado cambiándose después de Educación Física? El profesor no se ha molestado en preguntar; ha preferido suponer que la razón era antiacadémica por naturaleza.
4) **Trasmite el subtexto de que la Historia –una asignatura centrada en la lectura y la escritura– es aburrida.** ¿Un profesor de alguna asignatura «práctica», como Tecnología o Teatro, rebajaría así a su asignatura?
5) **Crea un arranque de clase negativo.** Hay que tratar el tema del retraso después de la sesión, por supuesto, pero no se debe perder más tiempo de clase.
6) **En general, a los alumnos no les gusta el sarcasmo.** Wanzer y otros[31] encontraron que a los estudiantes normalmente no les gusta el humor que se centra en los estudiantes individualmente, tanto si se intenta que moleste como si no. Los chicos ya tienen bastante bromas y burlas con las que tratar

en el patio. Probablemente, las relaciones con los adultos deberían ofrecerles un respiro de las bromas.

7) **¿Se les permite a los alumnos que usen el sarcasmo con los profesores?** Banas y otros[32] opinan que «la diferencia de poder entre profesores y alumnos inhibe las bromas recíprocas». Los profesores puede que tengan la autoridad para meterse con los alumnos y mantener su estatus a expensas de otros, pero utilizarla así hará daño a las relaciones a largo plazo.

La última palabra

Al principio de este capítulo, nos fijamos en la naturaleza maligna de una gran parte de lo que se pasan por bromas en las escuelas. Muchos chicos tienden a denigrar y menospreciar a los demás en un intento de demostrar sus credenciales masculinas. Estos dardos aparentemente inocentes no solo causan sufrimiento y vergüenza, también perpetúan la dañina idea de que expresar emociones sentidas es una demostración de debilidad que puede verse como afeminada. También hemos visto que los profesores, a menudo hombres, aunque no siempre, también pueden machacar a los colegas y reforzar valores de la masculinidad no tierna.

También hemos visto que la llave para unas buenas relaciones entre profesores y alumnos masculinos reside en un enfoque que motive a los chicos mediante la obtención del éxito y trate con delicada consideración los sentimientos de los chicos. Al mismo tiempo, hemos visto que los profesores que se llevan bien con los chicos, que son expertos en su materia y que tienen las expectativas muy altas en lo que pueden lograr, utilizan el «cariño fuerte» para asegurarse de que no se les permita adoptar una postura de antitrabajo y autoderrota. Por fin, hemos visto cómo el humor puede ser una poderosa herramienta que hay que usar con cautela.

Siempre hay sitio para la diversión en la escuela. Es un componente esencial de la existencia humana. Pero las escuelas y los profesores tienen que cuidar de que –cuando se trata de interacciones entre chicos, entre profesores y entre chicos y profesores– el humor no sea de naturaleza maliciosa o misógina (Figura 9.1).

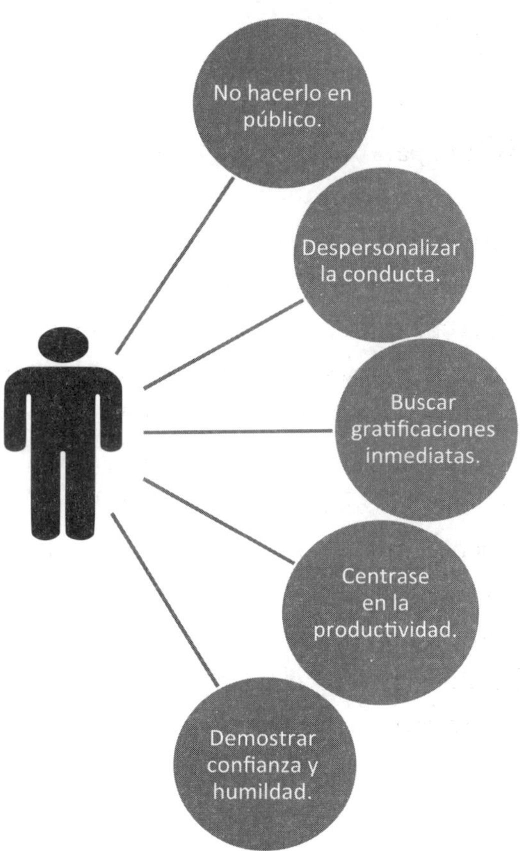

Figura 9.1 Desarrollar una relación positiva con los chicos.

10. Otras voces

La masculinidad en la escuela primaria, por Ben King

Ben King es profesor de cuarto en una escuela de primaria en West Sussex. Después de pasar un tiempo enseñando en Hampshire y los Emiratos Árabes, Ben se centra ahora en promover el amor a la lectura y a defender que una literatura infantil de calidad es el centro de la enseñanza y el aprendizaje. La tesis del máster de Ben examina la conexión entre los resultados académicos de los progenitores y su impacto en su implicación con la educación de los hijos. Además de escribir una columna semanal para la revista *HWRK,* Ben ha puesto en marcha recientemente los Premios al Libro del Profesor, el primer premio editorial *online* que se basa en las nominaciones y los votos exclusivamente de profesores.

La señorita Trunchbull

Cuando estaba en la escuela en los años 1990, tuve la desgracia de que me diera clase una profesora que estoy seguro de que tenía un altar a la señorita Trunchbull de Roald Dahl en su cavernosa taquilla. Yo no le gustaba; y no en plan *a veces puede ser un chico difícil,* sino de una manera realmente acosadora, intimidante y que animaba a los demás chicos a rechazarme. Yo no era el chico más fácil de la clase, pero el trato al que me sometía era inmerecido y, hasta el día de hoy, sigue pegado a mí como el pegamento de polivinilo. No puedo arrancar de mis recuerdos su brutalidad abyecta, su favoritismo, y el hecho de que me trataba, a mí y a el resto de los chicos, de manera totalmente diferente que a las chicas. Esperaba que los chicos nos portáramos como hombres. Esperaba de nosotros que reaccionáramos a sus críticas diarias como soldados en el patio de instrucción, no como niños de siete años en un aula. «No seas tan nenaza», me dijo mientras mi sufrido padre me llevaba de vuelta al colegio a rastras. «Compórtate.» Yo sollozaba, gemía, y ella se encogía de hombros, firme en su convencimiento de que sabía lo que era mejor para mí.

Cuando me hice profesor, me juré a mí mismo que el nivel alto y las expectativas sólidas eran una cosa, pero que el *bullying* era algo en lo que nunca me permitiría caer. En su lugar, iba a permitir a los chicos (y a las chicas) que expresaran sus frustraciones, su ira, sus preocupaciones, sus miedos e inquietudes de cualquiera manera (dentro de lo razonable) que quisieran. Afortunadamente tenía unos padres amables y cariñosos que creían en mí y me apoyaban. Mi señorita Trunchbull se fue al final de aquel curso escolar y los rumores que rodearon su salida fueron gozosamente pintorescos.

Un futuro más luminoso

Tras haber dado clases durante casi diez años en dos continentes, y en numerosos colegios diferentes, soy testigo de que la representación y las expectativas de la masculinidad han cambiado. Es un reflejo de nuestra sociedad. Nuestras pequeñas comunidades experimentales siguen las tendencias que vemos por las mañanas en las puertas del colegio. Si retrocedemos dos décadas, en muchos patios de recreo habría sido difícil encontrar a un padre dejando su posesión más valiosa. Las madres se quedaban en casa y los padres iban a trabajar. Y, cuando yo planificaba mi futuro con mis amigos de nueve años, estos eran los cimientos sobre los que lo construíamos.

Otro salto adelante hasta el día de hoy y esto sencillamente ya no es el caso. El mundo ha cambiado y nuestra percepción de lo que es *normal* ha cambiado con él. Ahora saludo a más padres de los que veía solo hace cinco años. Ya ningún niño se gira, ligeramente confundido, se vuelve hacía su compañero de pupitre y le pregunta: «¿Tu padre no trabaja?». Las madres han luchado por su derecho a salir de casa y trabajar y ser la que gana el pan, o lo comparte; los padres han luchado por su derecho a llevar una mochila de Mi Pequeño Pony mientras su hijita se cuelga de su mano por el camino.

El mejor futbolista que conozco

En mis días de futbolista mediocre, mi colegio organizaba todos los veranos un torneo de fútbol mixto. Teníamos una amiga de la familia, una criatura un año más joven que mis amigos y yo y, lo peor de todo: que era una chica. Bueno, cómo jugaba la niña al fútbol. Jugaba *de verdad*. Los otros equipos se reían, asombrados de que hubiéramos decidido formar un equipo mixto, cuando no era obligatorio. Se preguntaban por qué no teníamos suficientes amigos chicos para hacer un equipo de chicos. Luego, nos ganaron. Eran mejores que nosotros, pero hoy ninguno de ellos juega al fútbol a ningún nivel. ¿Y qué fue de ella? Se fue a jugar en el Charlton Athletic y luego se mudó a Estados Unidos, donde jugó profesionalmente. Es curioso cómo salen las cosas.

Tenemos que aceptar estos cambios. Debemos normalizarlos tal como son y mostrar a los niños que nos rodean que este es nuestro nuevo mundo y ofrecerles la oportunidad de forjarse con anticipación para un futuro desconocido pero emocionante.

Las cosas que pueden hacer los chicos

Entonces, ¿qué significa masculinidad en mi clase de primaria? Afortunadamente, significa muy poco. Casi se ha convertido en un término estrictamente científico, sin las connotaciones emocionales o la presión de los pares que supone *ser un hombre.* Los chicos de mis clases pueden llorar. Los chicos de mis clases a veces echan de menos a sus mamás. ¿El mejor gimnasta de clase? Un chico. Que resulta ser también el mejor bailarín. Si un chico le hubiera ido a mi señorita Trunchbull particular con cuentos de sus volteretas adelante magníficamente ejecutadas, o le hubiera hablado de su habilidad para bailar la samba, ella le habría machacado.

Personalmente, no suscribo la escuela de pensamiento que dice que no hay ninguna diferencia entre los chicos y las chicas. Yo creo que las hay: eso no significa que ninguno sea mejor o que las diferencias se apliquen a *todos* los chicos y *todas* las chicas. Sin embargo, estas diferencias deberían verse ahora como una simple nota a pie de página para entender al niño. Todavía hay algunos sesgos inconscientes por ahí: en ocasiones solo se ven chicos cargando material por la escuela o solo chicos como capitanes de los equipos de deportes. Pero la presencia de los chicos en los estudios de baile y la de chicas en gimnasios de boxeo muestran lo lejos que hemos llegado.

La necesidad de continuar

Todavía no se ha acabado el viaje. Lleva tiempo. Karl Marx describía la historia del mundo en épocas, diferentes estadios que cambian a la sociedad a lo largo del tiempo, empujándola adelante, progresando. Esta es una época nueva, la liberación de las mujeres del proteccionismo masculino, la dominación y las limitaciones, y el reconocimiento de que los chicos pueden llorar, y lo hacen. Los chicos pueden asustarse, y lo hacen. Que está bien preferir jugar con juguetes que dar patadas a un balón. La masculinidad, al menos en las escuelas de primaria, ha cambiado y sigue haciéndolo. Y los profesores de la tiza, con el polvo, el sudor y las lágrimas que lo demuestran, señalarán el camino para apoyar esta nueva era.

Si eres profesor, mira, escucha y observa. Los cambios están por todas partes.

Masculinidad y homosexualidad en las escuelas, por Hadley Stewart

Hadley Stewart es un escritor independiente que ha escrito para publicaciones entre las que se incluye *Attitude, FS, Out News Global, NBC News*, el *Nursing Standard, Pink News* y *The Queerness.* Especialista en temas LGTBIQ+ y salud, Hadley ha escrito de todo, desde la situación de las personas LGTBIQ+ en Egipto hasta consejos de salud sexual. Ha aparecido recientemente en el documental de BBC 3, *Queer Britain.* Hadley vive en Londres y se le puede encontrar tuiteando @wordsbyhadley.

Eso es tan gay

La primera vez que oí a alguien usar la palabra «gay» para referirse a mí fue en el patio del colegio. Yo tenía seis años y no sabía lo que significaba la palabra. No estaba seguro de por qué aquel chico mayor me llamaba gay, pero ahora sé que era porque no me ajustaba a cómo *debía* portarse un chico. La frase «Eso es tan gay» y sus diversas versiones me siguió durante la mayor parte de mi carrera escolar, lo que significa que yo asocié la palabra a connotaciones negativas durante casi una década. Así que, cuando finalmente decidí salir del armario necesité superar el trabajo de casi una década por mí mismo.

Fui a la escuela de primaria en el Gran Manchester, donde fui acosado durante casi todo el tiempo que pasé allí. El acoso empezó en 2003, el año en que por fin fue revocado el artículo 28. El proyecto de ley fue propuesto por el Gobierno conservador de Margaret Thatcher y prohibía la llamada promoción de la homosexualidad en las escuelas. El razonamiento para defender dicha ley era proteger a los jóvenes, pero lo cierto es que hizo exactamente lo contrario.

El artículo 28

Como consecuencia del artículo 28, los profesores no podían hablar de asuntos LGTBIQ+. Esto quiere decir que, si eras víctima de acoso homofóbico, tus profesores estaban obligados por ley a no comentarlo. Hablar de las relaciones del mismo sexo sencillamente no era posible y muchos profesores aprovecharon la ocasión para expresar sus propias opiniones homófobas, bifóbicas y transfóbicas en sus clases y con sus colegas. Fue un tiempo extremadamente oscuro para nuestro sistema educativo.

Hoy, muchas personas LGTBIQ+ llevan las cicatrices de su experiencia escolar. La vergüenza que algunas personas LGTBIQ+ sienten por su orientación sexual o identidad de género sin duda deriva de haber crecido en un entorno en el que ser gay, bisexual o trans era visto como algo que debería ser ridiculizado o mantenido en secreto. Lo que es más, la falta de conversaciones sobre las relaciones del mismo sexo supone que muchos miembros de la comunidad LGTBIQ+ salieron de la escuela sin las herramientas que les habrían equipado para tener relaciones sanas y felices.

Aunque yo me libré de la mayor parte del reinado del artículo 28, asistí a la escuela en un tiempo de incertidumbre para los profesores. Aunque el proyecto de ley fuera revocado, su sombra aún sobrevolaba las escuelas del Reino Unido. Recuerdo a profesores de primaria que les decían a los chicos que me acosaban que «nunca más dijeran esa palabra» en vez de educarles en lo que significaba «gay». En consecuencia, crecí temeroso de usar esa palabra, lo que significa que muchos incidentes de acoso homofóbico quedaron sin denunciar.

Mis profesores no sabían qué hacer

Ahora me doy cuenta de que mis profesores no sabían qué decir o qué hacer. Entonces no había formación en diversidad para los profesores, ni el Gobierno planteaba que los centros escolares debieran tener unas políticas claras contra el acoso homofóbico. Organizaciones como Diversity Role Models que invitan a personas LGTBIQ+ a las escuelas para hablar de sus experiencias vitales, ni siquiera estaban en el radar. La representación de los hombres gais en los medios dominantes seguía llena de estigma y prejuicios. Incluso aunque hoy entienda que hubo muchos factores contextuales que influyeron en mi experiencia escolar, eso no significa que no siga llevando conmigo esas experiencias negativas por donde voy.

La idea de masculinidad era palpable en primaria, pero no recuerdo que fuera tan presente comparado con la secundaria. En 2007 hice un examen que me habría de abrir las puertas de una escuela solo de chicos para mi educación secundaria. El primer día fue raro. Miré alrededor y solo vi chicos en mi clase. Esta sensación «rara» continuó durante toda mi carrera escolar, junto a las conversaciones de fútbol que evolucionaban a comentarios sobre sexo (con chicas).

Salvado por una profesora de Lengua (y Madonna)

Encontré mi refugio seguro de esta sensación rara, lo que los autores de este libro llaman «masculinidad no tierna», en las clases de Lengua de mi bachillerato. En ella se pronunció la revolucionaria frase «el género es una construcción social» que permitía a todos que se sintieran un poco mejor dentro de su propia piel. Resultó que nuestra profesora de Lengua era fan de Madonna y ponía sus canciones en los finales de trimestre. Madonna se rebelaba a menudo contra el *statu quo,* dejándome la impresión de que estaba bien ser afeminado (o tener pluma) y sentir cosas por otros chicos. Ir contra el *statu quo* de género está bien, mientras tengas a alguien detrás que te recoja si te caes. En mi clase de Lengua no había banderas arco iris, pero sabía que allí podía sentirme seguro.

El plan de estudios de la escuela también estaba influenciado por la masculinidad y yo no tenía la menor duda sobre las asignaturas en las que se suponía que debíamos centrarnos. Tenía tres sesiones de deporte todas las semanas: Educación Física, Natación y Rugbi. Arte, Teatro y Música entraban y salían del horario hasta que Teatro desapareció por completo el segundo año. Recuerdo claramente que mi jefe de curso me dijo que me orientara solo a profesiones que fueran a proporcionarme un montón de dinero, y me sugirió trabajos como abogado, banquero e ingeniero.

Cuando llegué a bachillerato quedé fascinado de que las chicas de la escuela siempre estaban tomando parte en actividades que alentaban a las mujeres a meterse en profesiones dominadas por los hombres. A las chicas que tenían interés en la ingeniería las invitaban a conferencias y había becas para las que acababan secundaria y querían seguir estudios de ciencias en la universidad. No se hacía lo mismo para ayudar a los hombres que querían abrir brecha en profesiones dominadas por las mujeres. ¿Cómo es que ahora las mujeres superan en número a los hombres en muchas facultades de derecho y medicina, pero la filosofía y la enfermería sigue siendo dominadas por las mujeres?

Más allá de la escuela

Después de graduarme en la universidad, me reuní con algunos chicos con los que había ido al colegio. Algunos de ellos me habían dicho que ojalá se hubieran matriculado en otra carrera en la universidad, pero habían cedido a la presión de las normas sociales sobre lo que *tienen* que estudiar los hombres. Las escuelas no son las únicas que presionan en cuanto a las normas sociales de género, pero desde luego tienen la oportunidad de desmontar estereotipos de género arcaicos en la vida laboral.

Homosexualidad y salud mental

Está claro que la masculinidad no solo influye en la trayectoria profesional individual. La masculinidad también le da un buen meneo a la salud mental, lo que quizá sea una de las razones por las que la principal causa de muerte entre los hombres es el suicidio. En el colegio conocí a un puñado de chicos que sufrían de una salud mental menoscabada y eran incapaces de buscar ayuda ni en profesionales sanitarios ni en sus amigos y familia. Afortunadamente, cada vez hablamos más de salud mental y bienestar en los hombres, y eso sin duda ha animado a algunos de ellos a hablar de lo que les pasa por dentro. Todavía hay muchos que lo sufren en silencio, lo que enfatiza la importancia de hablar de salud mental en los colegios.

Sabemos que los hombres gais, y más ampliamente la comunidad LGTBIQ+, sufre un impacto desproporcionado de mala salud mental. Stonewall dice en su informe sobre las escuelas de 2017 que el *bullying* es un factor de riesgo en las personas jóvenes que tienen problemas de salud mental, tales como depresión y ansiedad. Es evidente que los centros de enseñanza tienen la responsabilidad de enfrentarse a la discriminación y los prejuicios hacia los estudiantes LGTBIQ+, en especial porque sabemos las consecuencias negativas que tienen para las personas a lo largo de su vida.

Recuerdo haber asistido a una asamblea en el colegio y oír hablar de Tyler Clementi. Tenía dieciocho años cuando saltó desde el puente George Washington de Nueva York, tras sufrir *bullying* de su compañero de habitación en la universidad. Nuestro subdirector nos habló de Tyler para explicarnos que el acoso puede tener consecuencias fatales para aquellos que lo sufren. Se cita a menudo a Tyler cuando se habla del Proyecto It Gets Better, un proyecto norteamericano *online* que se instituyó después de un pico en el número de adolescentes LGTBIQ+ que se suicidaban. El proyecto anima a las personas LGTBIQ+ a hacer vídeos en YouTube para trasmitir a la siguiente generación que la vida de verdad mejora.

Yo hablé recientemente de Tyler cuando daba un taller para profesores sobre visibilidad LGTBIQ+ en el aula. Es importante reconocer que no todas las personas jóvenes LGTBIQ+ han pasado por su educación indemnes. La historia de Tyler es solo una de muchas otras, pero no puedo evitar sentirme afortunado por haber escuchado el mensaje «luego mejora» cuando lo hice. No debería ser así, por supuesto. Nadie debería sentirse afortunado por haber sobrevivido al acoso durante sus años de estudios o de haber desarrollado la resiliencia como consecuencia de enfrentarse a la adversidad y la discriminación. Los jóvenes se merecen algo mejor.

Podríamos arreglar las cosas

He recorrido un largo camino desde que era un niño de seis años que no sabía lo que significaba la palabra gay hasta pasar la mayor parte de mi tiempo escribiendo o hablando de temas LGTBIQ+. Creo que las oportunidades que se me han dado también llevan una gran responsabilidad. Tal vez hayamos avanzado mucho como sociedad y en nuestro sistema educativo, pero el camino que tenemos por delante es largo y accidentado. Tenemos que mostrar a los que nos rodean y a las futuras generaciones que nuestras diferencias –sean de orientación sexual o de expresión de género– nos hacen lo que somos. Las generaciones anteriores han cometido errores, pero nosotros podríamos ser los primeros que hagamos las cosas bien.

La masculinidad negra en las escuelas, por Malcolm Richards

Malcolm Richards vive con su mujer y dos niños en Devon, donde enseña como profesor. Ha trabajado con adultos, estudiantes de secundaria y grupos de educación especial y es activista sindical. Malcolm escribe, tuitea y habla sobre el diálogo, la raza y el futuro igualitario en la educación. Es maestro erudito de la Sociedad de Filosofía de la Educación de Gran Bretaña y colabora con varias organizaciones de educación cultural.

Él

Era septiembre, el principio del año académico.

Nuestra pequeña escuela de primaria daba servicio a un ayuntamiento grande y multiétnico en Hackney, Londres. Mis compañeros de clase eran amigos; todo el mundo vivía cerca. Los padres se conocían y mantenían relaciones positivas con el equipo de dirección y con la plantilla de la escuela, desde las secretarias a las señoras del comedor.

La primera vez que le vi fue en una clase. No tenía ni idea de cuál era su origen familiar o sus intereses. Tal vez esta escuela fuera su primera experiencia de trabajo en un entorno diverso y multiétnico. Me presenté con mi voz más educada y deseosa de agradar, con la esperanza de estudiar en su clase. En aquellos tiempos nunca se me veía sin un libro. Probablemente le dije lo que estaba leyendo, la *Autobiografía de Malcolm X* o puede que *El conde de Montecristo.*

En aquel entonces era bajito para mi edad, me faltaba confianza y era físicamente débil. Al contrario que los otros chicos de mi clase, no era bueno en deportes ni poseía la menor fuerza física. Pero lo que me faltaba en tamaño lo compensaba con mi búsqueda, retención y expresión del conocimiento. Ignorando esta parte, él se centró en mi debilidad, haciendo comparaciones entre los otros chicos negros y yo, mientras me orientaba a seguir intereses físicos o musicales.

Yo, la anomalía

Para él, yo era una anomalía desconcertante: un joven negro que desafiaba el estereotipo del joven negro con malos resultados académicos. Eso le frustraba, así que intentaba restarme valor a causa de mi identidad racial, de género y cultural.

A través de sus enseñanzas, sus planes de estudios construidos alrededor de una perspectiva colonial y una mirada blanca, de sus reiterados dichos y eslóganes, normalizaba mi, y nuestra, posición como «inferiores». África y su diáspora se describían como un solo continente sin privilegios, con unas raíces diferentes a las de aquí. Yo intentaba compartir mis conocimientos con él, el lenguaje de mi legado cultural o sus historias. Estas siempre eran descalificadas como algo exótico, imaginativo o sin certificar. Aunque públicamente abogaba por un compromiso para derrotar al odio, la opresión y la intolerancia, su ignorancia quedaba repetidamente incontestada en su espacio. Aseguraba que la mejor manera de luchar contra la opresión era haciéndola caso omiso. Yo recurría a la acción para derrotarla.

Aquella desequilibrada relación empezó a cobrase su precio en mi salud mental y mi bienestar. Empecé a comportarme con un cuidado constante, desarrollando una astucia táctica y estratégica que utilicé muchas veces en clase a lo largo de los años, como estudiante y como profesor. Mi éxito académico estaba limitado y restringido. Él parecía que me buscaba siempre. ¿Era consciente de mi sensación de impotencia y distanciamiento? Tan arraigadas estaban sus ideas estereotipadas sobre cómo deberíamos ser yo y los demás chicos negros –llenos de destreza física, desinterés y ritmo– que no podía aceptar una alternativa.

Ser negro

Una abrumadora cantidad de literatura académica reconoce la desproporción en el nivel de éxito de las personas identificadas por su raza y género como los varones negros. Aunque discutibles, las razones para la situación de los varones negros son complejas, ampliamente aceptadas y no pueden considerarse en aislamiento. Los resultados se mantienen. Si eres un chico negro, irás académicamente por detrás de tus pares desde primaria y lograrás menos reconocimientos académicos. Tendrás tres veces más posibilidades de ser expulsado permanentemente. Si eres un profesor negro, tienes menos probabilidades de ascender a puestos superiores de dirección. Te darán tareas estereotipadas, como la gestión de comportamiento o el desarrollo de proyecto de diversidad. Si discutes decisiones, la dirección no te apoya y te tacha de «picapleitos» o te consideran agresivo.

¿Los valores occidentales de quién?

Las complejidades del colonialismo y su dominante ideal de identidad occidental blanco ofrece muchas explicaciones a por qué se mantienen las desigualdades raciales. Nuestra legislación y políticas educativas han consolidado una identidad idealizada que, durante siglos, ha seguido ejerciendo un poder y una influencia absolutos. Los ineludibles «valores occidentales», que todas las escuelas están obligadas a trasmitir a todos los estudiantes que cruzan sus puertas, están basados en este ideal y dan forma a las instituciones e historia que son los puntales de la nación. El varón negro es una de las múltiples identidades racializadas y de género que han sido ocultadas, reescritas o ignoradas. La masculinidad negra es más que

Martin Luther King y Crooks, el mozo de establo. Somos algo más que la esclavitud, la segregación y las manifestaciones. Somos científicos, artistas y escritores. Somos ignorados.

Y claramente, no hay soluciones sencillas.

Descolonizar nuestra práctica

Sin embargo. La profunda amnesia que rodea a las historias de las identidades de raza y género se mantiene. Así, tenemos que revisar las ideas preconcebidas, las motivaciones y los valores. Necesitamos un diálogo crítico, que solo puede darse en los espacios educativos basándose en valores universales, o en condiciones previas de esperanza, respeto mutuo, modestia, valor y cariño. Podemos desarrollar una normativa establecida, emergente y culturalmente nueva utilizando recursos de perspectivas igualitarias, multiétnicas y diversas. Podemos desarrollar colectivamente la conciencia crítica necesaria para transformar la manera en que se perciben los chicos negros a sí mismos. Solo entonces podremos empezar a combatir las desigualdades endémicas que colocan barreras (in)conscientes en su camino para llegar al éxito.

Así que, ¿estamos listos para descolonizar nuestra práctica?

Masculinidad y liderazgo en las escuelas, por Hannah Wilson

Hannah Wilson es la directora de estudios de Aureus School y Aureus Primary School, que forman parte de la fundación GLF. Hannah es cofundadora de un movimiento de base para la igualdad de género y es dirigente nacional de #WomenEd. Es consejera del Departamento de Educación para la iniciativa Mujeres Líderes en Educación y defensora del trabajo flexible.

El género en el sistema educativo

Como cofundadora y dirigente nacional de #WomenEd, nuestro trabajo en el género y la igualdad me ofrece una interesante perspectiva desde la que ver la masculinidad y cómo se manifiesta en las escuelas. Cuando pusimos en marcha el movimiento de igualdad de base, yo era subdirectora de estudios de una fundación establecida. Mis años de formación como directiva y ayudante del director de estudios los pasé en escuelas de secundaria urbanas mixtas en zonas socialmente deprimidas, que estaban dirigidas de una manera masculina estereotipada. ¿Habría llegado a ser la única mujer en un mando intermedio y, luego, convertirme en la única mujer orientadora, de no haber medido un metro ochenta y cinco y tener una personalidad arrolladora y confiada? Definitivamente, era capaz de defenderme, física y vocalmente, ante el modelo de liderazgo hipermasculino y la cultura en la que me veía inmersa. Más aún, ¿me habrían ascendido de no haber sido porque me había formado, y me encantaba, en tres colegios solo de chicos, que habían modelado mi particular forma de enseñar? Nuestro movimiento cree que, para que los chicos florezcan debemos combatir el modelo de liderazgo masculino estereotipado.

Dirigir una escuela basada en valores

Cuando me designaron directora de estudios de una escuela secundaria mixta nuevecita, estaba decidida a poner los valores de diversidad, igualdad e inclusión en el corazón del centro. Quería crear un espacio en el que el personal docente pudiera liderar de verdad, en el que pudiera trabajar con flexibilidad y no se sintiera coartado en sus carreras por tener familia. Quería dirigir un centro en el que tuviéramos una cultura que protegiera la familia y no se esperara de los docentes que tuvieran que poner a los estudiantes por delante de las necesidades de sus propios hijos.

También quería dirigir una escuela donde los líderes fueran seguros y asertivos sin la cultura toxica que había visto en otros centros. La cultura de «perro come perro» no es un modelo sano para que nadie crezca en ella. Para afrontar los aspectos perniciosos de la masculinidad tradicional exploramos también los valores de la amabilidad, el cariño y el respeto. Nuestros valores impregnan todo lo que hacemos. Recompensamos los valores que se aceptan y penalizamos los que se infringen. Si podemos enseñar a nuestros chicos y chicas a ser amables consigo mismos y con los demás, a tratarse con cariño a ellos mismos, a los demás y a nuestro entorno, contribuirán a crear unos seres humanos mejores. En nuestra escuela no tenemos valores, lenguaje o roles rosas y azules. Las emociones y la capacidad para expresarlas se consideran un signo de fuerza en los chicos a los que enseñamos.

Cultura y normas

Nuestra escuela es un espacio seguro en el que los estudiantes varones van a corazón abierto. El vocabulario moral que nuestros estudiantes han desarrollado, su comprensión de la igualdad social, de sus derechos como jóvenes es impresionante. Estamos trabajando su capacidad para autorregular las emociones, que habitualmente son altas. La plantilla combatimos y contrarrestamos la «cultura del machote» y hemos desmontado poco a poco algunas conductas, actitudes y apropiaciones que no queremos ver en la sociedad, y menos todavía en nuestras escuelas. Algo a lo que hemos dedicado tiempo ha sido a revisar y redefinir nuestro entorno de género neutro. Tenemos lavabos compartidos y vestuarios que los alumnos pueden elegir. Después de una fase de formación con la organización Educate and Celebrate para convertir nuestra escuela en un espacio acogedor para la comunidad LGTBIQ+, dimos algunos pasos sencillos pero efectivos. Primero, hicimos algunos ajustes en el uniforme y eliminamos cualquier referencia a prendas masculinas/femeninas; ahora es un uniforme escolar sin definición de género. Desarrollamos nuestro glosario de uso habitual, evitando referirnos a los estudiantes como «chicos» y «chicas», sino a «la clase» o a «primero». Más aún, nos llamamos la atención entre nosotros cuando alguno pega pequeños patinazos –como proponer una competición de «chicos contra chicas»– porque reconocemos que hay formas de dividir una clase en equipos menos divisivas.

El género en el aula

Los espacios de estudio en nuestra escuela dejan libres a los estudiantes para asumir riesgos. Este año he dado clases de Teatro y he visto cómo el género fluía y dejaba de ser un problema para muchos estudiantes. Cuando hacíamos el reparto para nuestro montaje de otoño de Shakespeare, transformamos a Oberón y Titania en seres mágicos transgénero. Así que elegimos dos pares de estudiantes para dar vida a estos personajes. Hannah y Rhys interpretaron a Oberón, y Ella y Simeón a Titania. Este verano trabajamos con *El diario de Anna Frank* y los estudiantes se sintieron muy cómodos leyendo las partes de género diferente al suyo propio. En escuelas anteriores, los chicos en concreto se habrían mostrado reacios a habitar temporalmente la piel de un personaje femenino.

Estereotipos

Con todas las decisiones que hemos tomado en nuestra escuela, hemos desafiado silenciosamente las normas sociales sobre cómo se enseña a los chicos. Todos creemos que el feminismo libera a los chicos y a los hombres, además de ser necesario que trabajemos juntos para hacer que nuestros chicos se conviertan en hombres jóvenes impecables. En nuestro Programa de Ciudadanía Global exploramos la identidad y la pertenencia. El Programa de Educación Social, Sanitaria y Económica; de Educación Espiritual, Moral, Social y Cultural; de Educación Sexual y Relaciones, y de Ciudadanía están interconectados en el plan de estudios para hacer de nuestros chicos y chicas mejores ciudadanos y mejores seres humanos.

Somos una escuela que habla claro y tenemos conversaciones que otras escuelas no se atreverían a tener. Hemos hecho talleres sobre la mutilación genital femenina y los chicos de séptimo que asistieron modelaron vaginas con plastilina. Tuvimos una conferencia sobre el matrimonio infantil en el que los chicos también reflexionaron sobre las expectativas de género de la sociedad. Los modelos de conducta, las figuras paternas y las decisiones de los progenitores son temas clave para que nuestros chicos y chicas, que provienen de entornos con dinámicas familiares muy mezclados, reflexionen a medida que maduran.

Socios

Además de trabajar con la organización Educar y Celebrar, junto a las Hijas Intrépidas –una plataforma que promueve el empoderamiento femenino– también colaboramos con la Iniciativa del Buen Chaval. En sus sesiones deconstruyen y desafían las normas sociales. Animan a nuestros alumnos varones a plantearse preguntas vitales: ¿qué significa ser un buen chaval? Pero también creo que, cada vez más, los educadores deberíamos centrarnos en la pregunta más importante de todas: ¿qué significa ser un buen ser humano?

¿Interesados en saber más? Cuentas de Twitter sugeridas:

- @The GenderLab @GLInitiative @GoodMenProject @LetToysBeToys @HeForShe @SheForHeEd

La masculinidad en las escuelas: una perspectiva femenina, por Natalie Scott

Natalie, *blogger* de *TES* y conferenciante de TEDx, ha sido profesora de Lengua en primaria durante diecisiete años, es especialista en educación y fue subdirectora antes de abandonar el sistema educativo británico para ofrecer ayuda educativa a niños que viven en campos de refugiados. Ahora, de nuevo a tiempo completo en una escuela de secundaria de Hertfordshire, cree firmemente que la pasión está por encima de la política, que la educación es esencial y que todos los niños merecen un acceso a la educación igual y justo.

Estereotipos y *animal print*

Soy una mujer docente. Llevo maquillaje y zapatos de tacón de aguja. Siempre los he llevado. Una vez me dijeron que mi maquillaje sería un obstáculo cuando me presentara para puestos de dirección y que debería abstenerme de llevar estampados de leopardo si quería que me tomaran en serio. Eso me lo dijo un director hombre. También me dijo que mi apariencia ocultaba mi inteligencia y daba un pobre ejemplo a mis estudiantes femeninas. No le hice caso. Yo no estaba de acuerdo. La autenticidad es –y siempre será– importante para mí; «sé honesto contigo mismo» y todas esas zarandajas. ¿Por qué no puede ser una mujer inteligente y atractiva? Entiendo demasiado bien cómo han afectado a mi vida los estereotipos de mi propio género. No soy una rubia tonta. Y mis estudiantes masculinos no son todos chavales llenos de hormonas que se pasan el día ligando, intentando ser molones o metiéndose en peleas.

En los primeros años de mi carrera, antes de que fuera más vieja que la mayoría de los padres de mis estudiantes, llamaba un poquito la atención. Joven y rubia, con algunas curvas. Siempre he tenido mucho cuidado con mi ropa de trabajo. Jerséis de cuello alto, siempre. Faldas hasta la rodilla o más largas. Muy consciente de mi propia credibilidad, consciente de que a los adolescentes les distrae prácticamente cualquier cosa: el viento, la nieve, los cortacéspedes, los olores raros o, simplemente, el aspecto que tienen sus profesores. No es un comentario egocéntrico; estoy bastante segura de que la mayoría de mis colegas femeninas estarían de acuerdo en que es un factor que hay que tener en cuenta cuando se elige el atuendo profesional.

«¿Todo bien, señorita?»

Mi corazón está con las escuelas públicas coeducativas. Me encanta dar clases a chicos y a chicas, pero siempre me ha impresionado la desenvoltura de los chavales adolescentes; si riñes a uno en clase, diez minutos más tarde, cuando te ve en el descanso, te dice: «Todo bien, señorita», acompañado de una sonrisa y un gesto de cabeza. Los chicos, al menos según mi experiencia, son mucho más dados a perdonar que sus semejantes femeninas. No siempre ha sido fácil enseñarles, pero los momentos claves de mi carrera han estado asociados a los alumnos masculinos. Sin duda mis estudiantes más memorables son chicos. He dado clase a futbolistas profesionales, profesores, entrenadores de baloncesto, doctores, abogados, asesores de selección de personal, marines, escritores y constructores. He enseñado a brillantes luminarias, a capullos desvergonzados y a adolescentes cachondos, heterosexuales y homosexuales. He enseñado a chicos acomodados y privilegiados, a chicos descuidados y desaliñados, a chicos educados y tímidos, a chicos alborotadores y groseros. He chocado con algunos. Esta es mi oportunidad para contar el relato de algunos momentos, en unas cuantas clases, con algunos chicos que he conocido. He cambiado la mayoría de los nombres.

Acoso sexual

Acoso sexual. Ocurre. Y ocurrió, hace años, pero nunca lo olvidaré. Después de enseñar durante cinco años y con un buen manejo del comportamiento, me dieron un «grupo inferior». El grupo inferior del tercero de la ESO estaba formado totalmente por chicos. Muchos eran brillantes, pero tenían problemas con la conducta. Ross era uno de esos estudiantes. Buscaba llamar la atención desesperadamente. Él no «estudiaba Lengua». Era más fácil alborotar que intentarlo y fracasar. Era mi tercera clase con el grupo. Yo había preparado todo un plan de trabajo basado en el fútbol (sí, ahora sé que fue un error), llegando hasta a utilizar los premios de la Asociación Inglesa de Fútbol, pero él no estaba dispuesto a aceptarlo. Le pedí que dejara de hablar por encima de mí. Con un gruñido respondió: «Dejaré de hablar cuando se incline hacia delante». Me quedé pasmada. Nunca me había hablado así un estudiante. Le dije que saliera del aula y entonces se puso de pie, se volvió hacia la clase con los brazos extendidos y dijo a su público: «Eh, chavales. ¿No os parece que la señorita tiene pinta de guarra?». Yo estaba totalmente lívida. ¿Quién era aquel chico y qué derecho tenía a hablar de mí de aquella manera? Levantando la voz, le dije que saliera inmediatamente, a lo que él respondió con una carcajada: «Tíos, parece que se la han metido por el culo», antes de salir tranquilamente entre risitas.

Acto seguido, fui a ver al subdirector, que era el responsable de disciplina. Le conté lo sucedido alterada. El subdirector escuchó con atención, tomando notas y solo se detuvo cuando le conté la frase de despedida de Ross, momento en que él hizo una pausa y me miró lentamente de arriba abajo. Me alegré de llevar el cuello alto y un traje sastre con pantalón, porque parecía que él quería juzgar por sí mismo. No volví a ver a Ross nunca más. Fue su expulsión definitiva y se negó en redondo a pedir perdón. Su padre echó la culpa a la revista *Nuts*[1].

Una mujer palo con pelo largo y pechos enormes

Años antes, cuando era una profesora novata, ya había sufrido la sexualización a causa de las actitudes sexualizadas perpetuadas por la revista *Nuts.* Un chico de sexto de primaria había hecho un dibujo de mí en el que no era mucho más que una mujer palo con el pelo largo y pechos enormes. El que era entonces mi jefe de departamento se negó a mostrármelo al principio, pero finalmente sucumbió a mi insistencia y me enseñó los letreros que indicaban dónde «se mete la polla» y los imaginativos letreros que indicaban exactamente para lo que, al parecer, servían las «tetas». Lo mismo que nosotras las mujeres nos quejamos de los medios y sus ideologías y mensajes tóxicos, parece que los chicos son igual de vulnerables y sienten la misma presión para comportarse de determinada manera. Los padres del chico estaban abochornados de que las revistas que leía contuvieran semejantes mensajes.

No todos los chicos están grabados en mi memoria por estas razones negativas e inquietantes. Algunos lo están por su ingenio, como el chico al que le dije que saliera de la clase y esperara fuera y se fue al patio. Después de todo yo le había dicho que esperara fuera.

El chico valiente que llora

Y luego estaba Matthew de sexto de primaria. Era formal, diligente y a lo mejor hacía demasiadas preguntas. Era un chico torpón, un poco demasiado sincero, un poco inconsciente de cómo le veían los demás chicos de la clase. No era popular, ni deportista y remoloneaba al final de la clase, en un intento desesperado por interactuar con el profesor. En una clase sobre el arte de la retórica en el que analizábamos discursos persuasivos, comenté el discurso de *HeForShe* que Emma Watson dirigió a la ONU. Después, la clase estuvo dispuesta a comentar los temas de la igualdad de género y un fragmento en particular le tocó la fibra a Matthew. En su alocución, Watson comenta una serie de anécdotas que subrayan el hecho de que la desigualdad de género también afecta a los hombres, en los que se mencionan temas serios como la salud mental y el suicidio. Toda la clase acabamos charlando de cómo y por qué los chicos tenían que ser valientes y deportistas y tenían que elegir los huevos Kinder azules. Hablamos de que era un insulto si alguien les acusaba de que daban patadas, lanzaban o corrían como una chica. Hablamos de sus emociones y de la fachada de dureza que creían que tenían que mostrar al mundo exterior. Pregunté a los chicos si lloraban. Silencio total.

Y entonces la mano de Matthew se levantó como disparada.

Yo esperaba una pregunta, pero no. En su lugar, Matthew me contó –a mí y a la clase– que lloraba. De repente, después de su valiente aportación, uno tras otro, sus pares admitieron orgullosamente que ellos también. Y las chicas les dijeron que no pasaba nada. Y, la clase al completo, pulverizamos los estereotipos y coincidimos en que las mujeres podrían boxear y subirse a los árboles si así lo deseaban, y que los chicos iban a combatir los ridículos roles de género, mostrar sus emociones, hablar de ellas y asistir a clases de baile si les daba por ahí. Incluso elegirían el huevo Kinder rosa si les apetecía.

Decidieron unánimemente que su generación podría ser la que lo cambiara todo. Les dije que lo único que tenían que hacer era plantar cara, liderar, ser valientes y preguntar por qué. Aplaudo a Matt porque fue el primero en levantarse. Su valor aquel día me impactó. Los demás chicos también lo sabían.

El chico listo que te fulmina con la mirada

El último chico que quiero mencionar aquí es Toby. Ahora está en bachillerato. Se crece en la competición. Y cuando gana también. Es alto, popular, tiene una sonrisa deslumbrante. Y sabe fulminarte con la mirada. A mí me ha mirado así.

Le conocí cuando estaba en tercero de la ESO. Su clase había estado atendida mayoritariamente por profesores temporales. Ahora nos reímos de cómo solía entrar en las clases. Con aquella condenada mirada que fulminaba. Resulta que se sentía frustrado por los sustitutos, por docentes que no eran especialistas en ninguna asignatura, que no le estimulaban. Es un chaval brillante. Elocuente. No tolera a los estúpidos. Yo le pinchaba, le preguntaba y le regañaba. Sin excusas. Si no era lo bastante bueno, se lo decía. Si creía que podía hacerlo mejor, lo escribía en sus informes. Yo le decía a la clase: «Esto os ayudará el año próximo», pero no me creía. Ponía caras de incredulidad.

Voy a ser sincera. Imagino que cuando vio mi nombre en el horario de cuarto de la ESO, soltó un gruñido bien fuerte. De hecho, puede que fuera una reacción algo más pintoresca que un simple gruñido.

Ahora nos reímos de esto porque la semana pasada me hizo llegar una nota de agradecimiento. Este brillante joven no solo ha transformado su actitud personal, sino la de todos sus compañeros de clase y la mía propia. Toby hace que el trabajo intenso, la determinación, pedir deberes extra y un descarado deseo de mejorar resulte algo molón. Siento un tremendo respeto por este chico.

Siempre lo mejor de sí

A veces me plantea desafíos. Voy a ser sincera (y nunca lo he admitido ante él, aunque he acordado enseñarle esto, o sea que lo va a saber antes de acabar la escuela): a veces ha utilizado en sus deberes alguna palabra suelta y algún concepto o término ocasional que he tenido que consultar. ¡Algunas veces les ha sido antipático a algunos profesores porque quiere saber más que nosotros! Pero a mí me encanta. Adelante, digo yo, porque su aguante, resiliencia y resolución para hacer bien las cosas, para ser mejor que su hermana mayor, para ser mejor que yo, se lo ha contagiado a sus pares. Pedir más deberes se ha convertido en una norma. El deseo de hacerlo mejor es lo corriente. Intentar superarme, una constante. Subo el listón de mis clases; Toby y sus pares dan lo mejor de sí mismos. Siempre.

Hasta la fecha solo me ha pillado una vez en clase, un momento que sin duda él atesorará para siempre –¡y que yo aseguro que fue invalidado por preguntar el significado de una palabra fuera de contexto!–. Además, una vez en dos años y medio es muy poca cosa, le digo riendo: «¡Ja, eso es lo mejor que puedes hacer!».

Me devuelve una sonrisa. Y se esfuerza más en la siguiente lección. Porque, si creemos en ellos y les ofrecemos retos, eso es lo que hacen los chicos.

La masculinidad en las aulas: una perspectiva parental, por Ros Ball y James Millar

Ros Ball y James Millar son fundadores de la cuenta de Twitter @ GenderDiary y autores del libro inspirado en ella *The Gender Diary,* en los que se facilita una visión detallada de cómo la desigualdad de género está implantada en nuestra sociedad desde los primeros años de vida a través del prisma de su propia experiencia como padres.

Romper el huevo

Nunca nos planteamos dar a nuestros hijos una educación neutral de género, al menos en parte por la escuela.

¿Qué sentido tendría realizar todo ese esfuerzo para proteger a nuestros vástagos de la perniciosa influencia de los estereotipos durante cuatro años para que entren en la clase y descubran que el mundo no es como les han estado haciendo creer?

Sería como llegar con todo cuidado hasta el final de la carrera del huevo y la cuchara con el cargamento intacto para que el profesor coja el objeto ovoidal en la línea de meta y los pisotee. Un ejercicio inútil que acaba con un niño desconcertado y confuso.

Es mejor equipar a los niños con una mente curiosa y las herramientas intelectuales para descubrir los estereotipos y combatirlos cuando sea necesario.

Porque no son solo, ni principalmente, los profesores los que aplican las reglas de género; los alumnos contribuyen igualmente entre ellos.

El mensaje de que el género importa

Cuando nuestra hija mayor empezó a ir a la escuela de primaria, la conversación durante la vuelta a casa solía ser algo parecido a esto:

Progenitor: ¿Qué has aprendido hoy en la escuela, cariño?

Niña de cuatro años: Bah, ya sabes el reforzamiento habitual de los roles de género a través de una compleja combinación de trato diferente a los niños dependiendo de su género y del control de los pares que fiscalizan mi comportamiento para asegurarse de que no me salgo de la conducta estereotipada y tal. Ah, y luego hemos hecho figuras con barro y yo he hecho un caracol.

Progenitor: Genial, ¿te has acordado de traer tu mochila?

Vale, no usaba EXACTAMENTE esas palabras, pero os hacéis una idea.

Desde el momento en que el profesor se levanta el día uno y se dirige a la clase como chicos y chicas, la diferencia está marcada. ¿Cómo es que la profesora es la señora y señorita Smith (y, claro, en primaria la docente es invariablemente una señora o señorita), pero el director es el señor Jones? Los niños se percatan de que hay diferencias. Una mente inquisidora puede preguntarse por qué, pero una mente joven que aún está intentando entender el sentido del mundo sacará en conclusión que esta diferencia es importante de alguna manera.

Porque han estado recibiendo el mensaje de que el género en importante y de que los sexos son diferentes desde el día en que nacieron y las primeras palabras que escucharon no fueron «Bienvenido al mundo» ni «Te quiero» sino «Es un chico» o «Es una chica».

Zapatillas rosas arrinconadas

Nuestro proyecto en Twitter @GenderDiary, que fue el germen de nuestro libro *The Gender Agenda*, estaba dedicado a registrar todas las maneras imperceptibles en las que se trata diferente a los niños en virtud de su género.

Una de las sorpresas del proyecto @GenderDiary ha sido que esas diferencias son tan dañinas para los niños como para las niñas. Empezamos pensando que íbamos a luchar por conseguir la igualdad para nuestra hija. Pronto vimos que las restricciones que se aplicaban a los chicos también les limitaban a ellos, pero de maneras diferentes.

La escuela abrió una frontera totalmente nueva.

Los chicos que estaban encantados de llevar deportivas rosas durante todo el verano, de pronto las rechazaban en septiembre. Las invitaciones a fiestas de cumpleaños de chicas a nuestro hijo fueron desapareciendo. Nos ponía furiosos ver que los chicos excluían a nuestra hija de sus juegos con coches, le decían que los garajes de juguete no eran para chicas y la desterraban literalmente a la cocina (de juguete). Pero nos dimos cuenta de que los chicos también sufrían, porque algunos de ellos sin duda querían meterse entre pucheros, pero creían que no podían. Y, al final, aprender a moverse en una cocina es una habilidad más útil para la vida que ir por ahí diciendo «brummm, brummm».

Leña al fuego

Las escuelas avivan las divisiones de género. Es el segundo nivel de socialización al que pasan los niños. Si el jardín de infancia consistía en aprender a no hacerse caca en la arena de juegos o a no meterse un pepinillo por la nariz, la escuela es donde aparecen las sutilezas de la interacción social.

Pero los niños no son sutiles. En particular a los cuatro o cinco años, cuando empiezan a ir al colegio, el desconcierto que acompaña a la experiencia de entrar en una clase es tan inevitable como abrumador. Las diferencias de género proporcionan un asidero familiar.

Todas esas pequeñas claves que reciben los niños, que describíamos en *The Gender Agenda,* resultan enormemente útiles. Fijémonos, por ejemplo, en los juegos de Lego que tienen personajes femeninos como veterinarias, y personajes masculinos como ninjas y superhéroes. ¿Qué preferirá vuestro hijo, aspirar a la carrera de un médico de animales o a la de Hulk? A los chicos se les cierran opciones y se les dirige hacia la violencia y la agresividad, alejándolos de las responsabilidades que tengan que ver con los cuidados. (Algo que no solo les limita una educación de amplia gama, sino que hará que su vida sea peor cuando se conviertan en padres.)

No más chicos y chicas

El excelente documental de la BBC2 *Ni superhéroes ni princesas* mostraba una escuela de primaria supuestamente de alto nivel cultural en la que el profesor se refería repetidamente a los chicos con la palabra «colega» y a las chicas con la palabra «cariño», una diferencia clara de tono y de perspectiva. Los chicos del programa levantaban las manos rápidamente, henchidos de autoridad y confianza masculina. Pero está la otra cara de la moneda: estaban emocionalmente muy por detrás de sus semejantes femeninas, de manera que este contratiempo se expresaba con desaliento y estallidos de violencia.

Por eso no debería sorprender que los niños más mayores aprendan de diferente manera. Se les ha enseñado de diferente manera. La influencia es social, no biológica, y la primera es más fácil de alterar que la segunda.

Entonces, ¿qué se puede hacer? Con todo el proyecto *@GenderDiary/The Gender Agenda* nos proponemos ser positivos. Ofrecer soluciones en vez de gimotear. O, por lo menos, ofrecer soluciones además de gimotear.

Crear una alternativa

El primer paso es acabar con el patriarcado. Pero si eso no llega antes de que suene la campana de fin de la clase, hay que levantarse y entrar en el aula. Sobre todo, los hombres. Crear la alternativa. A las escuelas les encanta que los padres se impliquen y los niños adoran ver a sus padres en el aula (al menos en primaria). Hay muchos ejemplos y recursos *online* que se pueden usar. No hace falta que sea una lección de feminismo extremo. De hecho, probablemente no debería serlo. Basta con plantear a los chicos ideas como «los colores son para todos» de manera que está bien que a las chicas les guste el azul, o «las emociones son para todos», o sea que es no pasa nada porque los chicos lloren. Son conceptos que ayudaran a los niños a gestionar las políticas de género que se mantienen en las escuelas. Expresadas por un padre, pueden ofrecen una poderosa alternativa a los alumnos de ambos géneros sobre lo que significa ser un hombre.

Adoptad una postura docente en casa.

Recompensad el esfuerzo. Pero no les agobiéis o sobrecarguéis. Después de todo, no dejan de ser niños.

Para los progenitores conscientes del género la escuela es un examen. Afrontémoslo como lo hacíamos con los exámenes cuando éramos jóvenes: repasando y dando lo mejor de nosotros.

¿Y ahora qué?

Después de leer este libro, algunos de vosotros tendréis la solidez educativa y la posición que os capacite para ir mañana a la escuela y empezar a hacer mejoras a gran escala en la prestación educativa y orientativa de los chicos en vuestro centro. Podéis analizar la brecha de género en los grupos inferiores, ofrecer a la plantilla una formación que desmonte los mitos de la implicación de los chicos y abordar la misoginia y el acoso sexual en vuestra escuela mejorando vuestras políticas.

Para otros, la oportunidad de influir en un cambio total en la escuela tal vez sea inexistente. Habrá profesores recién graduados que, tras leer este libro, tendrán que apretar los dientes cuando su mentor les aconseje que recurran a la competitividad para implicar a los chicos de primero de la ESO, profesores que tengan que cerrar los puños cuando escuchen a su jefe de departamento decir que «este año vamos a estudiar poesía bélica porque hay muchos chicos en este curso»: profesores que se morderán la lengua cuando asistan a una asamblea más que presente la universidad como único baremo del éxito académico. A estos profesores les decimos: «No te preocupes. La educación es un acto subversivo».

Tu clase es vuestro dominio y, en tu reino, las reglas las haces *tú*. Eres *tú* quién puede animar a usar pronombres homonormativos en tu aula. Eres *tú* quien puede prohibir el uso de frases machistas en tu aula. Eres *tú* quien decide si, en realidad, los chicos están más que hartos de poesía bélica y, hoy en esta clase, vamos a leer un poema de amor y después vamos a hablar de lo que siente el corazón.

Si nos perdonáis por utilizar una metáfora muy trillada, el camino de la igualdad de género está lleno de obstáculos. Y se hace más difícil de recorrer cuando el viajero mismo tiene asumidas algunas de las actitudes y conductas que está intentando desmantelar. Muchos hombres que lean este libro les dirán a sus hijos que está bien llorar y, sin embargo, ellos no lloran nunca. Les dirán a los chicos que la violencia debería evitarse y, sin embargo, sentirán una intensa sensación de vergüenza cuando se vean alejándose por miedo de una amenaza de violencia. Les dirán a los chicos que, en realidad, no pasa nada por ser gay y, sin embargo, se sentirán ofendidos cuando su propia sexualidad se ponga en cuestión.

No pasa nada.

Años de socialización de género no pueden corregirse con solo leer un libro. Pero, al leer este libro, has dado un paso adelante en el cambio positivo. Independientemente del título laboral, la experiencia o el puesto que ocupes en la jerarquía de la escuela, has empezado a considerar, examinar y reflexionar sobre tus sesgos de género. Te has embarcado en el proceso de replantearte la masculinidad en la educación. Este proceso de replanteamiento puede que sea efímero, o puede que sea el primer paso de un compromiso duradero para asegurar que los chicos y las chicas reciben la educación que merecen. Una educación que les permita llevar una vida feliz y plena.

La masculinidad tierna no puede implantarse a través de las agujas hipodérmicas de las asambleas o de las iniciativas tramposas de la escuela. La masculinidad tierna no es una cuestión de inyección, sino de destilación. Tenemos que reflexionar sobre nuestras actitudes, nuestras posturas y nuestro lenguaje y, si es necesario, cambiarlos. Solo entonces la masculinidad tierna será solo «masculinidad».

Notas

Introducción

1. Instituto Nacional de Estadística (2023) *Resultados de la Encuesta de Población Activa: Tasas de paro por distintos grupos de edad, sexo y comunidad autónoma.* Recuperado de https://www.ine.es/jaxiT3/Datos.htm?t=4247.
2. Secretaría General de Instituciones Penitenciarias (2022) *Informe General de la Instituciones Penitenciarias.* Ministerio del Interior de España.
3. Loire, T. (2017) *In praise of tender masculinity, the new non toxic way to be a man* [En defensa de la masculinidad tierna, la nueva manera no tóxica de ser hombre]. In Praise of Tender Masculinity, the New Non-Toxic Way to Be a Man - Electric Literature.

Capítulo 1

1. Reichart, M. y Hawkey, R. (2010) *Reaching Boys, Teaching Boys: Strategies That Work…and Why*, Jossey-Bass, San Francisco, CA.
2. Por ejemplo, en *The Will to Learn: A Guide for Motivating Young People.* Covington, M.V. 1998, Cambridge University Press.
3. Como *Underachieving to Protect Self-Worth.* Thompson, T. (1999), Aldershot: Ashgate.
4. Jackson, C. (2002) «"Ladishness" as self-worth protection strategy» , *Gender and Education*, 14:1, pp. 37-50.

5. Askew, S. y Ross, C. (1990) *Boys Dón't Cry: Boys and Sexism in Education*, Milton Keynes, Open University Press; Galloway, D. y Rogers, C. G. (1998) *Motivating the difficult to Teach*, Longman, Londres.
6. Esta idea tal vez plantee la pregunta: en ese caso, ¿no deberíamos enseñar a los chicos y a las chicas por separado? Como veremos en el capítulo 7, las aparentes ventajas de la educación segregada por sexos no son lo que parecen.
7. Willingham, D. T. *¿Por qué a los estudiantes no les gusta la escuela?*, Editorial Graó, pp. 8-9.
8. Francis, B. (2006) «Heroes or Zeroes? The discursive positioning of "underachieving boys" in English neo-liberal education», *Journal od educational Policy*, 21:2, pp. 187-200.
9. Mills, M y Keddie, A. (2007) «Teaching boys and gender justice», *International Journal of Inclusive Education*, 11:3, pp. 335-354.
10. Smith, J. (2007) «"Ye've got to have balls to play this game sir!" Boys, peers and fears: the negative influence of school-based "cultural accomplices" in constructing hegemonic masculinities» [¡Hay que tener pelotas para jugar a esto, señor! Chicos, pares y temores: la influencia negativa de los "cómplices culturales" en la construcción de las masculinidades hegemónicas]. *Gender and education,* 19:2, pp. 179-198.
11. International Boy's Coalition (2008), *Teaching the Male Brain.* Ponencia presentada en conferencia por Abigail Norfleet James. Ph. D. Recuperado de: www.theibsc.org/uploaded/IBSC/Conference_and_workshops/Toronto_Workshops/James_TeachingTheMaleBrain-handout.pdf (Fecha de consulta: 19 de octubre de 2017).
12. Gurian, M. (2016) *The Wonder of Boys,* Tarcher-Putnam, Nueva York.
13. Toward, G., Henley, C. y Cope, A. (2012) *The Art of Being a Brilliant Teacher*, Crown House Publishing, Carmarthen.
14. Willingham, D. T. (2009), p. 120.
15. Younger, M., Warrington, M., Gray, J., McLellan, R., Bearne, E.,

Kershner, R., y Bricheno, P. (2005) *Raising boy's achievement.* DfES. Recuperado de: http/dera.ioe.ac.uk/5400/1/RR636/pdf (Fecha de consulta: 27 de septiembre de 2018).

16. Ibid.
17. Weale, S. (2017) «Teachers must ditch "neuromyth" of learning styles, say scientists», *The Guardian*, 13 de marzo. Recuperado de: www.theguardian.com/education/2017/mar/13/teachers-neuromyth-learning-styles-scientists-neuroscience-education (Fecha de consulta: 10 de noviembre de 2017).
18. Universidad de Bath (2013) Week 6. Recuperado de: https://wiki.bath.ac.uk/display/sdenglish/ Week+6 (Fecha de consulta: 27 de septiembre de 2018).
19. Página web de Newman University, Birmingham. *Primary and secondary programmes.* Recuperado de: www.newman.ac.uk/school-direct-qts/3990/primary-programme (Fecha de consulta: 11 de noviembre de 2017).
20. Coe, R., Aloisi, C., Higgins, S., y Elliot Major, L. (2014) *What makes great teaching? Review of the underpinning research*, Sutton Trust. Recuperado de: www.suttontrust.com/ wp-content/uploads/2014/10/What-Makes-Great-Teaching-REPORT.pdf (Fecha de consulta: 30 de noviembre de 2017).
21. Rosenshine, B. (primavera de 2012) «Principles of instruction: Research based principles that all teachers should know», *American Educator,* 36:1, pp. 12-39.
22. Véase Dunlosky, J., Rawson, K. A., Marsh, E. J., Nathan, M. J., y Willingham, D. T. (2013) «"Improving students" learning with effective learning techniques: Promising directions from cognitive and educational psychology», *Psychological Science in the Public Interest,* 14:1, pp. 4-58.

Capítulo 2

1. Instituto Nacional de Evaluación Educativa (2023) *PISA 2022,* Programa para la Evaluación Internacional de los Estudiantes. Informe español. Madrid, España: Instituto Nacional de Evaluación Educativa y European Commission, Directorate-General for Education, Youth, Sport and Culture, Monitor de la educación y la formación de 2022 – España, Publications Office of the European Union, 2022, https://data.europa.eu/doi/10.2766/25843
2. En España, según los datos consultados del *Informe sobre la Integración de los Estudiantes Extranjeros en el Sistema Educativo Español (2022)* del Ministerio de Inclusión, Seguridad Social y Migraciones, los chicos y las chicas extranjeros también muestran una desventaja en los resultados de las pruebas de rendimiento educativo, generalmente «debido a las características socioeconómicas y culturales de las familias». Aunque el contexto del Reino Unido es diferente al español, la idea esencial del autor es que para combatir la brecha de los alumnos en desventaja no es necesario poner el foco en un grupo u origen étnico determinado.
3. Gov.uk (2014) «Pupil premium: Funding and accountability for schools». Recuperado de: www. gov.uk/guidance/pupil-premium-information-for-schools-and-alternative-provisionsettings (Fecha de consulta: 11 de junio de 2018).
4. Si algún otro comentarista, investigador, cuestionario o encuesta ha usado el término «clase trabajadora», lo he mantenido en aras de la simplicidad. En este capítulo mantengo la expresión «clase media» para todo el mundo, salvo la élite aristocrática, para referirme a cualquiera que no entre en lo que yo llamo desventaja. En el nuevo gráfico de siete columnas de Mike Savage del sistema de clases, son solo los precarizados y la élite los que difieren significativamente de la enorme homogeneidad de los otros cinco grupos, que yo defino como clase media.

5. Savage, M. (2015) *Social Class in the 21st Century*, Penguin Books, Londres, p. 351.
6. Matt Pinkett, (@PositivTeacha) «Yeah, so, this is a problem», 8 de febrero de 2018 a las 3.50 p.m. (Tweet).
7. El sistema tripartito, utilizado en el Reino Unido después de la Segunda Guerra Mundial hasta la década de 1970, dividió a los estudiantes en *grammar schools,* escuelas secundarias técnicas y escuelas secundarias modernas. Las *grammar schools* ofrecían educación académica avanzada, las técnicas se centraban en habilidades prácticas y las secundarias modernas proporcionaban una educación más general. Criticado por favorecer a estudiantes de clases sociales más altas, fue reemplazado por el sistema de academias y escuelas libres a partir de la década de los 2000 bajo el Gobierno del laborista Tony Blair. Sin embargo, el nuevo sistema continúa siendo objeto de debate.
8. Reay, D. (2017) *Miseducation*, Policy Press, Bristol, p. 49.
9. Ibid., p. 53.
10. Ibid., p. 49.
11. Department for Education (2018) *Open academies and academy projects awaiting approval:* mayo de 2018. Recuperado de: www.gov.uk/government/publications/open-academiesand-academy-projects-in-development#history (Fecha de consulta: 4 de junio de 2018).
12. Sibieta, L. (2015) *Schools Spending*, Institute of Fiscal Studies with The Nuffield Foundation, Londres.
13. Aunque el sistema educativo español es diferente al de Reino Unido, en nuestro país existe un debate parecido, en este caso sobre la educación pública frente a la concertada. Datos recopilados por la revista de la Confederación Estatal de Enseñanza (CECE) revelan que, aunque los conciertos representan el 12,2 % del gasto público en enseñanza no universitaria, el alumnado de la concertada constituye el 25,0 % del total, lo que sugiere que el Estado destina casi la mitad de sus recursos a la educación concertada en comparación con la pública. Sin embar-

go, las estadísticas muestran que solo el 11 % de los alumnos de centros concertados provienen de entornos desfavorecidos, mientras que el 26,8 % de este mismo grupo está matriculado en colegios públicos, según datos del informe PISA 2015 citados por *El País*. De estos datos también se concluye que la brecha es evidente. Los colegios concertados (y privados) abundan más cuanto mayor es la renta.

14. Grainger, K. (2012), «"The daily grunt": Middle-class bias and vested interests in the "getting in early" and "why can't they read?" reports», *Language and Education*, 27:2, pp. 99-109.
15. Ibid.
16. Gross, J. (2008) *Getting in early: Primary schools and early intervention.* The Smith Institute and The Centre for Social Justice. Recuperado de: www.smith-institute.org.uk/ wp-content/uploads/2015/10/GettingI-nEarlyPrimaryschoolsandearlyintervention.pdf (Fecha de consulta: 13 de junio de 2018).
17. Ibid.
18. Ibid.
19. Grainger, K. (2012).
20. Gros citado por Grainger, K. (2012).
21. En el capítulo 5 se encuentran más ejemplos de juicios con sesgos de género.
22. Campbell, T. (2015) «Stereotyped at seven? Biases in teacher judgement of pupils' ability and attainment», *Journal of Social Policy*, 44:3, pp. 517-547.
23. Ibid.
24. TeacherTapp, *The strange habits of ability groupings.* Recuperado de: http://teachertapp.co.uk/2017/11/strange-teacher-habits-ability-grou pings/ (Fecha de consulta: 26 de julio de 2018).
25. Ibid.
26. Francis, B. (2017) *What every teacher needs to know about setting.* Audio blog. *TES* Podagogy. *TES* Online, 7 de febrero. Recuperado de: www.

tes.com/news/listen-whatevery-teacher-needs-know-about-setting-professor-becky-francis-talks-tes-podagogy (Fecha de consulta: 25 de julio de 2018).

27. Dunne, M., Humphreys, S., Sebba, J., Dyson, A., Gallanaugh, F., y Muijs, D. (2007) *Effective teaching and learning for pupils in low attaining groups*, Informe de investigación, Department for Children Schools and Families, Londres.
28. Hallam, S. y Parsons, S. (2013) «Prevalence of streaming in UK primary schools: Evidence from the Millennium Cohort Study», *British Educational Research Journal*, 39:3, pp. 514-544.
29. Education Endowment Foundation (2018) *Teacher toolkit: Setting or streaming*. Recuperado de: https://educationendowmentfoundation.org.uk/evidence-summaries/teachinglearning-toolkit/setting-or-streaming/ (Fecha de consulta: 26 de julio de 2018).
30. Sobre este tema se habla más en el Efecto Gólem del capítulo 5.
31. Adams, R. (2017) «Children as young as two grouped by ability in English nurseries», *The Guardian*, 1 de diciembre. Recuperado de: www.theguardian.com/education/2017/dec/01/ children-two-grouped-ability-english-nurseries (Fecha de consulta: 3 de enero de 2018).
32. Education Endowment Foundation, Teacher Toolkit: Setting or Streaming.
33. Ibid.
34. Reay, D. (2017).
35. Adaptado de Francis, B., Taylor, B., Hodgen, J., Tereshchenko, A., y Archer, L. (2018). *Dos and Don'ts of Attainment Grouping*, UCL Institute of London, Londres.
36. Ibid.
37. Reay, D. (2017), p. 16.
38. Ministerio de Educación (2010) *The importance of teaching*. Recuperado de: https://assets.publishing.service.gov.uk/government/uploads/

system/uploads/attachment_data/ file/175429/CM-7980.pdf (Fecha de consulta: 9 de septiembre de 2018).

39. Baker, W., Sammons, P., Siraj-Blatchford, I., Sylva, K., Melhuish, E., y Taggart, B, (2014) «Aspirations, education and inequality in England: Insights from the effective provision of pre-school, primary and secondary education project», *Oxford Review of Education*, 40:5, pp. 525-542.
40. Blandford, S. (2017) *Born to Fail? Social Mobility: A Working Class View*, John Catt Educational Ltd, Woodbridge, p. 54.
41. Grayson, H. (2013) *Rapid Review of Parental Engagement and Narrowing the Gap in Attainment for Disadvantaged Children*, NFER y Oxford University Press, Slough and Oxford.
42. Reay, D. (2017), p. 114.
43. Sacristán, V. (2023) *Precios públicos de matrícula. ¿Ya está? Análisis de la situación final, el curso 2022-23, tras los acuerdos sobre precios públicos de matrícula universitaria,* Observatorio del Sistema Universitario.
44. Coulson, S., Garforth, L., Payne, G., y Wastell, E. (2017) «Admissions, adaptations and anxieties: Social class inside and outside the elite university», en R. Waller, N. Ingram y M. Ward (eds.) *Degrees of Injustice: Social Class Inequalities in University* Admissions, Experiences and Outcomes, Routledge, Abingdon.
45. Campbell, T. (2015).
46. Earp, B. D. (2010) «Automaticity in the classroom: Unconscious mental processes and the racial achievement gap», *Journal of Multiculturalism in Education*, 6:1, pp. 1-22
47. Santry, C. (2018) «Should there be statutory guidance on acceptable accents for teachers? One leading linguist thinks so», *TES Online*, 5th April. Recuperado de: wwww.tes.com/news/should-there-be-statutory-guidance-acceptable-accents-teachers-one-leading-linguist thinks-so (Fecha de consulta: 9 de septiembre de 2018).

Capítulo 3

1. Clasen, D. R., y Brown, B. B. (1985) «The multidimensionality of peer pressure in adolescence», *Journal of Youth and Adolescence*, 14:6, pp. 451-468.
2. Willis, P. (1977) *Learning to Labour*, Saxon House, Farnborough.
3. Green, J. (2008) *Chambers Slang Dictionary*, Chambers, Edimburgo.
4. Para saber más de estos críticos ver: Haralambos, M. y Holborn, M. (1995) *Sociology: Themes and Perspectives*, Collins, Londres.
5. Martino, W. (1999) «"Cool Boys", "Party Animals", "Squids" and "Poofters": Interrogating the dynamics and politics of adolescent masculinities in school», *British Journal of Sociology of Education*, 20:2, pp. 239-263.
6. Smith, J. (2007) «"Ye've got to 'ave balls to play this game sir!" Boys, peers and fears: The negative influence of school-based "cultural accomplices" in constructing hegemonic masculinities», *Gender and Education*, 19:2, pp. 179-198.
7. Egan, S. K. y Perry, D. G. (2001) «Gender identity: A multidimensionalanalysis with implications for psychosocial adjustment», *Developmental Psychology*, 37:4, pp. 451-463; Jewell, J. A. y Brown, C. S. (2014) «Relations among gender typicality, peer relations, and mental health during early adolescence», *Social Development*, 23:1, pp. 137-156.
8. Csikszentmihalyi y Larson (1974), citado en Ryan, A. M. (2000) «Peer groups as a context for the socialization of adolescents' motivation, engagement, and achievement in school», *Educational Psychologist*, 35:2, pp. 101-111.
9. Eder, D. J. y Sanford, S. (1986) «Adolescent humor during peer interaction», *Social Psychology Quarterly*, 47:3, pp. 235-243; Simon, R. W., Eder, D. J. y Evans, C. (1992) «The development of feeling norms underlying romantic love among adolescent females», *Social Psychology Quarterly*, 55:1, pp. 29-46.

10. Ryan, A. M. (2000).
11. Kornienko, O., Santos, C. E., Martin, C. y Granger, K. L. (2016) «Peer influence on gender identity development in adolescence», *Developmental Psychology*, 52:10, pp. 1578-1592.
12. Vantieghem, W. y Van Houtte, M. (2015) «Are girls more resilient to gender-conformity pressure? The association between gender-conformity pressure and academic selfefficacy», *Sex Roles*, 73, pp. 1-15.
13. Renold, E. (2001) «Learning the "hard" way: Boys, hegemonic masculinity and the negotiation of learner identities in the primary school», *British Journal of Sociology of Education*, 22:3, pp. 369-385
14. Francis, B., Skelton, C., Carrington, B., Hutchings, M., Read, B., y Hall, I. (2008) «A perfect match? Pupils' and teachers' views of the impact of matching educators and learners by gender», *Research Papers in Education*, 23:1, pp. 21-36.
15. Cowie, H. (2000) «Bystanding or standing by: Gender issues in coping with bullying in English schools», *Aggressive Behaviour*, 26, pp. 85-97, citado en Myers, K. y Taylor, H. (2007) *Genderwatch: Still Watching*, Stoke on Trent, Trentham, p. 70.
16. Younger, M., Warrington, M., y Mclellan R. (2002) «The "problem" of "under-achieving boys": Some responses from English secondary schools', *School Leadership & Management*, 22:4, pp. 389-405
17. www.tigerbristol.co.uk/about.html (Consultada el 12 de diciembre de 2017).
18. https://www.inmujeres.gob.es/areasTematicas/AreaEducacion/Educacion.htm
19. https://intef.es
20. Myers, K. y Taylor, H. (2007).
21. Ibid., p. 23.
22. Sagotsky, G. y Lepper, M. R. (1982) «Generalization of changes in children's preferences for easy or difficult goals induced through peer modelling», *Child Development*, 52, pp. 372-375.

Capítulo 4

1. Instituto Nacional de Estadística (2023) *Defunciones según la causa de muerte: primer semestre 2023 y años 2022.* Recuperado en https://www.ine.es/prensa/edcm_2022_d.pdf
2. Mental Health Foundation (2016) *Fundamental facts about mental health 2016.* Mental Health Foundation, Londres. Recuperado de: file://kings-apps-02/staff$/Teaching%20Staff/MPinkett/Downloads/fundamental-facts-about-mental-health-2016%20(4).pdf (Fecha de consulta: 9 de junio de 2018).
3. Office for National Statistics (2017) *Who is most at risk of suicide?* Recuperado de: www.ons.gov.uk/peoplepopulationandcommunity/birthsdeathsandmarriages/deaths/articles/whoismostatriskofsuicide/2017-09-07 (Fecha de consulta: 6 de agosto de 2018).
4. Mental Health Foundation (2016).
5. Mental Health Foundation, *Mental health statistics: The most common mental health problems.* Recuperado de: www.mentalhealth.org.uk/statistics/mental-health-statisticsmost-common-mental-health-problems (Fecha de consulta: 8 de agosto de 2018).
6. Ministerio de Sanidad, Consumo y Bienestar Social e Instituto Nacional de Estadística (2017) *Encuesta Nacional de Salud de España 2017.* Recuperado de https://www.sanidad.gob.es/estadEstudios/estadisticas/encuestaNacional/encuestaNac2017/ENSE2017_notatecnica.pdf
7. Mental Health Foundation, *Mental health statistics: Children and young people.* Recuperado de: www.mentalhealth.org.uk/statistics/mental-health-statistics-children-and-young-people (Fecha de consulta: 8 de agosto de 2018).
8. stem4, (2018) *One in three teachers fears harms for pupils waiting for mental health treatment.* Recuperado de: https://stem4.org.uk/one-in-three-teachers-fears-harm-for-pupils-waiting-for-mental-health-treatment/ (Consultada el 7 de agosto de 2018).

9. Devon, N. (2017) «The Government's promised £300 million for mental health won't fix our broken society», *TES Online*. Recuperado de: www.tes.com/news/governments-promised-ps300-million-mental-health-wont-fix-our-broken-society (Fecha de consulta: 7 de agosto de 2018).
10. Krause, N. (2018) «A comment on the Government's recently published Green paper on entitled "Transforming Children's and Young People's Mental Health Provision"», stem4. Recuperado de: https://stem4.org.uk/a-comment-on-the-governments-recently-published-green-paper-on-transforming-children-and-young-peoples-mental-health-provision/ (Fecha de consulta: 7 de agosto de 2018).
11. Chaplin, T. (2015) «Gender and emotion expression: A developmental contextual perspective», *Emotional Review*, 7:1, pp. 14-21.
12. Thornton, J. (2012) *Men and Suicide': Why It's a Social Issue*, Ewell: Samaritans.
13. Fischer, A., Mosquera, P., Vianen, A., y Manstead, A. (2004) «Gender and culture differences in emotion», *Emotion*, 4:1, pp. 87-94.
14. YoungMinds (2017) *Young men and self-harm*. Recuperado de: https://youngminds.org.uk/ blog/young-men-and-self-harm/ (Fecha de consulta: 12 de septiembre de 2018).
15. De Andrés, M. (2024) *Los jóvenes consumen y crean contenido en redes sociales sobre autolesiones*. Recuperado de https://www.larazon.es/sociedad/uno-cada-5-adolescentes-espanoles-sufrira-trastorno-mental-largo-vida_2024012565b254b4c3cb300001fdd6a6.html.
16. Swannell, S. V., Martin, G. E., Page, A., Hasking, P., y St John, N. J. (2014) «Prevalence of nonsuicidal self-injury in nonclinical samples: systematic review, meta-analysis and meta-regression», *Suicide & Life-Threatening Behavior*, 44(3), pp. 273-303. Recuperado de https://doi.org/10.1111/sltb.12070.
17. Los «cortes» se refieren a infligirse deliberadamente dolor físico en el cuerpo mediante incisiones con cuchillos, navajas u otros objetos afilados.

18. SelfharmUK, *Boys and self-harm*, Recuperado de: www.selfharm.co.uk/get-information/ the-facts/boys-and-self-harm (Fecha de consulta: 12 de septiembre de 2018).
19. Samaritans, *Best practice suicide reporting tips.* Recuperado de: www.samaritans.org/media-centre/media-guidelines-reporting-suicide/best-practice-suicide-reporting-tips (Fecha de consulta: 13 de septiembre de 2018).
20. Robertson, S. y Baker, P. (2016) «Men and health promotion in the United Kingdom: 20 years forward?», *Health Education Journal*, 76:1, pp. 102-113.
21. Shand, F. L., Proudfoot, J., Player, M. J., Fogarty, A., Whittle, E., Wilhelm, K., Hadzi-Pavlovic, D., McTigue, I., Spurrier, M., y Christensen, H. (2015), «What might interrupt men's suicide? Results from an online survey of men». *BMJ open*. Recuperado de: https://bmjopen.bmj.com/content/bmjopen/5/10/e008172.full.pdf (Fecha de consulta: 14 de agosto de 2018).
22. Martin, A. J. y Marsh, H. (2005) «Motivating boys and motivating girls: Does teacher gender really make a difference?», *Australian Journal of Education*, 49:3, pp. 320-334.
23. CALM, *Worried about someone?* www.thecalmzone.net/help/worried-about-someone/ (Fecha de consulta: 13 de septiembre de 2018).
24. SelfharmUK.
25. Gueorguieva, R., Zheutlin, A. B., et al. (2018) «Association between physical exercise and mental health in 1.2 million individuals in the USA between 2011 and 2015: a cross-sectional study», *Lancet Psychiatry*, 5:9, 739-746. doi: 10.1016/S2215- 0366(18)30227-X (Fecha de consulta: 13 de septiembre de 2018).
26. Health and Social Care Information Centre (2015) y Health Survey for England (2014).
27. Bradlow, J., Bartram, F., Stonewall, A. G., y Jadva, V. (2017) *The experiences of lesbian, gay, bi and trans young people in Britain's schools in*

2017. School Report. Recuperado de: www.stonewall.org.uk/sites/default/files/the_school_report_2017.pdf (Fecha de consulta: 18 de septiembre de 2018).

28. Ruiz Palomino, E. y otros autores (2020) «Orientación sexual y salud mental en jóvenes universitarios españoles», *International Journal of Developmental and Educational Psychology,* vol. 1, núm. 1, pp. 199-206, 2020. Asociación Nacional de Psicología Evolutiva y Educativa de la Infancia, Adolescencia y Mayores.
29. Fundación ANAR (2022) *Estudio sobre Conducta Suicida y Salud Mental en la Infancia y la Adolescencia en España (2012-2022).*
30. Statham, H., Jadva, V., y Daly, I. (2012) *Informe escolar.*
31. «Teacher Daniel Gray: the day I told students I was gay», *BBC,* 16 de febrero de 2017. Recuperado de: www.bbc.co.uk/news/uk-38958873 (Fecha de consulta: 18 de septiembre de 2018).
32. Bradlow (2017).
33. Pichardo, J. I., De Stéfano Barbero, M., Puche, L., Fumero, K., Carrasco, A., y Cáceres, A., et al. (2020) *Somos diversidad,* Ministerio de Derechos Sociales y Agenda 2030 y Ministerio de Igualdad: https://www.igualdad.gob.es/wp-content/uploads/SomosDiversidad_DIGITAL_0707.pdf

Capítulo 5

1. Rosenthal, R. y Jacobson, L. (1968) «Pygmalion in the classroom», *Urban Review,* 3:1, pp. 16-20.
2. Babad, E. Y., Inbar, J., y Rosenthal, R. (1982) «Pygmalion, Galatea, and the Golem: Investigations of biased and unbiased teachers», *Journal of Educational Psychology,* 74, pp. 459-474.
3. Myhill, D. y Jones, S. (2004) «"Troublesome boys" and "compliant girls": Gender identity and perceptions of achievement and under-

achievement», *British Journal of Sociology of Education*, 25:5, pp. 547-561.

4. Terrier, C. (2016) Boys Lag Behind: How Teachers' Gender Biases Affect Student Achievement, IZA – Institute of Labor Economics, Bonn, Discussion Paper No. 10343.
5. Campbell, T. (2015) «Stereotyped at seven? Biases in teacher judgement of pupils' ability and attainment», *Journal of Social Policy*, 44:3, pp. 517-547.
6. Hansen, K. y Jones, E. (2011) «Ethnicity and gender gaps in early childhood», *British Educational Research Journal*, 37:6, pp. 973-991.
7. Barnett, L. A. (2018) «The education of playful boys: Class clowns in the classroom», *Frontiers in Psychology*, 9, p. 232.
8. Ibid.
9. Jackson, C. (2010) «"I've been sort of laddish with them…one of the gang": Teachers' perceptions of "laddish" boys and how to deal with them», *Gender and Education*, 22:5, pp. 505-519.
10. Ibid. N. B.: los nombres de la escuela y de la profesora son pseudónimos.
11. Myhill, D. y Jones, S. (2006) «"She doesn't shout at no girls": Pupils' perceptions of gender equity in the classroom», *Cambridge Journal of Education*, 36:1, pp. 99-113.
12. Tiedemann, J. (2000) «Parents' gender stereotypes and teachers' beliefs as predictors of children's concept of their mathematical ability in elementary school», *Journal of Educational Psychology*, 92:1, pp. 144-151.
13. Newall, C., Gonsalkorale, K., Walker, E., Forbes, G. A., Highfield, K., y Sweller, N. (2018) «Science education: Adult biases because of the child's gender and gender stereotypicality», *Contemporary Educational Psychology*, 55, pp. 30-41.
14. Myers, K., et al. (2007) *Genderwatch: Still Watching*, Stoke on Trent: Trentham, p. 23.

15. Francis, B. (2000) *Boys, Girls and Achievement: Addressing the Classroom Issues*, Routledge/Falmer, Londres.
16. Ibid., p. 69.
17. Rubie-Davies, C., Hattie, J. y Hamilton, R. (2006) «Expecting the best for students: Teacher expectations and academic outcomes», *British Journal of Educational Psychology*, 76, pág. 431.
18. Ibid., pág. 431.
19. Ireson, J. y Hallam, S. (2009) «Academic self-concepts in adolescence: Relations with achievement and ability grouping in schools», *Learning and Instruction*, 19:3, pp. 201-213.
20. Hallam, S. y Parsons, S. (2013) «Prevalence of streaming in UK primary schools: Evidence from the Millennium Cohort Study», *British Educational Research Journal*, 39:3, pp. 514-544.
21. Travers, M.-C. (2017) British Educational Research Association website. Recuperado de: https://www.bera.ac.uk/blog/setting-and-the-academic-underachievement-of-white-working-class-boys. Fecha de consulta: 28 de noviembre de 2017.
22. Gray, C. y Leith, H. (2004) «Perpetuating gender stereotypes in the classroom: A teacher perspective», *Educational Studies*, 30:1, pp. 3-17.
23. Commeyras, A. D., et al. (1997) *Educators' stances towards gender issues in literacy,* trabajo presentado en la reunión anual de la American Educational Research Association, Chicago, IL, 24-28 de marzo, citado por Gray, C. y Leith H. (2004).
24. Ibid.
25. Crehan, L. (2016) *Cleverlands: The Secrets behind the Success of the World's Education Superpowers,* Unbound, Londres.
26. Myatt, M. (2016) *High Challenge, Low Threat*, John Catt, Londres.
27. Myers, K., y otros. (2007), pp. 131-132.

Capítulo 6

1. Women and Equalities Commission (2016) *Sexual harassment and sexual violence in schools.* Recuperado de: www.parliament.uk/business/committees/committees-a-z/com mons-select/women-and-equalities-committee/news-parliament-2015/sexual-harassment-and-violence-in-schools-report-published-16-17/ (Fecha de consulta: 15 de enero de 2018).
2. UK Feminista (2017) *«It's just everywhere»: A study on sexism in schools.* Recuperado de: http://ukfeminista.org.uk/wp-content/uploads/2017/12/Report-Its-just-everywhere.pdf (Fecha de consulta: 15 de enero de 2018).
3. Marshall University Woman's Centre, *What is the rape culture?.* Recuperado de: www. marshall.edu/wcenter/sexual-assault/rape-culture/ (Fecha de consulta: 15 de enero de 2018).
4. Rape Crisis, *Statistics.* Recuperado de: https://rapecrisis.org.uk/statistics.php (Fecha de consulta: 15 de enero de 2018).
5. Ministerio del Interior, Secretaría de Estado de Seguridad, Dirección General de Coordinación y Estudios, (2022) *Informe sobre delitos contra la libertad sexual en España 2022,* Gobierno de España. Recuperado de https://www.interior.gob.es/opencms/pdf/prensa/balances-e-in formes/2022/INFORME-DELITOS-CONTRA-LA-LIBER TAD-SEXUAL-2022.pdf.
6. Eurostat (2022) *Encuesta Europea de Violencia de Género 2022,* Ministerio de Igualdad. Recuperado de https://violenciagenero.igualdad.gob.es/violenciaEnCifras/Encuesta_Europea/docs/EEVG_2022.pdf
7. En este contexto, *zentai* se refiere al fetiche de la ropa ajustada que cubre todo el cuerpo. Al parecer.
8. Bridges, A. J., Wosnitzer, R., Scharrer, E., Sun, C., y Liberman, R. (2010) «Aggression and sexual behaviour in best-selling pornography videos: A content analysis update», *Violence Against Women,* 16:10, pp.

1065-1085. Citado en Flood, M. (2016) «Inquiry into the harm being done to Australian children through access to pornography on the Internet», University of Wollongong, New South Wales.

9. Bridges, A. J., Wosnitzer, R., Scharrer, E., Sun, C., y Liberman, R. (2010). Citado por Flood, M. (2016).
10. Entrevista para *Analysis* («Pornography: What do we know?»), Radio 4, 30 de junio de 2013.
11. Flood, M. (2016).
12. Ibid.
13. Pinkleton, B. E., Austin, E. W., Cohen, M., Chen, Y. C. Y., y Fitzgerald, E. (2008) «Effects of a peer-led media literacy curriculum on adolescents' knowledge and attitudes toward sexual behavior and media portrayals of sex», *Health Communication*, 23:5, pp. 462-472. Citado en Flood, M. (2016)
14. PornHub es un sitio web que ofrece pornografía gratuitamente.
15. Martellozzo, E., Monaghan, A., Adler, J. R., Davidson, J., Leyva, R., y Horvath, M. A. H. (2017) *«I Wasn't Sure it was Normal to Watch it…» A Quantitative and Qualitative Examination of the Impact of Online Pornography on the Values, Attitudes, Beliefs and Behaviours of Children and Young People.* Middlesex University, Londres.
16. «Over a thousand Danish youths charged for sharing sex video», Christopher, W., *CPH Post Online*, 15 de enero de 2018. Recuperado de: http://cphpost.dk/news/over-a-thousand-danish-youths-charged-for-sharing-sex-video.htlm. (Fecha de consulta: 15 de enero de 2018).
17. En España se puede encontrar una guía parecida con recursos educativos y actividades para tratar el tema de la pornografía con menores, editada por la Delegación de Igualdad y Juventud de la Diputación de Granada: *Ni Zorras Ni Héroes. Guía para trabajar el consumo de pornografía en menores. Conceptos básicos y actividades para llevar a cabo con grupos de adolescentes:* https://www.dipgra.es/uploaddoc/contenidos/27458/Guia-Porno-Adolescentes-2023_02.pdf

18. UK Feminista (2017).
19. Ibid.
20. Ibid.
21. Ibid.
22. Ibid.
23. En español podemos encontrar la *Guía de buenas prácticas de Educación en Igualdad en Europa* que tiene por objeto ofrecer una visión general sobre cómo se trabaja la educación en igualdad en los centros educativos de Europa: https://www.inmujeres.gob.es/areasTematicas/educacion/programas/docs/GuiaBuenasPracticas.pdf
24. Ministerio de Educación (2016) *Sexual violence and sexual harassment between children in schools and colleges: Advice for governing bodies, proprietors, headteachers, principals, senior leadership teams and designated safeguarding leads*, DfE. Recuperado de: www.gov.uk/government/uploads/system/uploads/attachment_data/file/667862/Sexual_Harassment_and_Sexual_Violence_-_Advice.pdf (Fecha de consulta: 16 de enero de 2018).
25. Ibid.
26. Departamento de Educación (2000) *Sex and relationship education guidance*. Recuperado de: https://assets.publishing.service.gov.uk/government/uploads/system/uploads/attachment_ data/file/283599/sex_and_relationship_education_guidance.pdf (Fecha de consulta: 25 de septiembre de 2018).
27. Departamento de Educación (2018) *Relationships education, relationships and sex education, and health education in England*. Recuperado de: https://consult.education.gov.uk/ pshe/relationships-education-rse-health-education/supporting_documents/180718%20 Consultation_call%20for%20evidence%20response_policy%20statement.pdf (Fecha de consulta: 25 de septiembre 2018).
28. El nombre se ha cambiado.

Capítulo 7

1. Citado por Britton, G. E. y Lumpkin, M. C. (1977) «For sale: Subliminal bias in textbooks», *Reading Teacher*, 31, pp. 40-45.
2. Evans, L. y Davies, K. (2000) «No sissy boys here: A content analysis of the representation of masculinity in elementary school reading textbooks», *Sex Roles*, 42:3/4.
3. Narahara, M.M. (1998) *Gender Stereotypes in Children's Picture Books*, University of California, Long Beach.
4. Ibid.
5. Kent, G. Twitter. 1 de septiembre de 2018, 1.41 p.m. Recuperado de: https://twitter.com/GabrielleKent/status/1035991070620958721.
6. Yanowitz, K. L. y Weathers, K. J. (2004) «Do boys and girls act differently in the classroom? A content analysis of student characters in educational psychology textbooks», *Sex Roles*, 51:1/2.
7. Gender Equality Charter Website, *GEC Best Books List*. En: www.thegenderequalitycharter.com/gec-best-books/ (Fecha de consulta: 22 de julio de 2018).
8. En español podemos encontrar *La mochila violeta: Guía de lectura infantil y juvenil no sexista coeducativa* que ofrece una selección de libros recomendados que desafían los estereotipos de género y promueven la igualdad entre los niños y jóvenes de menos de seis a más de quince años.
9. Véase, por ejemplo: Biddulph, S. (1997) *Raising Boys*, Thorsons, Londres.
10. Ehrenberg, R., Goldhaber, D., y Brewer, D. (1995) «Do teachers' race, gender and ethnicity matter? National Education Longitudinal Study of 1988», *Industrial and Labor Relations Review*, 48, pp. 547-561.
11. Ibid.
12. Francis, B., Skelton, C., Carrington, B., Hutchings, M., Read, B., y Hall, I. (2008) «A perfect match? Pupils' and teachers' views of the

impact of matching educators and learners by gender», *Research Papers in Education*, 23:1, pp. 21-36.

13. Ibid.
14. Carrington, B., Tymms, P., y Merrell, C. (2008) «Role models, school improvement and the gender gap – Do men bring out the best in boys and women the best in girls?» *British Educational Research Journal,* 34:3, pp. 315-327.
15. Lahelma, E. (2000) «Lack of male teachers: A problem for students or teachers?», *Pedagogy, Culture and Society*, 8:2, pp. 173-185.
16. Martin, A. J. y Marsh, H. (2005) «Motivating boys and motivating girls: Does teacher gender really make a difference?», *Australian Journal of Education*, 49:3, pp. 320-334
17. Francis, B. (2008) «Teaching manfully? Exploring gendered subjectivities and power via analysis of men teachers' gender performance», *Gender and Education*, 20:2, pp. 109-122.
18. Por ejemplo: Skelton, C. (2002) «The "feminisation of schooling" or "re-masculinising" primary education?», *International Studies in Sociology of Education,* 12:1, pp. 77-96.
19. Skelton, C. (2009) «Failing to get men into primary teaching: A feminist critique», *Journal of Education Policy*, 24:1, pp. 39-54.
20. Véase, por ejemplo, «This year's exam results shows girls' schools are producing pupils who aim for the sky», Bernice McCabe, *The Telegraph*, 20 de enero de 2017. Recuperado de: www.telegraph.co.uk/education/2017/01/20/years-exam-results-shows-girls-schools-producing-pupils-aim/ (Fecha de consulta: 7 de marzo de 2018).
21. Rowe, K. J., Nix, P. J., y Tepper, G. (1986) *Single-sex versus mixed-sex classes: The joint effects of gender and class type on student performance in and attitudes towards mathematics.* Paper presented at the annual conference of the Australian Association for Research in Education, Melbourne
22. Gray, C. y Wilson, J. (2006) «Teachers' experiences of a single-sex

initiative in a co-education school», *Educational Studies*, 32:3, pp. 285-298.

23. Harker, R. (2000) «Achievement, gender and the single-sex/coed debate», *British Journal of Sociology of Education*, 21:2, pp. 203-218.
24. Ibid.
25. Mulholland, J., Hansen, P., y Kaminski, E. (2004) «Do single-gender classrooms in coeducational settings address boys' underachievement? An Australian study», *Educational Studies*, 30:1.
26. Ibid.
27. Jackson, C. (2002) «Can single-sex classes in co-educational schools enhance the learning experiences of girls and/or boys? An exploration of pupils' perceptions», *British Educational Research Journal*, 28:1.
28. Halpern, D., Eliot, L., Bigler, R. S., Fabes, R. A., Hanish, L. D., Hyde, J., Liben, L. S., y Martin, C. L. (2011) «The pseudoscience of single-sex schooling», *Science*, 333:6050, pp. 1706-1707.
29. Ibid.
30. Martino, W., Mills, M., y Lingard. B. (2005) «Interrogating single-sex classes as a strategy for addressing boys' educational and social needs», *Oxford Review of Education*, 31:2, pp. 237-254.
31. Ibid.
32. Jackson, C. (2002).
33. Gray, C. y Wilson, J. (2006), pp. 285-298.
34. Halpern, D., Eliot, L., Bigler, R. S., Fabes, R. A., Hanish, L. D., Hyde, J., Liben, L. S., y Martin, C. L. (2011).
35. Lavy, V. y Shlosser, A. (2007) *Mechanisms and Impacts of Gender Peer Effects at School*, National Bureau of Economic Research, Cambridge, MA.
36. Kenway, J. y Willis, S. (1998) *Answering Back: Girls, Boys and Feminism in Schools*, Routledge, Londres, citado por Jackson, C. (2002).
37. Ehrenberg, R., Goldhaber, D., y Brewer, D. (1995).
38. Francis, B., Skelton, C., Carrington, B., Hutchings, M., Read, B., y Hall, I. (2008).

39. Wiliam, D. (2010) «Teacher quality: Why it matters, and how to get more of it», leído en la conferencia Schools Revolution de Spectator. Recuperado de: www.dylanwiliam.org/Dylan_Wiliams_website/Pa pers.../Spectator%20talk.do (Fecha de consulta: 26 de abril del 2018). Citado por Wiliam, D. (2009) en *Assessment for Learning: Why, What and How?,* Institute of Education, University of London, Londres; y en Hamre, B. K. y Pianta, R. C. (2005) «Academic and social advantages for at-risk students placed in high quality first grade classrooms», *Child Development,* 76:5, pp. 949-967.
40. En el Reino Unido son establecimientos que ofrecen educación para alumnos que no pueden asistir a las escuelas generales debido a enfermedad o exclusión.
41. Página web de TeacherTapp. Recuperado de: www.teachertapp.co.uk (Fecha de consulta: 16 de julio de 2018).
42. Una app que hace tres preguntas al día a los docentes del Reino Unido y analiza las respuestas en un blog semanal.
43. TeacherTapp website. Recuperado de: www.teachertapp.co.uk (Fecha de consulta: 26 de julio de 2018).
44. Lavy, V. y Shlosser, A. (2007).

Capítulo 8

1. Pinker, S. (2011) *The Better Angels of our Nature,* Penguin, Londres.
2. Archer, J. (2004) «Sex differences in aggression in real-world settings: A meta-analytic review», *Review of General Psychology,* 8:4, p. 291.
3. Office for National Statistics (2016) *Overview of violent crime and sexual offences,* 2016. Recuperado de: www.ons.gov.uk/peoplepopulation andcommunity/crimeandjustice/compendium/focusonviolentcri meandsexualoffences/yearendingmarch2016/overviewofviolentcrime

andsexualoffences#things-you-need-to-know-about-this-release (Fecha de consulta: 11 de octubre de 2017).

4. Instituto Nacional de Estadística (2022) *Estadísticas de Condenados Adultos por Delitos en el Año 2022,* Consejo del Poder Judicial. Recuperado de https://www.poderjudicial.es/cgpj/es/Temas/Estadistica-Judicial/Estadistica-por-temas/Datos-penales--civiles-y-laborales/Delitos-y-condenas/Condenados--explotacion-estadistica-del-Registro-Central-de-Penados-/
5. NUT (2017) *Violence in schools.* Recuperado de: www.teachers.org.uk/help-and-advice/health-and-safety/v/violence-and-assaults-against-staff-schools (Fecha de consulta: 19 de septiembre de 2018).
6. Fundación Mutua Madrileña y Fundación ANAR (2023) *V Informe de Prevención del Acoso Escolar en Centros Educativos: Datos analizados Curso 2022-23.*
7. Wilson, M. (2017) *For the benefit of Mr Pink.* Recuperado de: https://chorleywoodsix. com/2017/08/28/for-the-benefit-of-mr-pink/ (Fecha de consulta: 18 de octubre de 2017).
8. Ellis, A. J. (2016) *Men, masculinities and violence: an ethnographic study,* Routledge Studies in Crime and Society, Routledge, Londres.
9. Kushnir, M. M., Blamires, T., Rockwood, A. L., Roberts, W. L., Yue, B., Erdogan, E., Bunker, A. M., y Meikle, A. W. (2010) «Liquid chromatography: Tandem mass spectrometry assay for androstenedione, dehydroepiandrosterone, and testosterone with pediatric and adult reference intervals». Recuperado de: http://clinchem.aaccjnls.org/content/56/7/1138/ tab-figures-data#abstract-1 (Fecha de consulta: 13 de octubre de 2017).
10. Fine, C. (2017) *Testosterone Rex: Unmaking the Myths of our Gendered Minds,* Icon Books, Londres.
11. Ibid.
12. Wallen, K. (2001) «Sex and context: Hormones and primate sexual

motivation», *Hormones and Behaviour*, 40:2, pp. 339-357. Citado por Fine, C. (2017).

13. Muller, M., Marlow, F., Bugumba, R., y Ellison, P. (2008) «Testosterone and paternal care in East African foragers and pastoralists», *Proceedings of the Royal Society B*, 276:1655, pp. 347-354. Citado por Fine, C. (2017).
14. Van Anders, S. M., Tolman, R. M., y Volling, B. L. (2012) «Baby cries and nurturance affect testosterone in men», *Hormones and Behaviour*, 61:1, pp. 31-36. Citado por Fine, C. (2017).
15. Archer, J. (2004).
16. Ibid.
17. Pinker, S. (2011), p. 40.
18. Ellis, A. (2017), p. 72.
19. Jones, S. y Myhill, D. (2004) «Troublesome boys and compliant girls: Gender identity and perceptions of achievement and underachievement», *British Journal of Sociology of Education*, 25:5, p. 552.
20. Flood, M., Fergus, L., y Heenan, M. (2009) *Respectful Relationships Education: Violence Prevention and Respectful Relationships Education in Victorian Secondary Schools*, Departamento de educación y desarrollo de la infancia, Estado de Victoria, Melbourne.
21. Flood, M., Fergus, L., y Heenan, M. (2009), p. 33.
22. Ibid., p. 54.
23. Ibid., p. 56.
24. Para ver más información sobre este tema, revisar el capítulo 4.
25. Winlow, S. y Hall, S. (2009) «Retaliate first: Memory, humiliation and male violence», *Crime, Media, Culture*, 5:3, pp. 285-304.

Capítulo 9

1. Visitar, por ejemplo, la página web de *TES*, 10 de noviembre de 2014.

Recuperado de: www.tes.com/news/why-im-banning-banter-my-classroom (Fecha de consulta: 14 de marzo de 2018).

2. El autor usa el término en inglés «*banter*» que significa broma/bromear y burla/burlarse y que tienen en este contexto un valor socialmente aceptado como bromas o burlas (a veces pesadas) que se gastan en el entorno escolar.
3. Diccionario de la Real Academia de la Lengua. *(N. del T.)*
4. Green, J. (2008) *Chambers Slang Dictionary*, Chambers, Edimburgo.
5. Ditch the Label (2018) *The annual bullying survey 2018*. Recuperado de: www.ditchthelabel.org/wp-content/uploads/2018/06/The-Annual-Bullying-Survey-2018-2.pdf (Fecha de consulta: 13 de septiembre de 2018).
6. Kehily, M. J. y Nayak, A. (1997) «"Lads and laughter": Humour and the production of heterosexual hierarchies», *Gender and Education*, 9:1, pp. 69-88.
7. *The Only Way is Essex* es una serie de telerrealidad británica hortera e inexplicablemente popular.
8. Smith, J. (2007) «"Ye've got to 'ave balls to play this game sir!" Boys, peers and fears: The negative influence of school-based "cultural accomplices" in constructing hegemonic masculinities», *Gender and Education*, 19:2, pp. 179-198.
9. Loughborough Grammar School website (2017) *Banter and bullying*. Recuperado de: www.les grammar.org/news/headmasters-blog/banter-and-bullying/ (Fecha de consulta: 18 de marzo de 2018).
10. Smith, J. (2007), pp. 179-198.
11. Reid, K., Challoner, C., Lancet, A., Jones, G., Rhysiart, G. A., y Challoner, S. (2010) «The views of primary school pupils at key stage 2 on school behaviour in Wales», *Educational Review*, 62:1, pp. 97-113.
12. Infantino, J. y Little, E. (2005) «Students' perceptions of classroom behaviour problems and the effectiveness of different disciplinary methods», *Educational Psychology*, 25:5, pp. 491-508.
13. Por ejemplo, Houghton, S., Merratt, F. y Wheldall, K. (1988) «Class-

room behaviour problems which secondary school teachers say they find most troublesome», *British Educational Research Journal*, 14: 3, pp. 297-312.; Leach, D. J. y Tan, R. (1996) «The effects of sending positive and negative letters to parents on the classroom behaviour of secondary school students», *Educational Psychology*, 16: 2, pp. 141-154; Merratt, F. y Tang, W. M. (1994) «The attitudes of British primary school pupils to praise, rewards, punishments and reprimands», *British Journal of Educational Psychology*, 64: 1, pp. 91-103.

14. Infantino, J. y Little, E. (2005).
15. Caffyn, R. E. (1989) «Attitudes of British secondary school teachers and pupils to rewards and punishments», *Educational Research*, 31, pp. 210-220.
16. Clunies-Ross, P., Little, E. y Kienhuis, M. (2008) «Self-reported and actual use of proactive and reactive classroom management strategies and their relationship with teacher stress and student behaviour», *Educational Psychology*, 28: 6, pp. 693-710., en Nash, P., Schlösser, A. y Scarr, T. (2016) «Teachers' perceptions of disruptive behaviour in schools: A psychological perspective», *Emotional and Behavioural Difficulties*, 21:2, pp. 167-180.
17. Payne, R. (2015) «Using rewards and sanctions in the classroom: Pupils' perceptions of their own responses to current behaviour management strategies», *Educational Review*, 67:4, pp. 483-504.
18. Houghton, S., Wheldhall, K., Jukes, R., y Sharpe, A. (1990) «The effects of limited private reprimands and increased private praise on classroom behaviour in four British secondary school classes», *British Journal of Educational Psychology*, 60, pp. 255-265
19. Garon-Carrier, G., Boivin, M., Guay, F., Kovas, Y., Dionne, G., Lemelin, J. P., Séguin, J. R., Vitaro, F., y Tremblay, R. E. (2016) Intrinsic motivation and achievement in mathematics in elementary school: A longitudinal investigation of their association, *Child Development*, 87:1, pp. 165-175.

20. Bugler, M., McGeown, S. P., y St Clair-Thompson, H. (2015) «Gender differences in adolescents academic motivation and classroom behaviour», *Educational Psychology*, 35:5, pp. 541-556.
21. Por ejemplo: Logan, S. y Medford, E. (2011) «Gender differences in strength of association between motivation, competency beliefs and reading skill», *Educational Research*, 53, pp. 85-94.
22. Durrington Research School (2018) *Stealthy psychological interventions.* Recuperado de: https://durrington.researchschool.org.uk/2018/04/25/stealthy-psychological-interventions/ (Fecha de consulta: 13 de agosto de 2018).
23. Página web del profesor David Didau (2016). Recuperado de: www.learningspy.co.uk/behaviour/five-things-every-new-teacher-needs-know-behaviour-management/ (Fecha de consulta: 14 de agosto de 2018).
24. Por ejemplo: Timperley, H., Wilson, A., Barrar, H. y Fung, I. (2007) «Teacher professional learning and development: Best evidence synthesis iteration», Ministry of Education, Wellington, Nueva Zelanda; Blank, R. K. y de las Alas, N. (2009) «The effects of teacher professional development on gains in student achievement: How meta analysis provides scientific evidence useful to education leaders», Council of Chief State School Officers, Washington, DC; Rockoff, J. E., Jacob, B. A., Kane, T. J. y Staiger, D. O. (2011) «Can you recognize an effective teacher when you recruit one?», *Education Finance and Policy*, 6: 1, Relationships 175 pp. 43-74; Agathangelou, E., Nigmatullin, I. A. y Simonova, G. I. (2016), «The content of pedagogical support of students' social adaptation», *International Electronic Journal of Mathematics Education*, 11: 1, pp. 243-254.
25. Coe, R., Aloisi, C., Higgins, S., y Elliot Major, L. (2014) «What Makes Great Teaching?», *Review of the Underpinning Research*, Durham University, Sutton Trust, Durham.
26. Ziebart, G. (2017) «25 traits that make a perfect teacher…», *TES On-*

line, 21 de Julio. Recuperado de: www.tes.com/news/25-traits-make-perfect-teacher (Fecha de consulta: 27 de agosto de 2018).

27. Garner, R. L. (2006) «Humor in pedagogy: How ha-ha can lead to aha!», *College Teaching*, 54:1, pp. 177-180.
28. Por ejemplo con Kaplan, R. M. y Pascoe, G. C. (1977) «Humorous lectures and humorous examples: Some effects upon comprehension and retention», *Journal of Educational Psychology*, 69, pp. 61-66.
29. Willingham, D. T. (2009) *Why Don't Students Like School?*, Jossey Bass, San Francisco, CA.
30. Banas, J. A., Dunbar, N., Rodriguez, D., y Liu, S. J. (2011) «A review of humor in educational settings: Four decades of research», *Communication Education*, 60:1, pp. 115-144.
31. Wanzer, M. B., Frymier, A. B., Wojtaszczyk, A. M., y Smith, T. (2006) «Appropriate and inappropriate uses of humor by teachers», *Communication Education*, 55, pp. 178-196.
32. Banas, J. A., Dunbar, N., Rodriguez, D., y Liu, S. J. (2011).

Capítulo 10

1. Una popular revista «de chicos» en la que aparecen mujeres en diversos estados de desnudez. Ya no existe.

Índice onomástico y analítico